高升号的沉没

甲午第一战微观史

雪珥 著

生活·讀書·新知 三联书店

图书在版编目（CIP）数据

高升号的沉没 : 甲午第一战微观史 / 雪珥著. —北京 :
生活 · 读书 · 新知三联书店，2015.2
ISBN 978-7-108-05183-7

Ⅰ. ①高… Ⅱ. ①雪… Ⅲ. ①中日甲午战争 – 史料
Ⅳ. ① K256.306

中国版本图书馆 CIP 数据核字（2014）第 257800 号

选题策划 朱利国
责任编辑 马 翀
装帧设计 张 婷
责任印制 宋 家
出版发行 生活 · 讀書 · 新知 三联书店
（北京市东城区美术馆东街 22 号 100010）
网 址 www.sdxjpc.com
经 销 新华书店
印 刷 北京市松源印刷有限公司
版 次 2015 年 2 月北京第 1 版
2015 年 2 月北京第 1 次印刷
开 本 635 毫米 × 965 毫米 1/16 印张 19.75
字 数 250 千字
印 数 00，001–10，000 册
定 价 38.00 元
（印装查询：01064002715；邮购查询：01084010542）

目 录

这个小岛一定从来没有奢望过会被永载史册，更没有想到过自己会见证那令大东亚颠覆沉没的怒海狂涛。

丰岛，这个朝鲜西海岸的小岛，扼守着大东亚的重要航线，北扼仁川、南制牙山，水深礁少，可容巨舰航行。

此时正是盛夏时节，黄海洋面上波澜不惊。这种宁静之下，却奔突着一种随时勃发的力量。

一艘运输船在离岸约二海里的洋面上落锚停轮，船桅上高高飘扬着大英帝国的米字国旗，这大海上最骄傲的旗号，代表着日不落帝国那无远弗届的强大。船舷上大书船名 Kowshing，在东亚

1895 年日本军用地图（局部）：A 为丰岛，B 为仁川，C 为汉城，D 为牙山

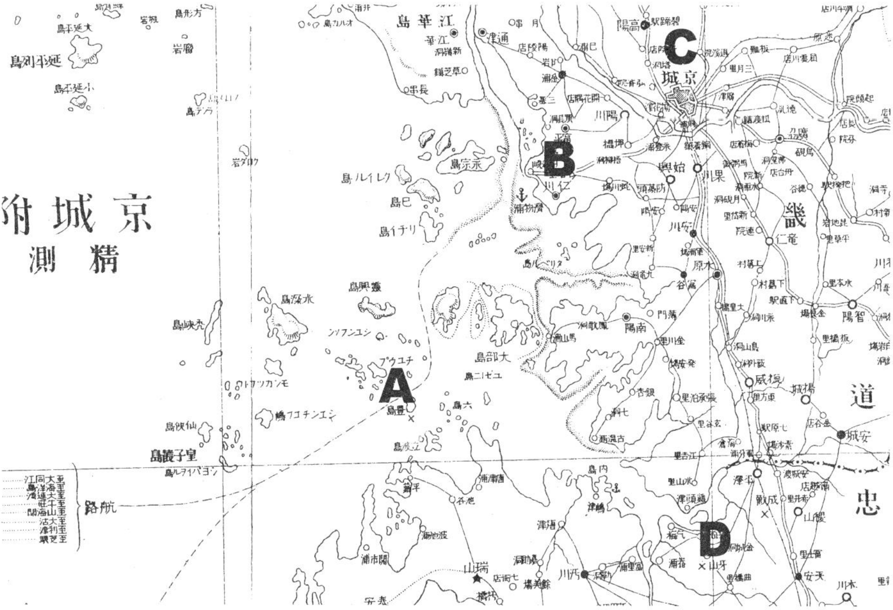

三国，按照取个吉利而又与原文发音合辙的汉名的习惯，它被唤作“高升”，一个饱含着东亚式梦想的吉祥名字。

高升号是被截停的，截停它的是一艘日本军舰浪速舰。

浪速舰如临大敌，已将右侧的舷炮全部对准了毫无武装的高升号，代表着鱼雷攻击即将开始的红旗，也高高地升上了前桅，在正午的阳光下闪着火红火红的亮光。

舰长东乡平八郎，此刻正挺立着他那身高只有一米五九的躯干，站在高高的指挥台上。打还是不打，这是一个重要而艰难的抉择。

东乡曾经在英国留学八年，他十分清楚，任何加诸于英国国旗的炮火，都有可能遭到日不落帝国强大海军的残酷报复。而在那面米字旗的庇护下，在那艘由英国船员驾驶的商船上，却装载着一千多名全副武装的中国精锐部队，他们将增援正在朝鲜牙山与日军对峙的叶志超部。

对峙已经持续了四个小时。东乡很清楚，中日两国并未宣战，旗舰吉野先前给他下达的指令也只是将高升号带回总队，但这一如同捕俘般的命令被高升号上中国军人拒绝。作为中国的精锐之师，这些淮军皆为百战余生，军人的尊严甚至令他们握紧了手中的来复枪，随时准备用它对抗铁甲军舰。

远处又出现了几艘军舰的烟柱，敌友难辨。

东乡终于下令开火！早已上膛的警告用鱼雷被发射出膛，浪速舰的右舷炮同时开始轰鸣，高升号立时被笼罩在一片硝烟之中。浪速号的第二枚鱼雷直接命中高升号，炮弹也同时引发了锅炉爆炸，两波次猛烈的舷炮排射后，仅仅半小时，高升号便骄傲地带着那飘扬着英国国旗及千余名中国士兵和欧洲船员，开始迅速地下沉……

这就是国际关系史、司法史和军事史上著名的高升号事件，

英国画师所绘高升号事件图

这一事件不仅引爆了甲午战争，其所掀起的滔天巨浪，更是颠覆了传统的大东亚，并令世界因之改变。

这个时刻是应当被铭记的：

公元 1894 年 7 月 25 日 13 时 30 分，农历甲午年六月廿三日，时为大清光绪二十年即日本明治二十七年和朝鲜高宗三十一年……

第一章

朝鲜成为大东亚的火药桶

袁世凯

几近十年，中日两国在朝鲜相安无事，维持着微妙的平衡，直至朝鲜爆发东学党起义。

东学党号称“替天行道”，以“东学”对抗“西学”，主张“惩办贪官污吏”、“斥倭斥洋”。1894年2月15日，民众不堪苛政，由全琫准统领下在全罗道古阜郡举事。日本认为此是恢复其在朝鲜势力的良机，日本玄洋社遂组织“天佑侠团”，对东学党煽惑接济。到5月底，东学党即控制了朝鲜南部全罗、忠清、庆尚三道，建立了自己的政权机构。

此时，袁世凯驻扎朝鲜“总理交涉通商事宜”，为中国在朝鲜最高代表。正值血气方刚的壮年，又是上国钦使，俨然朝鲜太上皇，自然力助朝鲜“平叛”。5月份，袁世凯曾动用出使的中国军舰协助朝鲜官军调动。朝鲜政府内部就是否要向中国乞兵，发生激烈争论。除了亲华与否的政治较量外，分歧更在于对 1885 年《中日天津条约》的担心：按照这个条约，若中国出兵朝鲜，必须通知日本，中朝两国不少官员都担心日本借机出兵。此一《中日天津条约》，普遍被史学界视为李鸿章外交的一大败笔。梁启超曾为此在其《李鸿章传》中痛惜道："是则鸿章于属邦无外交之公法，知之未悉，徒贪一时之省事，假名器以畀人，是实千古之遗恨也。自兹以往，各国皆不以中国藩属待朝鲜也久矣……朝鲜又似为中日两邦公同保护之国，名实离奇，不可思议。后此两国各执一理，纠葛不清，酿成大衅，实基于是。"

朝鲜国王李熙

虽然朝、中官方竭力克制，但东学党的农民军势如破竹。6 月 2 日，朝鲜国王李熙无奈之下，决定请求宗主国中国派兵助剿。同一天，得知朝鲜正式向中国乞兵的消息后，日本内阁连夜紧急召开会议，亦秘密作出了出兵决议。外相陆奥宗光回忆道："（朝鲜决定向中国乞兵）这确是一项不可忽视的问题，如果默视不顾，就将使中日两国在朝鲜已经不平衡的权力更为悬殊，我国今后对朝鲜的问题就只有听凭中国为所欲为了。而且日朝条约的精神也有遭到破坏的危险。因此，我在当天的会议开始后……提出我的意见：'如果中国确有向朝鲜派遣军队的事实，不问用任何名义，我国也必须向朝鲜派遣相当的军队，以备不测，并维持中日两国在朝鲜的均势。'阁员们都赞成这个意见。伊藤内阁总理大臣立即派人请参谋总长炽仁亲王殿下及参谋本部次长川上陆军中将参加会议。二人到后，立即对今后派兵赴朝问题作出秘密决议；内阁总理大臣随即携带此项秘密决议……进宫，循例奏请天皇裁夺实行。”[1]

日本明治天皇

此即日本的“六二出兵”决议，相较中国方面于次日才接到朝鲜送交的乞兵请求，占尽先机。

对于陆奥在此回忆录中将出兵朝鲜归因于保持力量均衡，中国有权威学者认为，此乃陆奥伪善狡狯，示人以假

日本陆军参谋总长有栖川炽仁亲王

1896年日本发行邮票纪念有栖川炽仁亲王

[1]［日］陆奥宗光：《蹇蹇录》（伊舍石译 谷长青校），第9页。以下注释中凡引此书，只注明书名和页码。

相，似乎日本出兵并非为与中国交战。[1]此一论断，多少有些对敌妖魔化、脸谱化和简单化。一则，征清固然为当时日本一大国策，但其须以征韩为前提的，而对于陆奥这样的外交官而言，无论其是鹰派还是鸽派，首先追求的都是所谓的“不战而屈人之兵”，如能在避免与中国开战尤其是全面开战的前提下，更多地攫取自己在朝鲜的利益，当然是“上兵伐谋”的“善之善者也”。但为此必须做好不惜与清国开战的准备，这与其说是战略目标，毋宁说是战略威慑手段。维持中日双方在朝鲜的均势，这在客观上完全符合日本的国家利益和安全关切。二则，为朝鲜而不惜与中国动武，这对于日本来说，并不是什么需要掩饰的动机，而完全可以赤裸裸地予以表露，“真小人”从来就不屑于“伪君子”的大帽子，“伪善”二字亦实在是小觑日本了。

6月6日开始，中国军队两千五百人由叶志超统率，分三批渡海赴朝，直达接近朝鲜平叛前线的牙山。至6月25日，全军到达指定位置。

根据《中日天津条约》，中国政府于6月6日将出兵之事通知日本。这是日本梦寐以求的实施“征韩策”的机会，“宣扬国威此其时，百年大计在一战”。[2]陆奥宗光在其1895年所著的《蹇蹇录》中，就直白地说：“将来如有人编写中日两国间当时的外交史，当必以东学党之乱为开宗明义第一章。”[3]

日本随即一方面利用中国在照会中使用的“保护属邦”等语句，指责中国侵害了朝鲜作为独立国家的主权，与中国外交机构大打口水仗；另一方面以保护侨民和使馆为借口，不顾中国抗议，派先头部队四百多人携带重武器，于6月10日直接开进并无叛

[1] 戚其章：《甲午开战与“陆奥外交”》，《山东社会科学》2001年第一期。

[2]《日清战争实记》，日本：东京博文馆1894-1896年，第一编，第102页。

[3]《蹇蹇录》，第8页。

日军登陆仁川（1894年9月9日）。1894年《字林西报》绘制

军的朝鲜首都汉城。而这一支军队，早在收到中国军队出发照会的前一天（6月5日）就已经奔赴朝鲜了，并未根据《中日天津条约》即时通知中国方面。日本大本营同时还对第五师团下达了总动员令，总兵力达七千六百人的混成旅团迅速开始组建。

日军源源不断而至朝鲜，渐次控制了仁川、汉城等战略要地，并且实际占领了汉城这一政治中心，为不久之后上演“挟国王以令朝鲜”这一政治上的重要大戏铺平了道路。

中日两国先锋军队登陆后不久，朝鲜政府对东学党的态度又由剿转抚，6月11日双方达成停战协议。6月12日，朝鲜政府正式照会中日两国要求退兵。中国遂决定停止增兵，并电令叶志超将清军撤到牙山，准备回国，同时相约日本撤军。

日本驻朝鲜使节亦认为出兵理由已不存在，电请国内撤兵。但日本大本营另有机密计划，加快了派军速度，取得了对清军作战的绝对优势；同时在外交上向中国提出改革朝鲜内政等种种前提条件，迁延撤军，扩大事态，朝鲜半岛迅速成为中日之间的火药桶。

日本强力逼迫朝鲜“改革”

6月22日，日本向中国发出所谓“第一次绝交书”，明确声明自己“断不能饬撤现驻朝鲜之兵也”[1]；6月26日，日本公使晋见朝鲜国王，强请朝鲜按照日本意图“改革内政”；两天后，向朝鲜发出最后通牒，要求朝鲜在29日前就是否为清国“藩属”及内政改革两个问题明确表态，这两个问题，核心是朝鲜与清国的关系，日本公使大鸟圭介对此的如意算盘是：无论朝鲜怎么回答，日本都可以进行干涉，朝鲜如回答不是藩属，则日本可胁迫朝鲜请求日军代为驱逐“入侵”的清军；如是，则朝鲜违背日朝《江华条约》有关朝鲜为独立国家的提法，要为其欺骗行为负责；如虽是藩属，但外交、内政均为自主，则朝鲜平乱纯属内政，清国以保护属国名义派兵乃干涉内政[2]；但朝鲜政府在袁世凯、法律顾问美国人古列特哈斯等的帮助下，权衡数日后，答以“朝鲜从来就是自主国家”，但“清兵来朝系应邀而来，不可驱逐”，此言出乎日本之意料，日本驻朝鲜外交官也承认这一回答“巧妙地避开了我们提出的两个难题的锋芒”。[3]

日本驻中国、朝鲜公使大鸟圭介

但日本大兵压境，此时驻朝总

[1]《陆奥外务大臣致清国公使函》，《中国近代史资料丛刊续编·中日战争》第9册，北京：中华书局，1994年，第258页。以下注释中凡引自该续编中的材料，只注明引用的篇名、册数和页码。

[2]《陈述关于抵制朝鲜属邦说及坚决实行内政改革措施》，同[1]，第52页。

[3]《明治二十七八年在韩苦心录》，同[1]第7册，第18页。

兵力已过万人，遂逼迫朝鲜接受日本的改革案。7月14日，日本向中国发出“第二次绝交书”，认为中国拒绝与日本一起改革朝鲜内政，反而汲汲于要求日本撤军，这加剧了局势的恶化，日本政府对因此可能发生的各种情况“概不负责”。[1]

中国所仰赖的英、俄、美等国的调停，在日本扩大事端的坚定决心下，先后失败。7月23日，日军强行进入朝鲜王宫，拘禁了一直对抗日本的朝鲜国王。

朝鲜大院君、国王生父李昰应

至此，一直期望着外交渠道和平解决而在军事行动方面准备不足的中国政府，方明白日本此次是铁了心要挑战中国在朝鲜的传统地位了。

对于清廷的绥靖政策，民国的史学家王信忠认为失误有三：一是未能深入了解俄国内情，过于依赖俄国调停；二是未能协调英、俄两国共同干预，反而导致两国相互防范，均不敢积极干涉；三是未能洞悉日本的“非达目的不惜诉诸武力之决心”，以为日本不敢“甘冒不韪，擅行挑战”。因此在外交和军事两方面均未有充分准备。他分析道：

> 纵观中日双方之措，日本自始抱非达目的不惜诉诸武力之决心，故外交上苦心焦虑，排除万难，而军事则着着进行，偏占优势。反之，中国方面李鸿章初则不察日本包藏野心而贸然出兵，及日廷提出共同改革案后，虽知日本怀抱野心，但犹不知日本有非有所得不惜一战之决心，故外交方面强硬拒绝，而军事方面则投鼠忌器，毫不规划准备。迨日提出第

[1]《蹇蹇录》，第43页；《致总理衙门照会》，《中国近代史资料丛刊续编·中日战争》，第268页。

一次绝交书后，始知日本决心挑战，非口舌所能阻，于是求助于俄、英，拟利用俄、英之势力胁日撤兵。外交方面联俄虽系上策，唯因过信俄使喀西尼之言，而对俄国内情及国际关系缺乏熟虑，以为日如不听俄，俄将不惜以武力强迫，是实一大错误。第二，鸿章起始过于忽视英国，不但未能解除俄、英间一猜忌，而是合力干涉，反用离间策略增加俄、英忌视，予日利用英以牵制俄之良机，俄廷之不敢积极干涉，顾虑英国实为一大原因也。第三，鸿章对日似尚小视，认为以俄之强，必能使日畏而就范，且深信日本不敢甘冒不韪，擅行挑战。孰知日本早抱挑战决心，对俄、对英苦心应付，而决心则不稍动，故无论外交立场如何困难，军事方面未放松一步，虽出兵较迟，而得偏占优势。鸿章因投鼠忌器，顾虑予日冲突口实，专赖外交交涉，军事方面迟不进援，迫事急而始积极出动，但惜为时已晚矣。若鸿章早有御敌决心，外交军事双方并进，虽未必能使日惧而有所顾虑，即使不幸而起冲突，胜负系于实力，中国虽不能胜，但决不致挫败若斯之迅速而狼狈也。至于当时京中廷臣高唱膺倭速战，纯人虚骄之气，非有知己知彼之胜算，则不足论矣。[1]

此之评价，单用于李鸿章头上未免过苛，而将其中“鸿章”二字替换为“朝廷”，则应更为贴切。

灿烂樱花下的全民忧患

日本对朝鲜及满洲觊觎已久。

甲午战争前，日本国内以幕府末年的“海外雄飞论”为基础，形成了扩张主义的全民共识，即首先“征韩”，而后“独占满蒙”，

[1] 王信忠:《中日甲午战争之外交背景》，北京：北平国立清华大学，1936年，第281-282页。

再“征服全中国”，进而“称霸亚洲”，乃至“统治世界”。这种共识最终上升为国家的“大陆政策”。

山县有朋在其为“大陆政策”奠基的《军事意见书》(1888年)和《外交政略论》(1890年)中，明确提出在“主权线”之外，必须保卫“利益线”，而其“利益线”则以朝鲜为核心。

甲午战争前，日本国内强烈的扩张主义思潮和由此导致的群众运动，是造成日本走向战争的重要“民意”因素之一。但自甲午以来百余年中，中国对此的研究多有偏颇，一厢情愿地强调所谓“一小撮”军国主义者的煽动，人为地制造了一种“日本人民热爱和平但被愚弄了”的假象，以宣传语汇替代历史探究，给本已扑朔迷离的近代史增加认知的难度。

在日本众议院中占多数的反对党，比政府更激进地鼓吹向朝鲜进军，甚至准备弹劾“软弱”的政府，逼迫当局下令解散议会。陆奥宗光在其回忆录中说，议会解散后，反对派活动更为加剧，“在其机关报上，或派人到处游说，鼓吹向朝鲜出兵为当前的急务，并猛烈攻击政府的‘因循误事’”。[1]

日本舆论也是一片战争叫嚣。《国民新闻》认为，“现在正值我国同清国处于开战的最高潮”，“全体国民一致要求战争”，如果日本屈服于清国，则“国民将趋于反动、乃致大大地反动，而且也将使国民的舆论沸腾起来”。而《时事日报》直接说明：“时至今日，争论已属无益。当刻不容缓、断然以中国为敌，由我方发动战争。”[2]陆奥宗光认为，正是这样强烈的主战民意，在“裹胁”着政府走上战争之路。

我们必须看到，要发动一场战争，仅仅依靠“一小撮”所谓军国主义者的“煽动”是不可能的。战争的起因，相当复杂，并非克劳塞维茨所言仅仅“是政治的延续”。其中，很重要的战争

---

[1]《蹇蹇录》，第9页。

[2][日]藤村道生:《日清战争》(朱庆余译)，上海：上海译文出版社,1981年，第82页。

根源，乃是“不安全感”。美国防御现实主义学者范埃弗拉认为，“安全关切”像是一个魔咒笼罩在防御方和进攻方身上：进攻者为了安全而进行扩张，防御者为了维护安全而拒绝退让。这种“安全关切”激发了十九世纪的大部分战争。[1]

毋庸置疑，朝鲜问题对于中日两国，都是极为切身的安全关切。日本一直将朝鲜半岛视为刺向日本的一把刀，非欲夺之而后安。甲午战争以及十年后的日俄战争，其背后都有日本全民对此问题的忧患和关切。在甲午战争时期的日本报刊及官兵书信中，甚至经常出现“生于忧患死于安乐”这样的古训警句。日本思想家柳原前光在《朝鲜论稿》中认为，日本是“绝海大孤岛”，即使能建立相应的国防力量，要与“各国并立”、“发扬国威”，还是很困难的。而朝鲜“北连满洲、西接鞑清，若能绥服之，实保全皇国之基础，亦向来经略进取万国之根本”。而如果朝鲜为他国捷足先得，则“国事从此休矣”。

当然，实现安全关切、消除安全顾虑，有外交和军事两种途径。英国著名外交学家、曾在甲午战中担任驻日公使、战后又担任驻华公使的萨道义，将外交定义为“以和平手段处理国与国之间的事务”[2]，这一手“软”与军事的一手“硬”，本应协调一致，但经常也会出现“左右手互搏”。军事和外交的主持人政见不一，温和的外交便常被激进、冒险的军事牵着鼻子走。

甲午年间，日本的军事准备，其实并不足以挑起一场对中国的战争。当时与日本关系十分亲密的英国，其外交文件清晰地记录了对日本对华战争能力的怀疑：“尽管日本人强作乐观，但该国的财政形势正日益变得严峻，所有情况都证实今后几个月内

[1] 参阅：Stephen Van Evera，*Causes of War: Power and the Roots of Conflict*（New York: Cornell University Press，1999.）

[2] 戈尔·布思等：《萨道义外交实践指南》（杨立义等译），上海：上海译文出版社，1984年，第3页

这方面的压力将更加严重。问题不在于管理，而在于是否还能满足如此庞大的驻海外部队的巨额开支。去年 12 月 29 日，日本银行发行了总额为二百八十万元的有息纸币，12 月 31 日又发行了一百二十万元。有些人认为，这种特殊的纸币的发行将会加速货币流通，从而具有提高股票价格的作用，但是商业界对此表示怀疑。日本银行有在非常情况下发行这种钞票的特权，现在之所以运用这一特权，肯定是迫于存在强大的压力。除此之外，在今后两个月内，人民还必须向政府交纳大约三千万元的土地税和第二次战争贷款，如果中国不迅速接受（谈判）条件，则完全可以预言，日本将在本年底前陷入严重的财政困难。”[1] 这条弥足珍贵的史料，与甲午战争刚开始的阶段，西方列强多数外交官所表达的中国持久则必胜的观点是吻合的。

胜券并未在握，日本何敢悍然对华挑衅呢？外交何以最终让步于战争呢？个中缘由，除了对安全感极度焦虑外，根据范埃弗拉的研究，抢占优势、先发制人的动机，最终点燃了战火。十九世纪末的军事理论，倡导的正是“先下手为强”的进攻学说，为了争夺主动权，双方都可能争取先发制人（或担心对方会先发制人），而一“发”就不可收拾，中断了完全可能奏效的外交进程，对本能弥合两国分歧的各种方案，使难以进行充分择优，“危机外交”往往因此成为“战争预谋外交”，外交与军事的幕后分歧遂被结果所掩盖。

日本的不少研究者，认为甲午年间的“陆奥外交就是和平主义”。历史学家信夫清三郎在其《甲午日本外交内幕》一书中，认为陆奥宗光的出发点是和平地解决朝鲜问题，“但是，在清国已经出兵的情况下，外务大臣陆奥宗光已经不能厚着脸皮后退

[1] *British Documents on Foreign Affairs-Rcports and Papers From the Foreign Office Confidential Print, PartI, Series E, Vol.5, Sino-Japanese War and Triple Intervention (1894-1895)* (Bethesda: University publication of America , 1989.)

了”，因此日本出兵是出于无奈和被迫的，及至后来全面开战，“这就不是陆奥外相的意志，而是其他人的意志了”。认为是中国的出兵以及国内军界的压力，最终破坏了外交努力。[1] 此说在日本至今为相当多的研究者所接受。甚至有学者认为对清开战是“日本外交的失败”。[2]

无疑，在将“大陆政策”确定为国策后，日本的外交与军事两方面，战略目标是相同的，即使有分歧也只是在步骤和手段上。但一味将其外交努力都斥为伪善和狡狯，并不利于看清当时的政策变动脉络。即使日本将外交作为纯粹的军事掩护，其运作之方式、成效、后果亦未尝不是读史之通鉴目标。

李鸿章决定增兵朝鲜

中国军队在人数和装备数量方面的劣势，令牙山守军实际上处于危险境地。原计划将叶志超所率的牙山驻屯军从海路移防平壤，但叶志超提出：海路移防风险太大，还不如从陆路扼守要地，逐渐相机移扎，而且还可以割断汉城与釜山两地的日军，防止日军将南路打通，但牙山我军兵力太薄，请求增援。[3]

《清史稿》认为，叶志超兵进牙山后，动作迟缓，迟留不进，待到其被李鸿章切责催逼后，日军却已据王京要隘，不添兵就难以移师了。[4] 鉴于清廷在战和问题上的摇摆不定，这是苛责叶某了。但叶志超其人，当年镇压捻军时内战内行，勇敢善战，被赐

[1] 信夫清三郎：《甲午日本外交内幕》（于时化译），北京：中国国际广播出版社，1994 年。

[2] 以上引文均转引自戚其章《中日甲午战争史研究的世纪回顾》，载《历史研究》2000 年第 1 期。

[3]《清光绪朝中日交涉史料》No.1187，光绪二十年六月十八日（7 月 20 日）到电报档，《中国近代史资料丛刊 · 中日战争》第 2 册，上海：上海人民出版社，2000 年，第 631 页。以下注释中凡引自该丛刊的资料只注明引用的篇名、册数和页码。

[4]《清史稿 · 列传》二百四十九《叶志超传》。

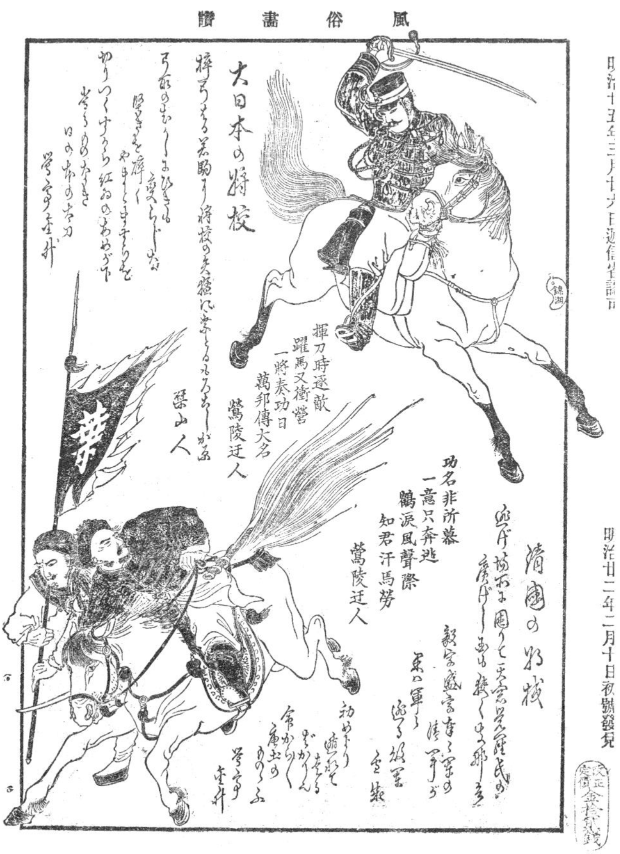

叶志超在朝鲜连战连败。图为日本东阳堂发行的《风俗画报》增刊《日清战争图绘》以其作为封底人物进行嘲讽

号“额图浑巴图鲁”，到了朝鲜没几年却是畏敌如虎，彻底暴露淮军继八旗和绿营后的迅速衰败。及至后来一败牙山，再败平壤，虽有不得不败的客观原因，但叶志超居然还讳败冒功，将朝野上下忽悠了一把，酿成当时一大国际丑闻。日军对其多有嘲讽，日本东阳堂发行的《风俗画报》增刊《日清战争图绘》中，就为将他作为封底人物而放弃一期广告，并配诗说：“功名非所慕，一意只奔逃。鹤唳风声际，知君汗马劳。”

在前线将领尤其是最熟悉朝鲜情况的袁世凯的催促下，李鸿章终于决定增兵。

史学界一般认为，李鸿章在中日冲突中一贯主和，正是他在派兵问题上的迁延甚至阳奉阴违，导致驻朝清军军力不足。此点被众多史料所证实。但令人惊奇的是，日本外相陆奥宗光却在他那本被国际史学界看作重要文献的《蹇蹇录》中说，此前李鸿章的增兵计划被军机处否决，并被责以三条罪状：一是对日本提议互派委员改革朝鲜内政的建议未加审议便断然拒绝；二是日本与我有旧，为何先与俄国商议；三是在太后六旬大寿时引发战端。陆奥颇为李鸿章不平，认为他是遭受了“弥子瑕分桃”般的挑剔。[1]

“弥子瑕分桃”的典故出自《韩非子·说难篇》，弥子瑕曾是卫灵公的“同志”，一日，与灵公游于果园，食桃而甘，把吃剩的一半递给卫灵公，让他同享，卫灵公赞赏道：“你忍着馋劲儿把可口的蜜桃让给我吃，这真是爱我啊！”[2]后来弥子瑕失宠，卫灵公便将此事作为他目无君上的证据。[3]后世便以“分桃之癖”指同性恋，“弥子瑕分桃”典故更是说明“欲加之罪，何患无辞”。

陆奥甚至进一步指出，如果清廷早听李鸿章增兵之请，“不仅高升号的奇祸可免，亦可使驻牙山、成欢的叶、聂二将在开战时获得优势的兵力。……北京政府竟徒逞党争，对李竟加以如此儿戏般的谴责……清政府也可说是自杀的政策……李鸿章在这样的艰苦环境之下，终能支撑中日交战的局面，日夜孜孜从事于外交和军事上的活动，其处心亦甚可悯了”。[4]陆奥宗光对李鸿章“主战”的这一说法，没有得到任何其他史料的旁证，最多算是这位日本外交阴谋大师的一家之言而已。倒是袁世凯一直在呼

---

[1]《蹇蹇录》，第55页。

[2]［雪珥注］：原文为“爱我忘其口味以啖寡人”。

[3]［雪珥注］：原文为“尝食我以余桃者”。

[4] 同[1]。

吁增兵，而李鸿章要求他耐心待机。

李鸿章决定分两路增兵：北路由鸭绿江口的大东沟登陆，驰援平壤；南路由牙山登陆，会合叶志超一军后，合力突破日军汉城、仁川一带防线，打通北赴平壤的通道。北路靠近本土，路程短，安全度高；所担心的是南路，不仅路程长，且靠近日本已经屯聚重兵的仁川。

但令李鸿章等头疼的，首先还是调兵之难。时任天津海关道的李鸿章心腹盛宣怀就致信叶志超大叹苦经："贵部孤悬牙口，力薄势单。前议于山海关抽拨一营，以恐该处空虚，仅拨二百人，合之吴乐山所统共二千二百人，仍不见厚……贵部如需厚集兵力，仍望麾下切实电禀中堂，弟再代为说项。至目下则防军已属空虚，无可添拨。贾致堂招八营，吴瑞生招五营，均备填扎。下

清军配备了先进的步枪。西方画师根据历史记录所绘

吉云添五百人，新兵一时不能到，且未经训练，亦不能战也。”[1]

中国兵制的落后此信暴露无遗。清军虽然看似庞大，但并非一支纯粹的国防军，而是同时兼有警察、内卫部队和国防军的三种职能，一到国防吃紧，军队往往都是四处抽调凑拢，战斗力和协调性可想而知。在甲午战争后来的进程中，拥有先进火器的清军虽然不少单兵作战十分勇敢，但往往不敌日军，不能说其中没有落后军制的巨大牵制，步兵、骑兵和炮兵等不同兵种间难以协调作战，甚至是同一步兵兵种，其抽调自不同地区的部队也无法协调作战，日军的战记中有大量此类内容，并对此表示惊诧。

两千多拼凑的援军加上叶志超原队，共五千人，李鸿章认为如此兵力，“可当一面，当不至受困。将来若和议不成，北有平壤大队，南有叶军，合力前进，牵制得势”。[2]此时，中国还是以打促谈、竭力避战的思路。但盛宣怀直言：“现在虽经英、俄两国调停，而倭意绝少迁就，和局恐属难成。”[3]

“瘸腿”的李鸿章并非超人

7月18日，上谕催促李鸿章“饬派出各军迅速前进，勿稍延缓”。[4]

为了运送此批援军，李鸿章将手头的运力都调动了起来。据大沽驳船公司管事向英国驻天津总领事宝士德透露，该驳船公司受命，必须在7月22日前尽一切努力，将所有到达大沽港的中国轮船全部清卸完毕，以备运载北塘和新城两营地调集的士兵赶赴仁川。在宝士德写给英国驻华公使欧格讷的机密函件中，他探

[1]《盛宣怀致叶志超函》，《盛宣怀档案资料选辑之三·甲午中日战争》（下），上海：上海人民出版社，1982年，第52页。

[2]《清光绪朝中日交涉史料》No.1187，光绪二十年六月十八日（7月20日）到电报档《清光绪朝中日交涉史料》No.1189，《中国近代史资料丛刊·中日战争》第2册，第631页。

[3] 同[1]。

[4]《清光绪朝中日交涉史料》No.1175，光绪二十年六月十六日洋务档，同[1]，第628页。

清军援军乘火车从驻地赶赴塘沽。西方画师根据历史记录所绘

听到：为运兵船护航的北洋舰队已经得到命令，如果遇到日本人阻挠，中国舰队应立即开火，无须任何警告。而且，中国有可能采纳闽浙总督的建议上演一出海战版的“围魏救赵”：命福建水师趁战争爆发之机重新占领琉球，南洋水师则直接开往横滨。虽然宝士德在密件中强调这是“据说”，“可能仅是个谣传”[1]，但西方列强几乎很少有人认为在这场注定即将到来的战争中，日本会有任何取胜的把握。而中国的朝野上下也是一片骄逸之气，雪片般的奏章和报刊言论都是直捣东瀛的速胜妄论。

李鸿章固然在和战之间犹豫逡巡，但如此军国大事，岂是其一人能独立承担的？梁启超对其分析很精辟：“李鸿章历任之官，则大学士也，北洋大臣也，总理衙门大臣也，商务大臣也，江苏巡抚湖广两江两广直隶总督也。自表面上观之，亦可谓位极人臣

[1]《英国外交文件》，《中国近代史资料丛刊续编·中日战争》第11册，第274页。

晚年李鸿章

矣。虽然，本朝自雍正以来，政府之实权，在军机大臣（自同治以后，督抚之权虽日盛，然亦存乎其人，不可一例），故一国政治上之功罪，军机大臣当负其责任之大半。虽李鸿章之为督抚，与寻常之督抚不同，至若举近四十年来之失政，皆归于李之一人，则李固有不任受者矣……若以中国之失政而尽归于李鸿章一人，李鸿章一人不足惜，而彼执政误国之枢臣，反得有所诿以辞斧钺，而我四万万人放弃国民之责任者，亦且不复自知其罪也。”

李鸿章在朝廷多受掣肘，以翁同龢为代表的士大夫们喜好纸上谈兵，爱发慷慨激昂之语，满朝气氛是“宁左勿右”，容不下任何客观之分析。有直率的美国历史学家将翁同龢称为繁文缛节和吹牛拍马的大师，以他执掌战时军机，“就好比是让一个舞蹈教师担任陆军上将。翁同龢对打仗一窍不通，他的强项是装腔作势和摇摆不定。他所做的，就是一会儿主和，一会儿主战，一周之内态度要变好几回，每回都振振有词。”[1]

海关总税务司赫德尽管对李鸿章也颇有微词，但显然对“北

[1]［美］西格雷夫：《龙夫人：慈禧故事》（秦传安译），北京：中央编译出版社，2005年，第155页。

京那帮既不了解实情，又不把责任和职守放在心上，却专门喜欢高谈阔论的人”[1]更为蔑视。正如陆奥宗光在指责胜利后“浅薄”的日本人一样：“对于一切事情往往只出于主观的判断，丝毫不作客观的分析研究：只重内而不顾外，只知进而不知止”，“此时如有深谋远虑的人，提出稳健中庸的主张，就被目为毫无爱国心、胆小卑怯之徒，将为社会所不齿，势不能不忍气吞声，闭门蛰居。”[2]

这些“专门喜欢高谈阔论”的爱国者，以“名节”躲避责任、以口号替代行动，将私誉凌驾于公益之上且巧为包装，而实干家李鸿章们，便只好悲叹着“秋风宝剑孤臣泪”，时刻小心“李二先生是汉奸”的帽子和棍子。如此忧谗畏讥，“苟利国家生死以，岂因祸福避趋之”只能成为诗句中抒发的情怀。

最典型的例子是，甲午战事未起时，翁同龢等一力主战，大大压缩了本就回旋艰难的外交空间，并将最了解中日战力对比的李鸿章的意见置之不理；及至战败之后，“战和皆无可恃，言及宗社，声泪并发，罔知所措”，“翁同龢主战的态度，始终不变；所变的是偏离了他的原则。本意是求乾纲大振，致君于有为之地；及至明知事不可为，而为了自己的名声，执持如故，为主战而主战。”[3]清廷在无奈之下，只好请李鸿章出面议和，翁同龢又再三慷慨陈词赔款可以、不可割地，李鸿章就说“割地不可行，议不成则归耳”，要求翁同龢一同前往。翁只好说：“若余办洋务必不辞，今胡可哉？”[4]其实他也知道在那样的环境下，不割地是不可能的了，无非是多割与少割而已，而且最好不要从自己手上

[1] 赫德致金登干信，1894年10月7日，《中国海关密档》第6卷，北京：中华书局，1995年，第132页。

[2]《蹇蹇录》，第90-91页。

[3] 高阳：《翁同龢传》，北京：中国友谊出版公司，1999年，第221页。

[4] 以上引文均见《翁文恭公日记》转引自关捷：《中日甲午战争全史》第3卷，长春：吉林人民出版社，2005年，第751-752页。

割，于是便将和谈的重担及几乎必然招来的“汉奸”骂名一股脑儿推给李鸿章。陆奥宗光对此的评价为：“不论哪一个国家在这种情势之下，也不免有许多只顾虚张声势粉饰表面的庸才贻误国家大计……在危机尚未如此迫切的时期，北京政府当局特别是李鸿章等均不敢向外发表其内心所感到的真实意向，一定觉得十分苦恼。”[1]

李鸿章对此有深刻的评论：“功计于预定而上不行，过出于难言而人不谅，此中苦况，将向何处宣说？……当此等艰难盘错之际，动辄得咎，当事者本不敢轻言建树，但责任所在，势不能安坐待毙。苦心孤诣，始寻得一条线路，稍有几分希望，千盘百折，甫将集事，言者乃认为得间，则群起而讧之。朝廷以言路所在，有不能不示加容纳。往往半途中梗，势必至于一事不办而后已。大臣皆安位取容，苟求无事，国家前途，宁复有进步之可冀？……言官制度最足坏事！”[2]梁启超就为他打抱不平，说：“当时盈廷虚骄之气，若以为一杀李鸿章，则万事皆了……夫虚骄嚣张之徒，毫无责任，而立于他人之背后，折其短长以为快谈，而迄未尝思所以易彼之道，盖此辈实亡国之利器也。李固可责，而彼辈又岂能责李之人哉？”

“鸦片之母”冒险租船

为了运送增援牙山的援军，李鸿章想到了一条“高招”：租用英国轮船。北洋水师营务处总办罗丰禄、天津海关道盛宣怀奉命与怡和洋行洽商租用高升、爱仁、飞鲸三船。

怡和洋行（Jardine Matheson & Co ），又称查甸洋行，1832年7月1日由两名苏格兰裔英国人威廉·查甸（William Jardine，

[1]《蹇蹇录》，第102页。

[2]《庚子西狩丛谈》，转引自关捷：《中日甲午战争全史》第三卷，第415-416页。

1784—1843）及詹姆士·马地臣（James Matheson 一译孖地臣，1796—1878）在中国广州成立，早年主要从事鸦片及茶叶贸易。林则徐禁烟期间，其创办人威廉·查甸亲自在伦敦游说英国政府与满清开战，亦力主从清朝手中取得香港作为贸易据点。1841 年香港开埠之初，怡和即以五百六十五英镑购入香港首幅出售的地皮。著名的小说及电影《大班》就是以其这段时间的经历为原型的。

鸦片战争爆发后，怡和洋行于 1842 年将总公司从广州迁至香港。次年在上海成立分公司。1844 年上海首次拍卖土地，亦由怡和购得。怡和洋行对香港早年的发展有举足轻重的作用，亦是首家在上海开设的欧洲公司和首家在日本成立的外国公司。

1872 年以后，赚够了毒品钱的怡和洋行金盆洗手，放弃鸦片贸易，开展多元化投资。1876 年其在上海兴建了中国第一条铁路吴淞铁路，亦安装了中国的第一部电梯和引入各种机械及工业设备。

1949 年，在中国内地的大部分资产及生意被红色风暴席卷后收归国有。1954 年，怡和在中国国内最后一家办事处亦被迫关闭，公司总部迁回香港。公司在 1961 年首次在香港上市，至今依然活跃在香港及全球市场。

高升号所属的印华轮船公司（Indo-China Steam Navigation Co.Ltd），由怡和于 1881 年 11 月合并旗下原有之华海轮船公司和扬子轮船公司而在伦敦成立，通称怡和轮船公司，至今仍然活跃在国际航运业。在甲午开战前一年（1894 年），印华轮船公司轮

印华轮船公司船旗

船已增加到二十二艘，总吨位比公司刚成立时增加近一倍。根据《上海远洋运输志》的记载，1941 年年底太平洋战争爆发后，印华轮船公司的船只部分撤出远东，有的被日军没收。1942 年 10 月 9 日，英国声明放弃在华享有的各种特权，次年 1 月 11 日同中国签订《中英条约》，放弃在华的航行特权。印华轮船公司遂全部退出中国领水。[1]

高升号建于 1883 年，根据劳埃德船籍名簿，其净吨位一千三百五十四，总吨位两千一百三十四。从《北华捷报》（*The North-China Herald*）等报纸的公告栏看，高升号在中国国内相当活跃，常有其船期的公告。[2]

德国官员分析，李鸿章“在这种时候利用英国轮船，大概是为了避免和日军在海上冲突。因为当时尚未公开宣战，以为日本没有勇气向即使搭载清兵但仍挂英国国旗的轮船开炮”。[3]

而北洋海军号称世界八强，却没有信心在自己及藩属国朝鲜之间的海域有效行使保护职责，而将上千名士兵的命运托庇于外人，这也是当时中国的无奈之举。其实，丁汝昌曾经希望北洋出动大队护航，并积极请战，都被李鸿章压制，以防止给日本扩大冲突的借口，如此委曲求全，在心理上先已输却了这场战争。

与怡和洋行的租船谈判进展得还算顺利，为了给英国船东吃个定心丸，李鸿章同意如果爆发战争造成轮船损失，由中国政府来承担。在罗丰禄、盛宣怀与怡和洋行所签订的高升号租赁协议中，与平时不同的是，增加了特别条款：“如中日之间发生战争，双方一致完全同意该船立即驶往上海并在上海终止该合同，其条

---

[1] 上海远洋远输志编委会：《上海远洋运输志》，上海：上海社会科学院出版社，1999 年。

[2] 如 July 4,1890，pg.9；August 28，1891，pg.289 等。

[3] 1895 年 3 月出版的《柏林府海事通览》，转自日本海军军令部《廿七八年海战史》（下卷），《中日近代史资料丛刊续编 · 中日战争》第 7 册，第 380 页。

件是租用方还可以十九万墨西哥元买下该船，并在终止合同后一个月内于天津或上海付清。”[1]

但这样的条款还是没有能通过英国官方的审核。李鸿章致电军机处求援说：“船东租约，言明宣战后始不能租赁装兵，此时尚未宣战，雇运事所常有。驻津英领事不允，谓须电询英使。乞告知欧使，毋庸阻挠，以昭睦谊。”[2]“至英轮不租装兵，尚有他法可设。”[3]

史料中并没有说最终用了什么办法，但在7月17日高升号在上海移交给了中国政府租用，并立即北上天津大沽港的同时，英国驻天津总领事宝士德向英国驻华公使欧格讷（Nicholas R.O' Conor）发出密函：“总督[4]已租下英国轮船高升号，用作递送公文的专轮，而且该船现在已离开上海来大沽。”[5]显然，宝士德最后没有阻挠（或者说阻挠未成），是因为认定所租轮船将“用作递送公文”。而半个月后，在仁川港税务工作的意大利人鲍里欧尼告知日本驻仁川外交官山田说，一方面是因为中国承诺给英国船员们加薪，另一方面是驻华公使表态，只要中日还未宣战就可以出航。[6]

而《申报》上未经证实的报道，则说怡和洋行为慎重起见，专门就此征询了日本驻天津领事馆的意见，日方回答说“时未开仗全无不合”，“任令驶行，并盖领事印信为据”。《申报》日后就此指责日本领事“谲诈多端”，一边让怡和洋行开航成行，一边“电告该国兵轮开炮轰击”，并认为这就是事后“皇上所以赫然震

[1]《英国外交文件》，《中国近代史资料丛刊续编·中日战争》，第11册，第367-372页。

[2] 光绪二十年六月十八日（7月20日）到电报档《清光绪朝中日交涉史料》No.1189，《中国近代史资料丛刊·中日战争》第2册，第632页。

[3]《清光绪朝中日交涉史料》No.1187、No.1189，《中国近代史资料丛刊·中日战争》第2册，第631页。

[4]［雪珥注］：指李鸿章，其以直隶总督兼领北洋大臣，国际上普遍称其总督头衔。

[5] 同[1]，第274页。

[6]《日本外交文件》，《中国近代史资料丛刊续编·中日战争》第9册，第348页。

怒，声罪致讨”的原因。[1] 该报在报道法国军舰利安门舰所救官兵事后在天津出席北洋海军与各国领事的联合听证会时，详细记录了听证会情况，而后说“至于日本兵轮之知我底蕴，乘机拦击者，系日本领事电告也”。[2] 遗憾的是，这么重要的事情，笔者遍查史料，却未能发现可以支持这一事实的依据，想来又是媒体道听途说的伎俩而已。

在中国开始调兵遣将的同时，日本也进一步抓紧了战备。据当时的《申报》报道，日本三菱公司接到本国电令，将所有轮船一律卸载完毕，尽备国家军用。[3] 在北洋舰队求战不得的同时，日本已经做好了一切战争准备，不惜以倾国之力决战朝鲜。

7 月 20 日，高升号等三轮到达天津装运军队和给养，但此时才发现牙山方面在人员和货物的过驳上有严重问题。清军在牙山只征集到三十条民船，每船次只能渡兵三十人，而过驳距离长达七十里，一次过驳往返就需要两天时间，根本无法同时接纳众多运兵船。而与高升等三艘英国商船同时从大沽前往朝鲜的，还有七艘中国轮船。[4]

无奈，中国军方决定分批起碇，三艘英国运输船每船相隔一天开行。爱仁号于 7 月 21 日下午先行，飞鲸号于次日傍晚续之，最后是高升号，确定于 7 月 23 日晚起航。

克虏伯公司的代理人曼德尔（Mandl）随爱仁号同行，他发现：在给士兵们分发饮用水时，绝大多数士兵居然没有东西盛水，抢夺罐头盒之类的东西充作饮水用具；而当离牙山还有将近一天航程时，士兵们都在挑选子弹，看看哪些适用于他们配备的来复枪。

[1]《日员谲诈》，《申报》，1894 年 8 月 18 日。

[2]《详记高升失事情形》，《申报》，1894 年 8 月 14 日。

[3]《增雇商轮》，《申报》，1894 年 7 月 23 日。

[4] 末松向外务大臣提交的调查始末书，《中国近代史资料丛刊续编 · 中日战争》第 8 册，第 4-18 页。

清军援军在码头集结，准备登船。西方画师根据历史记录所绘

清军援军正在登船。西方画师根据历史记录所绘

清军援军在开赴朝鲜的船上。西方画师根据历史记录所绘

后来，英国驻华公使欧格讷在发给英国外交部的密件中对此分析道：这极其明显地说明，他们缺乏组织性。[1]

临时抱佛脚给赴朝清军带来诸多问题，整个甲午战争期间，中国军队处处被动，与准备不足亦关系甚大。

7月23日，最后一批一千多名清军登上高升号。船长高惠悌（Thomas Ryder Galsworthy）事后回忆说："其中包括两位大将、许多不同级的军官，又一位德国退伍军官，名汉纳根（Constantin Von Hanneken），以普通旅客名义搭船。"[2]

据《泰晤士报》日后的报道说，高升号原是安排了军舰护航，将在威海卫的外海会合，但是，"原先派驻朝鲜的外交官袁世凯，此前虽然在朝鲜频繁刺激日本，现在却建议说，军舰护航会激怒日本人，在时间还足以召回高升号之前，这艘船就如此毫无保护地开往牙山"。[3]实际上，李鸿章虽然没有安排全程护航，还是有济远舰等予以接应，而没有全程护航的原因，一方面固然是前线吃紧、舰队任务重，另一方面则是抱有侥幸心理，指望日本人不会发现运兵船，即便发现，也坚信日本人绝对不敢挑衅英国国旗。

公元1894年7月23日（农历甲午年六月廿一）晚上9时50分，高升号满载七十四名船员（其中七名英国人）、千余名清军士兵及其弹药、给养，在晴朗的月夜里起碇离开大沽，驶往牙山，一个永远达不到的目的地……

[1]《英国外交文件》，《中国近代史资料丛刊续编 · 中日战争》第11册，第289页。

[2] 高升号船长高惠悌的证明，日舰击沉高升号实况文件三种，《中国近代史资料丛刊 · 中日战争》第6册，第19-29页。

[3] *The Conduct of the War*, *The Times*, December 26, 1894, pg.4.

第二章

“旭日”灼痛“黄龙”

高升号的航行，在平静中度过了两天，用大副英国人田泼林（Lewis Henry Tamplin）的说法，中国士兵们“安静而有秩序，似乎很高兴和满意，虽然几乎没意识到他们要到哪里和去做什么”。

第三天，7月25日上午，高升号已经到达朝鲜丰岛海面。

上午4时至8时轮到大副田泼林值班，7时30分，他发现前方有一艘军舰正在向高升号高速接近。

约一小时左右，这艘军舰越开越近，田泼林看清楚了，军舰上悬挂的是日本海军旗帜，但奇怪的是，还另外挂着一面白旗。田泼林按照惯例，升降红色船旗表示致意，但他发现该舰对高升号不予理睬，继续向东北方向航行。[1]

同行的德国军事顾问汉纳根却记得，这艘悬挂白旗的日本军舰在交会时，升降旗帜向高升号表示了敬礼。汉纳根说，由此“我们对于他们和平的意旨感到安慰”。[2]后来一些史学家据此认为，正是这艘“日本军舰”的旗语敬礼，令高升号进一步丧失警惕性。

[1] 大副田泼林证词，《英国外交文件》，《中国近代史资料丛刊续编·中日战争》第11册，第335-342页。

[2] 汉纳根大尉关于高升商轮被日军舰击沉之证言，日舰击沉高升号实况文件三种，《中国近代史资料丛刊·中日战争》第6册，第19-29页。

其实，这艘奇怪地加挂了白旗的军舰，并非日本军舰，而是中国北洋舰队的主力战舰之一济远舰，其舰长就是著名的反面人物方伯谦。

方伯谦为福州船政学堂首期学员，亦是中国首批海军留学生，在英国格林威治海军学校学习，后在英舰上实习，被英军教员称为“聪明谙练之员”；学成回国后，先在南洋海军，后转入北洋，参加过中法战争，深受李鸿章器重。1889年6月，方伯谦升署中军左营副将，委带济远舰。1891年5月，李鸿章第一次到威海检阅海军事竣，奏准以方伯谦办海军出力，赏给“捷勇巴鲁图”勇号。

自添兵朝鲜以来，济远舰和从南洋舰队调集的广乙舰，就一直在牙山口负责运输船队转驳时的警戒护航。前一晚，在协助飞鲸号转驳完毕后，两舰得悉汉城日军已经动武，绑架了朝鲜国王。而北洋海军此次跨海运输，途中并未安排军舰

日本第一游击舰队司令坪井航三

吉野舰（档案照片）

日本吉野舰在英国造船厂完工下水之前

护航，方伯谦担心殿后的高升号的安全，遂携广乙舰出牙山口迎接。

两舰一出海口，早上7时20分，即与巡弋到此的日本第一游击舰队相遇。[1]

日本联合舰队司令伊东佑亨

日本第一游击舰队由吉野、秋津洲、浪速三舰组成，吉野为旗舰，自7月23日离开佐世保军港，一直在刻意寻找中国军舰开衅。日本舰队总司令伊东佑亨（Ito Sukeyuki）一年后在保勋会上演说时坦言，这是因为该三舰在日本海军中速度最快，并且装备了许多速射炮，便于搜索和展开突袭。[2]

[1] 东乡平八郎日记，《中国近代史资料丛刊·中日战争》第6册，第32页。

[2]《中国近代史资料丛刊续编·中日战争》第7册，第227页。

双方遭遇后，随即开始了炮战。但期间过程，中日两国却一直各说各话。而此一问题，直接关系到高升号事件的国际法判断。

根据《济远航海日志》里的记载："7 点 45 分吉野首先开炮，向济远轰击。7 点 52 分，济远发炮还击。"也就是说，7 时 45 分，吉野舰不宣而战首先开炮。随后，7 时 55 分，秋津洲舰开始向济远发炮；一分钟后，浪速也向济远开炮。中国学术界一致认为日舰首先发炮。

日本吉野舰舰长河原要一

而日本的官方记载则是中国海军首先开炮。日本海军军令部《廿七八年海战史》中记载："7 时 52 分，彼我相距约三千米之距离，济远首先向我开炮。旗舰吉野立即应战，以左舷炮向济远轰击。"[1]

日本官方史料《日清战争实录》则更为具体地说日舰在如此紧张的形势下还做出匪夷所思的"礼节"："我舰……对清国虽暗中敌视，表面仍作为友好邻邦，因此决定作海军的普通的敬礼。我军一舰升起将旗，以为靠近对方军舰时，对方必定作相应的敬礼。然而，他们非但不敬礼，反而进行战斗准备，对我军表示敌意。我舰因海面狭窄，向前航行不便，未咎其无礼，转向西南，驶进外海。须臾间，彼我距离接近，对方突然开炮。既然对方已挑起战事，我舰岂能迟疑，立即开炮应战。"[2]

---

[1] 日本海军军令部:《廿七八年海战史》(上卷),《中国近代史资料丛刊续编 · 中日战争》第 7 册，第 88 页。

[2]《中国近代史资料丛刊续编 · 中日战争》第 8 册，第 2 页。

日舰“因海面狭窄，向前航行不便”而“转向西南，驶进外海”是实，但不是什么“未咎其无礼”，而是要抢占更好的战斗位置。由于丰岛附近海面南宽北窄，而日舰是在中国舰队的南面向北航进，对日舰的回旋运动不利。为此，日舰右转调整方位，以便待中国军舰驶至丰岛近南海面宽阔处，再行转轮攻击。这一细节，得到了中外战史专家们的一致认可。日本舰队总司令伊东在次年的公开演讲中也说：“……（遭遇中国军舰时）我方位置非常不利，因此第一游击舰队司令官坪井又将舰队带到靠近十分便于攻击敌舰的地点。我方虽然升起司令旗，而对方对此也不敬礼。正在觉得十分遗憾之际，对方开始打炮，于是我方也立即还炮，战斗于是开始。”[1]

与这些事后被加工润色过的表述相比较，浪速舰舰长东乡平八郎的战时日记则十分直白地记录："在丰岛海上远远望见清国军舰济远和广乙号，即时下战斗命令。"[2]

日本浪速舰舰长东乡平八郎

根据后世披露，日本舰队的战斗报告原文为“我方正拟致送礼号，对方却做出战斗准备，及至相近，遂以炮火相见”，但该报告被送达海军省时，任海军主事的海军大佐山本权兵卫对此大为不满，

[1]《中国近代史资料丛刊续编·中日战争》第7册，第227页。

[2] 东乡平八郎日记，《中国近代史资料丛刊·中日战争》第6册，第32页。

浪速舰（档案照片）

亲自执笔，在“对方却做出战斗准备”之后，加上了“当济远从我舰队近旁通过时，由舰尾发出鱼雷向我袭击，因此，我方遂以炮火相见”。修改后的报告，由海军大臣西乡从道批准发表，成为后来国际法论辩中日本的主要依据，虽然遭到英国外交人员的质疑，但终被采纳。[1]

日本媒体则和官方口径完全一致。如1894年8月7日出版的报纸《国民新闻》报道：“我军舰之一二举起将旗，彼不仅未作相当之礼式，反而作战斗准备，向我军示以敌意。但由于海面狭小，我三舰向西南调转方向，出冲不久，于彼我距离接近之际，彼忽然开始发炮。因此，我三舰亦应之。”[2]

从常理、动机及民族性格等推测，日本人先动手的可能自然远远大过方伯谦。但在当时的战场态势和气氛下，考究谁开第一枪实际上毫无意义。日本人有备而来，完全可能先行挑衅；而中国军舰在敌人的优势兵力威逼下，也完全有可能首先开火抢占先机。战衅之开端，绝对不可以是由谁先打第一枪来判定，第一炮

[1]《中日海战史料》，《中国近代史资料丛刊续编·中日战争》第6册，第33页。

[2]《中国近代史资料丛刊续编·中日战争》第7册，第201页。

也绝非战争之因，而只是战争过程的一部分而已。

中国史学界，花费了大量的精力考证甲午战争的第一炮究竟是谁开的，但在那剑拔弩张、风满西楼的危急时刻，即令果真不是中国开第一炮，这又能说明什么呢？仁者之师吗？在狭路相逢的时候，只有勇者与怯者、胜利者与失败者，而在最缺乏 fairplay 精神、最缺乏裁判的国家征战中，强权往往就是公理，国际法只是强者的游戏而已。失败者即令能获得所有的同情，也还是一个被同情的失败者，而同情不能让失败者改变命运。

著名的英国《简氏防务周刊》（*Jane's Defence Weekly*）创始人伏雷德·简[1]，作为一位严肃的军事史家，在其 1904 年所著《日本帝国海军》（*The Imperial Japanese Navy*）一书中，干脆认为这场遭遇战本身没有任何大的意义，而只是让东乡这个胆大妄为的日本军官走到了前台并为世人所知。[2]简站在一个局外人的立场，站在一个纯军事的角度，当然无法理解高升号事件对远东国际力量均衡的巨大影响，但他不过度纠缠于一些历史细节上的超然态度，还是对我们有所启示的。

众寡悬殊北洋败阵

战斗是众寡悬殊的。

中国军舰无论在数量、火力、机动性方面都远不如敌，整个北洋舰队虽然从吨位等方面号称世界第八强海军，舰炮口径比日舰普遍要大，但已有十年未予更新，缺乏当时最先进的速射炮。日军三舰的火炮数是三十门，中国两舰是六门，日本史学家藤村道生强调说，“速射炮在同样的时间内可以比原来的大炮发射出

[1] Fred T. Jane，笔名，全名 John Fredrick Thomas Jane，1865 年 8 月 6 日—1916 年 3 月 8 日。

[2] Fred T.Jane: *The Imperial Japanese Navy*（London :W. Thacker & Co.; Calcutta and Simla, Thacker, Spink & Co.）,1904,pg.107.

济远舰、广乙舰与日本舰队在丰岛激战。图为上海《点石斋画报》所绘“海战捷音”

八倍的炮弹，所以将发射的速度计算在内，三十门炮对六门炮的发射比率就成了三十比一”。[1]

火力如此悬殊，战斗十分惨烈。日军官方文件《日清战争实记》记录道:“因相互猛烈炮击，海面骤然硝烟弥漫。驰骋的军舰，劈涛破浪，如蛟龙飞舞，鼋鼍跳跃，无比壮观。清舰虽亦善战，彼二我三，众寡之势，岂能久抗?激战约一小时二十分，清军二舰败退。”[2]

广乙舰在浪速舰右舷炮的高速射击下，未战多时，舰体基本毁坏，向浅滩方向败逃，日舰也不追赶，继续围攻济远舰。广乙舰在“十八家岛”冲滩搁浅后，幸存官兵毁坏设备、军械等之后，从容登岸逃离。

余下济远舰单挑日舰，打得十分顽强，予敌重创，自己也遭

[1]［日］藤村道生:《日清战争》，第 89 页。

[2]《中国近代史资料丛刊续编 · 中日战争》第 8 册，第 2 页。

广乙号（档案照片）

受巨大牺牲，舰上横尸累累，所赖装甲比较厚实，没有造成致命伤害。不久，济远舰寡不敌众，加速向中国方向撤离。日舰浪速在后紧紧追赶。济远舰航速不及日舰，眼看要追上，便挂起了白旗和日本海军旗，但就是不遵照日舰命令停轮，继续向西遁去。

有关济远舰悬挂白旗，后世史家多将其看作表示投降。日本人后来也据此认为济远舰投降在先，并编造了其“投降”后突然发射鱼雷的情节，以证明其击沉高升号的必要。

但军舰上悬挂白旗，并不一定代表投降，只是表示无敌意。在日舰吉野追击济远舰，被济远舰尾炮重伤后，吉野舰亦赶紧挂起了白旗和黄龙旗。即使是白旗果然代表投降，济远舰就不能学黄盖来个诈降吗？

当时是济远舰的普通一兵、日后为中华民国首任海军总长的黄钟瑛，回忆挂白旗后用尾炮的奋勇一击道：“舰队创始，远逊敌军，非智取无以制胜……（在挂了白旗仍被敌舰死死追击后）钟瑛益怒奋，竟佐舰长回击敌舰浪速，伤之，旋又击中敌舰吉野，歼其首要及员弁以下，死无算，以孤军无援不穷追……”[1]

丰岛之战中，济远舰以寡敌众、以弱抗强、以不备对蓄谋，能全身而退就相当了不起，朝廷事后亦对方伯谦有所褒赏。济远和广乙两舰在丰岛都打得相当不错，但可惜事后却相互指责，这真是中国人的性格悲剧。至于后来大东沟一战后，方伯谦因“临阵退缩”被军法处斩，至今对此争论不断，可以肯定的是，当时对方伯谦的指控至少是有漏洞的。

方氏家族三代从军，其后人不惧谤言，缅怀先人，并在福州方伯谦故居中开设中国首家海军世家家庭博物馆，“方伯谦故居”五字亦为时任国防部长张爱萍亲题。此为后话，不再赘叙。

高升号刚出现，日军便在望远镜中又发现了另一猎物：北洋舰队的通信舰操江号，装载着武器饷银，也在没有护航的情况下由大沽赶来牙山。操江号一见日本舰队，调头就往回开。

高升号和操江号的出现，在某种程度上迟缓了日舰对济远舰的追击。日军舰队因不明远处操江号的友敌身份，游击舰队指挥官坪井航三下令“自由运动”，旗舰吉野率浪速舰紧追济远舰，秋津洲舰则重新去追击已经远走的广乙舰。

济远和浪速先后与高升号高速交会后，两舰均不停留。浪速只是一边令高升号抛锚待命，一边继续追赶济远舰。旗舰吉野随后召回浪速舰，命其专司处置高升号，吉野自行追击济远。而秋津洲舰追击广乙舰到浅滩，见其已搁浅弃船，即回航，亦受命追击操江号。

追逐中，济远和吉野两舰又先后与正往回行驶的操江号交会。

11时30分，济远驶近并超过操江，搭乘操江号的丹麦

[1]《民国海军上将赞侯公国史馆本传》，见民国史料1919年编《青山黄氏世谱》第三卷。黄钟瑛，号赞侯。

秋津洲舰舰长上村彦之丞

秋津洲舰（档案照片）

人弥伦斯（Muhlenstedt）事后抱怨说："济远兵船原可帮助操江，乃并不相助，亦未悬旗通知。"[1]

半小时后，日舰吉野尾随济远舰航向而来，靠近操江，操江急将龙旗降下，以表示无战意。但吉野并不理会，继续追击济远。

下午1时50分，奉命专司追击操江号的秋津洲舰才追上了它的猎物。

追击济远的吉野舰航速远超猎物，眼看就要追上，济远舰尾

[1] 弥伦斯致博来函，《盛档·甲午中日战争》（下），第46页。

炮突然发威，连发四炮，命中吉野要害，船头低俯，只好赶紧升起白旗和黄龙旗，放弃追击，转身返回，带伤的济远舰遂得以从容驶回威海卫。

而作为商船的高升号以及三十年前由上海制造的老式木船操江号，在当时世界上航速和炮速均最快的日本军舰面前，其命运就迥然不同了。

伏击还是遭遇：特工在行动

9 时 15 分，追击济远舰过程中的浪速舰，向高升号鸣放两声空炮，并以旗语下达命令“停驶”、“下锚”！

9 时 30 分，高升号停船并下锚，锚下沉达十一㖊的深水位。

但浪速继续追赶济远舰。高升号便挂出旗语询问：“我是否可以前进？”

浪速回答：“停航，否则后果自负。”[1]据后来日本外交机构解释，这句旗语并非针对高升号，而是发给还在逃跑的济远舰的。日本外交机构以此旁证浪速舰对高升号开始并无敌意。果如此，则高升号当时如果全速逃离，或许还有机会。

浪速舰追击了济远舰一段路后，旗舰吉野调整各舰任务，命令浪速回航，将高升号带赴总队。[2]浪速接命，回航驶到距高升号约四百米处停下，将右舷炮对准高升号以为戒备。

汉纳根后来回忆说，日本舰队显然在“看见一只显系悬挂英国旗的中国运输舰后，不知怎么办才好”。

有关高升号遭遇日本军舰一事，普遍的说法是日舰根据谍报

[1] 高升号船长高惠悌的证明，日舰击沉高升号实况文件三种，《中国近代史资料丛刊·中日战争》第 6 册，第 19-29 页。

[2] 东乡平八郎日记，《中国近代史资料丛刊·中日战争》第 6 册，第 32 页。

进行的伏击。如《北华捷报》的一篇署名“海员”（Mariner）的来信，提及高升号到达贝克岛（Baker Island）时，发现日本舰队“显然是早已等待”在那里。[1]日谍潜伏在华，已有经年，其中一些改装剃发，完全融入了中国社会。甲午战争前夕，日谍荒尾精创办的汉口乐善堂、日清贸易研究所等间谍机关，更是开展了大规模、有组织的谍报活动，尤其大沽、烟台及朝鲜牙山等军事要地，都有大量日本间谍在活动。

英国驻天津领事馆的情报官卓蒙德（W. V. Drummond），在战前一个月（6月26日）向英国公使欧格讷报告说：“天津有六名特别精明强干的日本特工人员，北京和中国的其他地方也有许多这样的人。上海也有许多日本特工人员。他们讲一口流利的汉语，其中很多人还穿着中国服装，梳着辫子，中国人看不出他们是日本人。另一些人平时虽穿日本服装，但他们能随时在几分钟内装扮成中国人出现在人们面前。”[2]

李鸿章确定雇佣高升号等英国轮船运兵增援牙山后，据当时随船的信义洋行德国人满德报告：“有一倭人久住塘沽，此倭人才具甚大，华英德法言语俱能精通，看其与他人言论间……并随时用铅笔注载……爱仁、飞鲸，高升船载若干兵、若干饷、何人护送、赴何口岸，该倭人无不了彻于胸。”[3]

而这位“才具甚大”的倭人，中国大多数的研究者都认为是后来被清政府认定为高升号事件谍报元凶的石川伍一。石川伍一幼读私塾，入兴亚学校专攻中文，十九岁时来华，冒充广东人，多方刺探军情。中国官方的说法是石川伍一收买了天津军械局书办刘树棻（又称刘棻、刘五等），获得大量军事情报，其中包括高升等三艘运兵轮船的具体日期和装载情况。

---

[1] *the Sinking of the Kowshing*, *The North-China Herald*, Aug 3, 1894, pg 189.

[2]《英国外交文件》,《中国近代史资料丛刊续编 · 中日战争》第11册，第276页。

[3]《盛档 · 甲午中日战争》（下），第102页。

第二种比较流行的观点，是认为天津电报局的电报生泄露了高升号的开航时间等情报。支持该说法的比较有力的一条旁证是，8月1日盛宣怀因俄国驻华公使随员巴幅罗福要求拍发密码电报一事，曾发牢骚说："前者线阻三日，我军均平安到韩。廿二（7月24日）因喀使急欲通电，是以开报竟送，'广乙'、'高升'、'操江'三船已受深害。"[1]但电报生泄密这一说法，一是缺乏直接证据，二是电报生其实并不掌握密码，而电讯本身日军完全可以监听截获，不需要收买内奸获得。故此说亦当属臆测。

有研究者援引满德的报告后，认为在大沽港口，一定有日本间谍在实地密切注意着各船的开行。

更有研究者干脆质疑日本间谍探得高升号航期的说法，认为高升号遭遇日本军舰纯属巧合，因日本早已下定决心在海上攻击中国船只了。[2]应该说，从东乡平八郎的日记等观察，日本舰队之于高升号，似乎确非蓄意伏击，而是偶然遭遇。东乡事后给舰队司令的报告说，与高升号相遇时"判断其为奇怪之船只"[3]，而且在迫停高升号后，浪速舰实际上还去继续追击济远舰，有一段时间高升号周围没有任何日本军舰监视，完全可以逃之夭夭，汉纳根事后也是以此指责船长高惠悌的大意。可见，当时东乡并不知道这是运兵船，至少其并没有一个根据谍报伏击高升号的计划，否则，高升号之前的爱仁与飞鲸两艘同样运兵的商船亦不会平安到达了。

日本其实是早已决定在海上袭击中国的舰船。时任日本外交大臣的陆奥宗光在其回忆录《蹇蹇录》中说："当初我国政府经由驻东京英国公使向中国发出最后通牒，限于五日内答复，并坚决表示：在此期间中国若向朝鲜增兵，日本政府将立即认为系威

[1]《盛档·甲午中日战争》(下)，第107页。

[2] 李娟芳、钟林:《甲午"高升"号事件经过情形考辨》,《学术论坛》，2001年第2期。

[3]《日本外交文件》,《中国近代史资料丛刊续编·中日战争》第9册，第344页。

胁行动。当时，西乡海军大臣曾问我：‘若日本舰队在最后通牒期满后，与中国舰队遭遇，或中国有再增兵的事实，而立即开战，在外交上有无为难？’我答称：‘从外交顺序来说并无任何妨碍。’事实上我召见驻我国的英国代办巴健特，请他将我最后通牒转交驻北京英国公使是7月14日，而丰岛海战是7月25日发生的。”[1]

陆奥宗光在7月12日发给驻中国兼朝鲜公使大鸟圭介的电令中，更是明确地说：“今有施行断然处置之必要。故阁下务须注意，可择一不受世上非难之某种口实，以之开始实际运动。”[2] 13日，陆奥命参事官本野一郎及陆军中佐福岛安正速返朝鲜，向大鸟传达其机密训令：“促成中日冲突，实为当前急务，为实行此事，可以采取任何手段。”[3]公使馆书记官杉村浚在其所著《明治二十七八年在韩苦心录》中坦陈：“朝鲜政府无论如何答复，或逾期不答，都要举事。”[4]

日本外相陆奥宗光

甚至远在伦敦的驻英公使、前外相青木周藏，也再三强调“必须制造日本行动正当性”，“由于国际法仅仅是希望提倡（朝鲜）改革，没有给我们武装干涉之权利，故如果打算进行战争，那么绝对必要的是要事先给军事占领以合法的地位，否则整个世界则要谴责

[1]《蹇蹇录》，第70，73-74页

[2] 同[1]，第69页。

[3][日]外山三郎：《黄海海战和日本海海战》，《军事研究》1977年第7期。

[4] 杉村浚：《明治二十七八年在韩苦心录》，《中国近代史资料丛刊续编·中日战争》第7册，第29页。

我们的行动”。[1]从一开始就为此后的舆论和法律应对做准备。

以此分析，日本实际上在随机选择攻击目标，无须等待运输船的具体情报。遭遇战是必然的，但何舰遭遇何船，却是偶然的。

需要注意的是，此时，不光中国运输船没有军舰全程护航，日本的运输船也同样。高升号事件爆发后，浪速舰在返航的过程中还专门提醒一艘无护航的日本商船，并将其护送到舰队锚地[2]，如果日本人蓄意伏击高升号，则一定会担心强大的北洋舰队进行报复，而应提前为自己的运输船提供护航。

当然，日舰挑衅无需谍报，并非意味着此中无谍报战。高升号事件后，帝国法制局局长末松谦澄所主持完成的官方报告中，明确提到：“7月21日和22日有许多（中国）军队运输船从大沽出发，与我有关当局通过其他途径获得的消息相符。”[3]

而另一个被日本人精心掩盖的事实是：日本所提交的所谓“第一次绝交书”，不仅是份外交文件，也是种谍报手段。这一封长文，日本反常地主动翻译成中文提交给中国使馆，次日日本截获中国使馆向北京拍发的长篇电报，认定此即为“绝交书”，两相比对，遂成功破译中国密码。此在后文另有交代。

对高升号而言，无论是否有间谍活动，无论是遭遇战还是伏击战，在后果上并无区别。而爱仁号、飞鲸号得以完成运输任务，完全托庇于比高升号幸运地提前出发。日本第一游击舰队是7月23日从锚地出发，以搜寻中国船只开衅，这一致命的邂逅便落到了最晚出发的高升号头上。必然的血腥冲突中，却都是些“偶然”

[1]《日本外交文件》,《中国近代史资料丛刊续编·中日战争》第9册，第325页。

[2] 东乡平八郎日记,《中国近代史资料丛刊·中日战争》第6册，第33页。

[3] 末松向外务大臣提交的调查始末书,《中国近代史资料丛刊续编·中日战争》第8册，第4-18页。

的当事人，对他们个体而言，此亦算造化弄人？

中国士兵“绑架”了英国船长？

10时左右，浪速舰上的日本军官人见善五郎大尉（Lieutenant Hitomi）带人乘小艇前来高升号检查。

此时，高升号上的中国带队将官请汉纳根转告船长：宁死不当俘虏。汉纳根极力安抚他们，对他们说：“在谈判进行中，维持船上的秩序是很为必要的。”他把管带的意旨告诉船长高惠悌。

日本小艇全副武装到达，人人佩有来复枪和军刀。人见善五郎大尉带另一名日本军官和一名士兵上船后，英国船长高惠悌出示执照，并提请登船的日本军官注意高升号是英国商船。人见善五郎又问了许多别的问题，然后要求“高升船要跟浪速舰走”，高

高升号上的中国将官（坐者）告知船长等（立者/右）、大副（立者/中）和汉纳根（立者/左）宁死不降。当时西方画师根据相关证词所绘

惠悌回答说："如果这是命令，我没有别的办法，只有抗议下服从。"高惠悌事后回忆说，这是因为"商船绝对无力抵抗一艘军舰"。[1]

此时，"中国士兵很激动，他们操起武器并开始分发弹药，两位中国将官急切地想知道我们信号的语意"大副田泼林回忆说："按照汉纳根所提建议，部队全部奉命进舱。"[2]

汉纳根正忙于劝导清军官兵们镇静，没有参加船长与日本军官的谈话，但事前表示必要时他也可出面。而且，汉纳根要求船长一定要坚持告诉日本人，只能返回出发港大沽，毕竟船出发时，两国尚未宣战。[3]

搭乘高升号的亲兵前营后哨哨长、四十岁的张玉林，获救后作证说：日本兵上船后，他便看见高升号船长同汉纳根"说话相争"，但听不懂，后只听见汉纳根对两位营官说："日本人要我们到长崎去。我们已经告诉日本人：'你们中日两家还没有打仗，我是英国船，有英国旗子，我们做的是买卖，照公法你们不能拦阻。'"两位营官说："我们回大沽倒可，万不能去长崎。"日本人说不动，走了。[4]

日本人离开后，通过汉纳根的翻译，船长向中国军官通报了刚才洽谈的情况，引发了中国官兵的众怒。高惠悌回忆道："（船上的中国将官们）很坚决地表示反对。我们对他们解释抵抗的无用，因为一颗炮弹就能在短时间中使他们沉没。将官们说：他们宁愿死，决不服从日本人的命令。又因为他们有一千一百人，而

[1] 高升号船长高惠悌的证明，日舰击沉高升号实况文件三种，《中国近代史资料丛刊·中日战争》第6册，第19-29页。

[2] 大副田泼林证词，《英国外交文件》，《中国近代史资料丛刊续编·中日战争》第11册，第335-342页。

[3] 汉纳根大尉关于高升商轮被日军舰击沉之证言，日舰击沉高升号实况文件三种，《中国近代史资料丛刊·中日战争》第6册，第19-29页。

[4] 8月4日《北洋大臣李鸿章为法国兵船救出高升轮船勇丁请向法使称谢咨》附件，朝鲜档，《中国近代史资料丛刊续编·中日战争》第5册，第40页。

日舰浪速只有四百人，所以他们愿意快快地打，而不愿投降。我又告诉他们说，倘使他们决计要打，外国船员们必须离船。他们以手势相威胁，要割我们的头，刺我们，射击我们，他们挑选了一些人来看守我们执行命令。我们于是又发信号，请浪速再派小船来，以便传知事件的情形。”[1]

大副田泼林回忆道：“中国将领们一了解到日方的意图便异常激愤。他们要汉纳根向我们解释说，稍有听命于日舰之举或稍有弃船而去的企图，我们将立即被处死。一位将领用手势示意要切断我们的喉咙。他立即派了士兵监视我和船长，并给他们自己的卫兵发了弹药。我通过汉纳根向该将领解释：反抗无济于事。日舰一炮就可把船击沉，从命才是上策。我们的劝告丝毫不起作用，这位将领宣称宁死不屈，并再次威胁我们。”[2]

田泼林日后在接受路透社专访时再度回忆说：“船长与汉纳根焦急地站在栈桥上，中国军人则站在楼梯下，像猫一般地盯着我们。两位刽子手则全副武装，奉命随时监视船长与我，挎着腰刀寸步不离。”[3]

汉纳根则说：“当我把船长与日本人谈话结果译给中国管带们听后，他们和士兵都喧嚷起来，用刀枪威胁船长、船员及所有船上的欧洲人，致船长不敢起锚。我又极力劝他们镇静，并请船长用信号请谈判的日本船再回来。”[4]

日本人对高升号上中国官兵与欧洲船员之间发生的冲突很感兴趣，在后来的调查报告中用了大量篇幅进行渲染，这也成为高升号事件后来在国际法责任认定方面的重要考虑因素。

---

[1] 高升号船长高惠悌的证明，日舰击沉高升号实况文件三种，《中国近代史资料丛刊·中日战争》第6册，第19-29页。

[2]《英国外交文件》，《中国近代史资料丛刊续编·中日战争》第11册，第335-342页。

[3] *The Times*，October 25，1894，pg.6.

[4] 汉纳根大尉关于高升商轮被日军舰击沉之证言，日舰击沉高升号实况文件三种，《中国近代史资料丛刊·中日战争》第6册，第19-29页。

人见善五郎等日军军官回到浪速舰后，挂出第四次信号："立刻斩断绳缆，或者起锚，随我前进！"

但此时，中国官兵已将高升号上的欧洲船员监视起来。船长高惠悌只好再发信号，请浪速再派小艇来，人见善五郎再次带队驾小艇靠上高升号。

此次，清军官兵拥挤在甲板上[1]，情绪激昂，并占据了跳板，日本小艇无法靠拢，直至高惠悌劝中国将官令他们离开后乃止。

大副田泼林回忆，由于中国将领疑心英国船员想弃船而去，不让他们到舷梯去接应前来的日舰军官，只好在靠近小艇的舷侧，由中国的营官会见了日本军官，汉纳根做翻译，船方只有高惠悌船长在场。[2]

高惠悌要人见善五郎带口信给浪速舰长，说船上清军拒当俘虏，坚持退回大沽口；又指出，它是一只英国船，离开中国海港时尚未宣战。[3]

这次，汉纳根也直接出面，告诉人见善五郎说："现在船长已经失去自由，加之清军实际情况又如此，实在难于遵命。何况尚未公开宣战，因此请求允许返还原地。"[4]

来自菲律宾的西班牙舵手欧利爱脱（Pedro Oriate）回忆说："日本人最后一次上船是在十二点钟，只有一个人，说了几句英文就回去，是一位青年，两次都来过。"他不能肯定当时是否有兵士在甲板上，高升号的主要甲板是一个船首到船尾的全通甲板，只

[1] 末松向外务大臣提交的调查始末书，《中国近代史资料丛刊续编·中日战争》第8册，第4-18页。

[2] 田泼林证词，《英国外交文件》，《中国近代史资料丛刊续编·中日战争》第11册，第335-342页。

[3] 高升号船长高惠悌的证明，日舰击沉高升号实况文件三种，《中国近代史资料丛刊·中日战争》第6册，第19-29页。

[4] 塔不留·雷阿德·库劳斯《日清海战》，《中国近代史资料丛刊续编·中日战争》第7册，第343页。

是被桅杆、烟囱、天窗、船长的房间及海图室所隔断，驾驶台在海图室上面。他说，当时英国国旗正飘扬着，船公司的旗挂在正中的桅上，前桅没有挂别的什么。[1]

人见善五郎表示要请示舰长，随即离开。这时已是中午12时30分，交涉已经三个小时。

人见善五郎离开后，高升号全体高级船员和汉纳根聚集在驾驶台商讨所面临的事态，中国士兵们则在前甲板上吵吵嚷嚷。田泼林离开驾驶台去船尾取文件，在后甲板上他遇见了轮机长和副轮机长，向他们说明了事态的严重性，告诉他们："如果日本人向我们射击，我们将不得不跳水。"[2]

浪速舰随即挂出第五次信号，要求立刻弃船。田泼林立即派船尾的一名舵工向轮机手们发出警告：做最坏的准备。

中国士兵当然不允许船员弃船，并看守了船上的所有吊艇。船长高惠悌事后回忆："欲下小艇时，一名清国将官以手枪对准我之面部，另一名将官拔出长剑于我背后挥舞，有若动则斩之势。故我无奈以信号回答之。"[3]高升号向日舰示意："不准我们弃船，请派小艇来。"

浪速答复："不能再派小船。"并在樯头挂出代表攻击的红旗，前进到离高升一百五十米的近距离。

浪速舰长东乡在日记中记载："我方认为这是清兵有意与我为敌，决定进行炮击，破坏该船。"[4]

而此时，远处又出现了几艘军舰的烟柱，令浪速舰大为紧张，

---

[1] 高升号遭难遇救者之陈述，日舰击沉高升号实况文件三种，《中国近代史资料丛刊·中日战争》第6册，第19-29页。

[2] 田泼林证词，《英国外交文件》，《中国近代史资料丛刊续编·中日战争》第11册，第335-342页。

[3]《日本外交文件》，《中国近代史资料丛刊续编·中日战争》第9册，第355页。

[4] 东乡平八郎日记，《中国近代史资料丛刊·中日战争》第6册，第32页。

这其实是闻讯从仁川赶来增援的日舰，但距离太远，敌友难辨。

13 时，浪速舰向高升号发射了第一枚鱼雷，平静的海面划出了一道致命的白色轨迹……

第三章

英国留学生终于向英国国旗开炮

日本官方对于浪速舰攻击高升号一事，在帝国法制局事后所进行的调查中做了辩解："浪速舰采取发炮这一最后手段以前，充分运用了一般手段。我国军舰已经知道上月二十一日和二十二日有许多清国军队运输船从大沽出发；从当地形势来看，当时敌舰有从岛屿的后面驶来的可能；同行的我军两艘军舰正在追击敌舰，不知会遇到什么样的苦战。在此军机倥偬之际，只因高升号悬挂着英国国旗，往复谈判，耗费了如此多的时间，由此可知我军用心之周到，又足以证明我军忍耐程度之深。加之，当时浪速舰已经看到中国兵在高升号甲板上激昂喧嚣之状，浪速舰若采取一般手段，已不可能将其俘获。根据高升号船长等人的陈述，此事亦明白无误了。也就是说，浪速之炮击，实出于无奈。"该报告还引用高升号船长和大副的证词，他们认为："若浪速舰的人员为接收高升号而派舢板去，必定会受到中国军队的射击……日本舢板为接收本船而再次靠近本船，船中的中国人必定以暴力抵抗。"[1]

客观地说，从军事角度看，浪速舰的以上担心理由是成立的。不排除高升号的欧洲船员和中国官兵，以英国国旗为掩护，拖延

[1] 末松向外务大臣提交的调查始末书，《中国近代史资料丛刊续编 · 中日战争》第8册，第4-18页。

时间以待后援的可能性。但双方都不知道，北洋舰队本来的确有派大队军舰随后护航的计划，但该计划被李鸿章否决。

有关浪速舰对高升号的具体攻击过程，各方的史料相对比较一致。浪速舰先是施放了一枚鱼雷，高升号船长高惠悌、大副田泼林等都注意到了这枚“没有命中”的水雷。而日本的报告中说：“浪速先试发一鱼形鱼雷，促其注意。”[1]此点在英国远东舰队司令的调查报告中也有谈及。而且，事后有幸存的船员在凫水求生时还从这枚漂在海面上的鱼雷旁经过。[2]英文媒体也曾报道说，日军最早是发射了一发炮弹，但是“奇怪地”落空了[3]，这枚“炮弹”应该就是这枚鱼雷。

所以，可以肯定，浪速舰在拦截了高升号后，在其鱼雷发射管中事先装填了一发警告用的鱼雷。但施放这枚鱼雷，并非为了减少杀伤，而可能只是为了清空鱼雷发射管而已。

几乎是在那枚警告用的鱼雷刚发射出膛的同时，浪速舰右舷速射炮群突然开始轰鸣，东乡的日记表明这是两次齐射。炮击给高升号带来巨大的伤亡和恐慌。轮机长高登（Gordon）面部中弹当场身亡。[4]

汉纳根说：“一发炮弹命中船中央煤库上面。当时已近黄昏，煤和各种碎片随着烟雾一起纷飞，四周弥漫。此时全船人员尽皆跳水逃跑。”[5]高升号上的司炉工李安看见汉纳根和船长一起，拿

[1]《日本外交文件》，《中国近代史资料丛刊续编 · 中日战争》第 9 册，第 345 页。

[2] 塔不留 · 雷阿德 · 库劳斯《日清海战》，《中国近代史资料丛刊续编 · 中日战争》第 7 册，第 345 页。

[3] *More about the Kowsiing*, *The North-China Herald*, Aug 10，1894，pg.221.

[4]《英国外交文件》，《中国近代史资料丛刊续编 · 中日战争》第 11 册，第 367-372 页。

[5] 同[2]，第 343 页。

了救生圈从船右边跳下水，李安自己亦随即跳下。[1]

有关浪速舰攻击的情况，《申报》在其报道高升号事件的详情时，有一段未见诸于任何史料的描写，说人见善五郎等人离开后，见浪速舰又扯随行旗号，汉纳根遂请高惠悌船长“缓缓鼓轮，自同北塘练军统带骆健堂军门，驾一舢板，拟投日本兵轮，见其兵总。讵日兵船上以高升随行甚缓，又见中外两人同下舢板，遂开炮轰击。骆军门首先被炮击去半颗头，死于舢板之中。”[2]《申报》说明这是根据法国军舰利安门号所救官兵在出席北洋海军与各国领事的共同听证会上所说，但未见直接史料，姑且存而疑之。

日本画师镰田在明所绘高升号事件图。刊于1894年出版的《日清大战争》(连环画册)

舷炮齐射时，船长高惠悌正和副手们(大副、二副、三副)站在桥楼上，轮机手则在后甲板上，高惠悌事先已告诉过他，如果日本人开炮就出来。[3]炮响后，高惠悌赶紧跑到轮机间，拿得最后一个救生圈，就由船边直接跳下。跳下时，他听到“可怕的爆炸声”，他后来坚信这是炮弹引起的锅炉爆炸。当他浮出水面

[1] 8月4日《北洋大臣李鸿章为法国兵船救出高升轮船勇丁请向法使称谢咨》，朝鲜档，《中国近代史资料丛刊续编·中日战争》第5册，第40页。

[2]《详记高升失事情形》，《申报》，1894年8月14日。

[3]《英国外交文件》，《中国近代史资料丛刊续编·中日战争》第11册，第345-358页。

时，天空中漆黑一片，全是被炸上天的炉灰煤粉。[1]亲兵前营后哨哨长张玉林则证实，几发炮弹击中了机舱，导致锅炉爆炸，舱内不少人被活活烫死。[2]

日本的官方文件承认：“一发炮弹命中对方机舱，隆隆的炮声与乱哄哄的哭声、骂声混在一起，乘载一千一百名清兵的高升号迅速沉入丰岛水域海底。”[3]

田泼林离开驾驶台，抓住一条备用的救生带从船的前头跳海，带下一铁链，有许多船员从这条铁链拥挤而下。他冲出来，奋力向丰岛游去。就在这时，一声巨响，一发炮弹在船上爆炸，空中一片灰烬和碎片。他看见船长游在前面，满脸黑灰，随后又看见汉纳根正奋力游水，离他不远还有一个欧洲人。[4]

三副韦克（Nathaniel Wake）说跳水也没用，因为他不会游泳，只好呆在船上一起沉没。[5]

舵手欧利爱脱看见开火，就伏在船桅下以避子弹。当他觉得船慢慢地沉下去的时候，便立刻爬到船最前的桅上。他同四名清兵攀在桅上，另一个桅上大约有三十多人。当时没有浪，他没有看见死人在水里漂浮。[6]另一名舵手伊万杰利斯特则以为甲板上的消防水桶足能保命，便抱着水桶跳入水中。[7]

张玉林一直在船舱里，所在的舱房被炮弹命中后，只好跑出

[1]《英国外交文件》，《中国近代史资料丛刊续编 · 中日战争》第 11 册，第 400-404 页。

[2] 8 月 4 日《北洋大臣李鸿章为法国兵船救出高升轮船勇丁请向法使称谢咨》，朝鲜档，《中国近代史资料丛刊续编 · 中日战争》第 5 册，第 40 页。

[3] 末松向外务大臣提交的调查始末书，《中国近代史资料丛刊续编 · 中日战争》第 8 册，第 4-18 页。

[4] 同[1]，第 335-342 页。

[5]《泰晤士报》对田泼林的专访。*The Times*, October 25, 1894, pg.6.

[6] 高升号遭难遇救者之陈述，日舰击沉高升号实况文件三种，《中国近代史资料丛刊 · 中日战争》第 6 册，第 19-29 页。

[7] 同[3]。

来，但又不会游泳，当船下沉时，他抓到船上的绳索，也爬到了船桅上，那桅上有三十三个人，还有四个人在另外一个桅上。[1]

年仅二十四岁的士兵牟庆新，也从舱中逃出，船将沉下去的时候，他抓到一个漂浮的梯子，借着它爬到船桅上。[2]

宁波人厨师王荣舟看见船旁有一索，复由索而上，至水手卧处，取一蓝色凳当救生漂浮物，复跃入水，泅至岛上。[3]

东乡的日记表明，轰击仅半小时后，高升号就迅速沉没。《日清战争实记》记载道："轮船已经沉没，清兵全部葬身鱼腹，海面上只留下长时间的凄惨的喊叫声……"[4]

大清帝国的国际主义战士

在高升号的所有乘客和船员中，最引起日本、中国和英国三国关注的，就是以"私人乘客"名义搭乘该船的德国人汉纳根。

李鸿章的德国顾问汉纳根

汉纳根自己是这样解释他随行的理由的："余以私事重至中华，非有华官之敦聘也。行抵上海，闻中东将次失和。及往天津，事势益蹙，余仍不欲与闻。既而有事于朝鲜，乘高升轮船载兵赴朝之便附之而往。高升本系商船，余为搭客，本无所

[1] 高升号遭难遇救者之陈述，日舰击沉高升号实况文件三种，《中国近代史资料丛刊 · 中日战争》第6册，第19-29页。

[2] 同[1]。

[3]《查问高升号轮船失事情形》，《申报》，1894年8月18日。

[4] 末松向外务大臣提交的调查始末书，《中国近代史资料丛刊续编 · 中日战争》第8册，第4-18页。

妨。徒以华军中统带诸官均余旧友，各官欲与船主相问答，倩为传译，谊不容辞。”[1]

但以一介平民身份，能得以搭载如此重要的运兵轮船，这无论如何是难以令人信服的。其实，在此前7月23日（农历六月廿一）盛宣怀等人在致叶志超函中，便这样提到：“兹有前旅、威各口所用洋员三品衔汉纳根，近由德国来津，该员先后在中国十五年，夙谙泰西陆军韬略，于北洋情形尤为熟悉。此次在中堂面前条陈军事，谓牙山不可轻弃，贵部须添大队，适与麾下来电不谋而合。汉洋员忠勇性成，自愿赴韩勘度地势，侦探敌情，是以派令附坐高升轮船先赴牙口，并同队伍上岸，必宜神速。汉洋员见机敏捷，已切嘱其随时设法照料，与吴、骆两营官斟酌而行，至牙后晋谒台端，不妨将现拟分扎各营地势（盛宣怀亲笔草稿此处有‘以及如何战守之机’等字）与之相度筹议。”[2]

上海出版的《字林沪报》干脆就说汉纳根是奉李鸿章之命，“率领淮军马队、炮队计五营，赴朝鲜牙山为叶聂二军门之助”，将他描绘成了高升号上援兵的实际首领，并且说汉纳根“精明干练，深知西国韬略，又擅营作炮台之术，在北洋已十余年，所带之兵虽系淮军，实由其教练而成，于中国最称劲旅”，所以，“日人惧其声威”，日本奸细探得是他带队后，日军特派“大铁甲船等计六艘”，专程在丰岛伏击高升号，务致汉纳根及其所带勇丁之死命而后已。“不然，高升既悬英旗，汉纳根君又非华装，何仇于日人，宁舍他船他人从事于此耶？”[3]如此报道，自然是姑妄言之、姑妄听之，但也的确反映了在高升号的悲剧中，汉纳根这样一位“我们的洋将”也在其中，并奇迹般地获救，其所带给国人的充分想象空间。

[1]《中国近代史资料丛刊·中日战争》第7册，第538页。

[2]《盛档·甲午中日战争》（下）第65页

[3]《袭船余闻》，《字林沪报》，1894年8月1日。

中国有学者研究认为，汉纳根之所以事后叙及此事时有所避讳，不敢承认自己负有的军事责任，是因为亲历了高升号悲剧，而愧于自己无能挽回。[1]其实，是否有愧纯属揣测，但在高升号之后的复杂国际外交和法律角力的形势下，即使真负有什么军事使命，也是不能承认的了。因日本在高升号事件后的责任追究中，极欲将汉纳根的军事目的放大，以坐实高升号的“敌意”。

在日本法制局长末松谦澄代表日本政府所做的调查报告中，专门辟出一个章节讲述汉纳根。末松在报告中说：“汉纳根虽以旅客的名义乘船，但是全船别无其他旅客，仅此一人，极为可疑……此人与中国政府、中国军队有不寻常的关系。因此，不能认定此人是普通旅客。”

末松的报告将高升号幸存者们有关汉纳根的叙述汇总：

船长高惠悌说：“本船在大沽正要起锚时，汉纳根来乘本船。他一到船上就问：你们在等我吗？我回答：我不知道你来乘船。这时，他告诉我，他叫冯·汉纳根，获得允许，乘高升号去朝鲜。航行中，他与搭乘高升号的中国将官谈话甚多。尽管他对我说，他与中国军官没有关系，但是他仍使我自然地怀疑他与中国军官的事务有某种关系。他是我和中国人之间的翻译。”

大副田泼林说：“从姿态来看，他像是军人。他自称是为了玩乐而去朝鲜的旅客。但是，他显然与搭乘高升号的中国军官相识。他善于说中国话。在我为了船务或其他原因而禁止中国士兵出入本船的某一部分等各种事件中，在向中国士兵提出要求时，曾多次拜托于他。他总是按照我的希望处理事情。在浪速舰向我船开炮之前，他曾经与中国将官秘密商谈。”日本官方最后认定，汉纳根此行，是为在牙山修筑炮台，对抗日军。[2]

[1] 李娟芳、钟林：《甲午“高升”号事件经过情形考辨》，《学术论坛》，2001年第2期。

[2] 末松向外务大臣提交的调查始末书，《中国近代史资料丛刊续编·中日战争》第8册，第4-18页。

有英文媒体干脆认为，高升号事件的根源，就在于日本人要千方百计干掉汉纳根，阻止他前往朝鲜修筑炮台，为此宁可错杀三千，不可放过一个。[1]

汉纳根是日耳曼贵族，出身于德国赫森（Hesse）军人世家。1879年，二十四岁的汉纳根从德国陆军退役后，中国驻柏林公使李凤苞便将他聘请来华，先在天津充任淮军教练。天津武备学堂成立后，又出任学堂的教官。后来的民国副总统黎元洪就是武备学堂的学生，二人由此结下情谊。不久，他因不满清军战术陈旧、不思变革，遂离开军队，转而“从事于测算之役”，改行当工程师了。

来华不久，汉纳根被天津海关税务司、德国人德璀琳（Gustav von Detring）招为女婿。德璀琳与李鸿章关系密切，有这样的“高干背景”，汉纳根在李鸿章眼中地位日重。1880年，李鸿章奉旨筹办北洋海军，汉纳根得以进入其幕府，担任军事顾问。

李鸿章十分推崇德国的军事技术，认为“德国近年发奋为雄，其军政修明，船械精利，实与英俄各邦并峙。而该国距华较远，并无边界毗连，亦无传教及贩卖洋药等事”。[2]遂命汉纳根会同汉员陆尔发及英国海军军官柯克（Captain Cocker）前往旅顺勘察炮台及船坞修理之所。李鸿章对于炮台的重要性有深刻认识：“水师以船为用，以炮台为体。有兵船而无炮台庇护，则兵船之弹药、煤、水耗尽，必为敌所夺。有池、坞、厂、栈而无后炮台，亦必为敌所夺。故炮台与水师极宜并举。”

根据汉纳根等人的考察报告，李鸿章决定先修旅顺黄金山炮台，并委派其负责设计、建造、监修，整个工程则由法国人承包。在旅顺基地的工程建设中，不仅各处的炮台是由汉纳根设计完成，

---

[1] *The Sinking of the Kowshing*，*The North-China Herald*,Aug 3，1894，pg 171.

[2]《卞长胜等赴德国学习片》，光绪二年（1876年）三月二十六日。

德国人汉纳根在高升号事件中死里逃生，后又以副提督身份直接参与指挥大东沟海战。战罢归来，天津县令前往祝贺。图为当时上海《点石斋画报》所绘“西员受贺”

而且开山、挖河、筑路、导海等工程也常由他策划与监督，成为旅顺工程局总办袁保龄（袁世凯的叔父）最得力的助手。他还经手创办了旅顺水陆兵弁医院。对黄金山顶炮台，李鸿章十分满意，认为其“坚大玲珑，实为各路炮台未有之式”。日军也认为“黄金山炮台为第一坚固，胜过其他炮台”。

另外，汉纳根还负责设计和修建了大连湾威海卫炮台。1887—1890 四年间，汉纳根在威海卫港湾南北两岸、刘公岛、日岛主持修筑了十三座海岸新式炮台，炮台之间均以长墙连接，其交叉火力能有效地防御海上目标，曾被人誉为“东海屏障”。竣工后，李鸿章于 1891 年北洋海军进行军事演习之际，特地视察了这些炮台，并给予高度评价：“均得形势，做法坚固，足与大连湾各台相埒，锁钥极为谨严。”

英雄神话：步枪抗击军舰

在汉纳根的证词中，他提及高升号的清军时说："那些可怜的人知道没有机会游水求生，勇敢地还击。"[1] 而英国驻仁川副领事务谨顺在他的报告中，表示"我只能表示我对中国士兵的钦佩，他们宁死也不屈辱地为他们卑怯的攻击者俘虏"，[2] 应该也是基于汉纳根的证词。

高升号上的清军以步枪还击日本军舰的勇敢形象，就这样被树立了起来，并且俨然成为信史，被广为传播，著名电影《甲午风云》亦对此作了生动演绎。后来更有学者将一位搭载高升轮的清军文职人员、帮带高善继，拔高到这场堂吉诃德式抗争领袖的高度。[3] 这种"革命英雄主义"的拔高，主要依据船长高惠悌所作证词"中国将官曰，宁死不跟随浪速舰；我们有一千一百名勇兵，浪速舰乘员只不过四百人，与之作战又有何难。"[4] 以及汉纳根的证词，并加入了英雄人物高善继与船长高惠悌之间的争论。

另有中国学者李娟芳、钟林则质疑这种描写是不靠谱的。一是这两段记载作伪的痕迹十分明显，高升号上所载均是临时搭乘的清军，他们应当对猝然相遇的敌舰编制了解不多，从何得知浪速舰只有四百人呢？而遍查高惠悌、汉纳根两人的证词，都没有"帮带"高善继及"拼死一战"的字眼，他们认为这些都是被杜撰出来的。

李娟芳、钟林认为，高升号遭遇浪速舰是在日舰攻击济远舰

[1] 汉纳根大尉关于高升商轮被日军舰击沉之证言，日舰击沉高升号实况文件三种，《中国近代史资料丛刊·中日战争》第6册，第19-29页。

[2]《英国外交文件》，《中国近代史资料丛刊续编·中日战争》第11册，第390页。

[3] 戚其章著文见于《光明日报》，1982年1月11日。

[4] 末松向外务大臣提交的调查始末书，《中国近代史资料丛刊续编·中日战争》第8册，第4-18页。

之后，船上的船员和乘客皆不知道已经开战。开航前，盛宣怀还认为“现在未曾宣战之前，海洋相遇，不致决裂”。[1]因此很难想象在“不致决裂”的情况下，清兵怎么会突然想到要和优势的敌人“拼死一战”呢？其实，我认为，在没有护航的情况下派高升号等运送军队本身，就是中国认为“不致决裂”的最好例证。

李娟芳、钟林两学者在分析了戚其章所用史料后，认为那只是记录了高善继等三人不肯屈服于强敌而壮烈殉国的经过，并没有谈到高善继主张与日舰“拼死一战”。而恰恰是日本在善后处理过程中，煞费苦心地编造高升号“表现敌对行动之一部分或采取了敌对行动”，以证明其击沉行为是合理的，但即使这样，也都没有提到高升号上的清军准备武装抵抗。[2]

应该说，李、钟两位学者对戳穿步枪抗击军舰的神话分析是到位的，但他们就此认为高惠悌为推卸自己因下令停船而酿成悲剧的责任，便编造了中国军队对日舰的敌对行为，此点我认为也是值得商榷的。一方面，毕竟船上还有七十多名熟悉军舰的海员，高升号搭乘的淮军是当时中国最精锐的部队，官兵中也未必真的没人懂得海军编制，因此，估算出日舰上的人数也是有可能的；另一方面，高惠悌如要推卸责任，则中国军人控制他本人及船员（这在汉纳根等的证词中都得到印证）的行为，就足够表明敌意了，而这点果然也在后来成为日本和英国认为该船已成为交战船或被清军“海盗式占领”提供了依据。

当然，在那种特殊的时刻，逃生无路的清军们射击敌人军舰，亦不是没有可能，但这只是自发的本能的个体行为，不可能是有组织的抵抗，何况，这样的抵抗毫无作用。

戚其章作为研究甲午战争的知名“红色”学者，意识形态挂帅是其一贯特点，他的论述多打满了“红补丁”，从而妨碍了本

[1]《盛宣怀档案资料选辑之三·甲午中日战争》(下)，第57页。

[2] 李娟芳、钟林：《甲午“高升”号事件经过情形考辨》，《学术论坛》，2001年第2期。

来十分精到的一些见解。而对高善继这么一个人物的“艺术”拔高，就如同姚雪垠将李自成描写成想象中的“工农子弟兵”一样，是那个时代的学者难免的，可以理解的是我们在重读近代史时，既要清楚地看到戚氏那样的“红补丁”的干扰，但也要避免走向另一个极端，在反对将一部分人神化的同时，却又将另一部分人妖魔化了。

现场另有目击人

汉纳根虽为德国陆军出身，但精通游泳，体格健壮，因此，在高升号事件中，他是极少数靠泅水登陆丰岛而获救的幸存者。他的脱难，为客观地厘清高升号事件的真相提供了独立的证词。

另一份更为独立的证词来自正在返航中国并经过事发海域的另一艘中国租用的英国轮船飞鲸号。

据飞鲸号船长瓦连（Warren）事后向英国驻天津总领事宝士德报告，飞鲸号7月22日自大沽起航，载有七百名士兵及四十七匹马，24日下午2时抵达牙山，在济远舰和广乙舰协助下，25日晨1时全部上岸。

24日下午5时30分，威远舰抵牙山，带来日本人劫持朝鲜国王的消息。25日晨4时，威远、济远和广乙驶离牙山。上午8时许，飞鲸号的人在港口就能听到沉闷的炮声，实际上，这是济远舰、广乙舰同日本海军遭遇了。

上午10时，飞鲸驶离牙山。不久望见显然从仁川方面驶来的三艘日本军舰。根据史料分析，该三艘军舰当是前往增援的第二批日舰，浪速舰在下令攻击高升号前，所发现的军舰就是它们。当飞鲸号行至丰岛以东五英里处时，见到高升号，停泊在该岛的西南偏西约两英里处，离日本军舰浪速不远。但飞鲸号船长以为这是招商局的商船图南号，这导致事件发生后中国很多媒体均误报为日舰击沉图南号。

下午1时，浪速舰开炮击沉了高升号。飞鲸离之太远，看不清船上的人，但从船的天篷和船尾的式样看，飞鲸号船长依然认为遇难的就是图南号。附近看不到小船。当浪速舰开炮时，三艘来自仁川的日本军舰向开炮的方向驶来。

飞鲸号船主瓦连在航海日记中写道，看到被击之船“浓烟直冒，似是锅炉已被炸……当沉时系船头先沉，船尾向上，该船忽翻转四十五度，即全沉下，桅杆复直立出水四十英尺，时潮水甚小，至一点半钟时即全不见……此事，我用千里镜窥之，甚为明晰，唯不见船上之人及小艇耳。再四思之，日人先将船上之人悉数拘去，然后开炮击沉，亦未可知。”[1]

下午3时25分，两艘来自西北偏西方向的日本军舰与飞鲸号交会而过。一艘是吉野舰，另一艘是秋津洲舰，后面则跟随着已经改挂日本国旗的操江号。吉野舰向南开去，秋津洲舰则带着操江号一道驶向仁川。飞鲸号一路上都没有受到日舰骚扰，于26日9时30分顺利抵达威海卫，然后经烟台到大沽。

英国驻天津总领事宝士德，在7月28日写给英国驻华公使欧格讷的报告中，对飞鲸号的报告进行了认真分析，核心是飞鲸号所见船只究竟是图南号还是高升号？

他说，根据中国军舰济远舰返回后的报告，济远舰见到高升号在上午8时左右被击沉，而飞鲸号所见之船是在下午1时被浪速舰击沉的。他认为，济远舰的报告有问题，不可全信，飞鲸号船长所见沉船其实就是高升号；上午8时响炮时，浪速舰只是截停了高升号，并命其停靠丰岛；而当下午1时飞鲸号见到高升号时，三艘来自仁川的日舰被自身的烟雾笼罩，使浪速舰难以辨认，

[1]《译飞鲸船主簿记诸事》，《申报》，1894年8月1日。

浪速舰极可能是认为来者是中国军舰，遂决定交战；但若同中国军舰交战，高升号即会逃脱，于是浪速舰便将其击沉，然后转而监视被他们认为是中国的船只。

宝士德说，从飞鲸号工程师那里得知，浪速舰在攻击完高升号后，便向那三艘军舰驶去，似乎要发起攻击，靠近后，认出来者是日本军舰，四舰遂一起开往沉船的地点，然后分头而去。由此可见，日本海军当时仍然对北洋海军心有顾忌，两个月后大东沟海战，日本海军捷报传回国内，国民多不相信，认为陆军还有打败清军的可能，海军则在位列世界第八强的北洋舰队手下能不至于败得太惨就可以了。

宝士德说，如果飞鲸号所见果然是高升号，那么从高升号被俘获到被击沉这段时间，船上的欧洲人或许有希望离开该船，尽管这种希望很小。而“至于中国军队，恐怕是无望了。因为飞鲸号的总工程师和船长肯定地证实：他们明白无误地听到浪速舰发出的机枪声。”[1]

的确，宝士德的感觉非常准确，高升号沉没后，悲剧并没有停止，浪速舰发出的机枪声一阵阵回荡在沉船后本该清寂的海面上……

[1]《英国外交文件》,《中国近代史资料丛刊续编·中日战争》第11册，第323页。

第四章

谁在屠杀落水者？

部分船员和清军落水后，这一事件中另一扑朔迷离的罗生门般的故事开始了：日本海军是否对落水的中国官兵进行了惨无人道的屠杀？

使用加特林机枪（Gatling guns）向落水者扫射[1]，这样的情景令整个世界震惊，有英文媒体认为这不仅仅是“谋杀”（murder），而是“屠杀”（slaughter）。[2]

中国绝大多数甲午战争著作中，都相沿使用日舰为“报复”高升号官兵的宁死不降，而“用快炮来向水里游的人射击”的说法，并加以大量的渲染。一如日本的不少著作中异口同声认为是沉船上的清军向落水的欧洲人及同胞开枪射击一样。

遇难获救者的证词，因为各人所处的位置、落点的不同，而充满了相互矛盾。

高升号上的二十六岁的司炉工董阿新是广东丰顺人，已有十二年的船上经验。攻击开始的时候，他刚从机舱里出来，在船首甲板上洗脸吃饭。船沉后，他用一条绳子下水，先是登上了高升号的一条救生艇，艇上有四十多人。日军向他们和在水中游的人

[1] *Conflicting Reports,The North-China Herald*，Aug 10，1894，pg.223.

[2] *News from Chemulpor,The North-China Herald*，Aug 10，1894，pg.235.

射击，“子弹落在水中好像下雨”，救生艇上的人当场就被打死了八人，舵也被毁坏，救生艇沉没。后他又上了高升号的舢板飞古额号（Fergue），此舢板有两三回翻覆，直到次日被法国军舰发现获救。[1]另一获救者王桂芬（史料没有交代他的身份是船员还是清军）说，高升号一共放下去三条救生艇，都满载了人，但被日本人打沉了两只。

士兵牟庆新指证浪速舰在高升沉号下去后，还向小船及水里的人开炮。落水的清军哨长张玉林则看见日本军舰的每一根桅上都有一人在发射机关枪，对高升号及水里的人扫射达一小时之久，“骆营官被炮打死，吴营官下水死”。他在获救后的调查中甚至形象地模仿了炮柄怎样转和机关枪的声音。[2]

英国船长的证词则指控，是正在下沉的高升号的清军士兵屠杀落水者。无论是在日本人面前还是后来在英国领事馆组织的海事法庭上，高惠悌都坚定地指责“清军的暴行”。

他在被浪速舰救起后，就说：“船将沉没之前，我跳入水中，清军向溺水之我开枪，我潜于水中屡避弹丸。”[3]“而且实际上我已经看到了中国兵对我们开枪。从对我们发射的弹丸数量来看，我不得不认为，我们的一部分驾驶人员、轮机人员、舵工，已经被中国兵发射的枪弹杀死了。这是极为接近事实的。”[4]“一弹落

[1] 8月4日《北洋大臣李鸿章为法国兵船救出高升轮船勇丁请向法使称谢咨》，朝鲜档，《中国近代史资料丛刊续编·中日战争》第5册，第40页；《英国外交文件》，《中国近代史资料丛刊续编·中日战争》第11册，第261-264页。

[2] 高升号遭难遇救者之陈述，日舰击沉高升号实况文件三种，《中国近代史资料丛刊·中日战争》第6册，第19-29页；8月4日《北洋大臣李鸿章为法国兵船救出高升轮船勇丁请向法使称谢咨》附件，朝鲜档，《中国近代史资料丛刊续编·中日战争》第5册，第39页。

[3] 八重山舰长致海军大臣报告，《日本外交文件》，《中国近代史资料丛刊续编·中日战争》第9册，第355页。

[4] 末松向外务大臣提交的调查始末书，《中国近代史资料丛刊续编·中日战争》第8册，第4-18页。

中国画师所绘高升号被日军悍然击沉的惨况，题为“形同海盗”。刊于上海《点石斋画报》

在水里，离我耳朵很近，随后即弹如雨下，因有高升号船身遮蔽着，浪速舰上所发的弹绝不能击落到我的附近。我转过身来，看见中国兵正从船的甲板上及两甲板当中的缝里对我开枪。我尽可能以救命圈保护我头的后面，并尽力在水下游。浪速舰继续开炮，直等到高升号沉下去为止，船尾先沉。”[1]

这样的指控，在英国被很多人怀疑是船长因困于日本人之手，而受到了压力。但在被日本当局释放后，他在英国驻长崎总领事奎因（John J. Quin）面前宣誓作证时，还是坚持：“从浪速舰上用枪是打不到我的，因为中间有高升号隔着”，是“高升号上的许多士兵在用步枪向我瞄准开火”。[2] 而在出席英国驻长崎领事馆

[1] 高升号船长高惠悌的证明，日舰击沉高升号实况文件三种，《中国近代史资料丛刊·中日战争》第6册，第19-29页。

[2]《英国外交文件》,《中国近代史资料丛刊续编·中日战争》第11册，第345-358页。

为高升号事件举行的海事审判中，他说："我没有看到日本人朝水里的人开火，我记得他们在高升号沉没后便完全停止了射击。"但在法庭上，他的口气终于更为客观了，承认："我在跳下船之前还没有见到有中国人受伤，但见到他们有许多人在水里被打死了。"[1]

抱着消防水桶跳海的舵工伊万杰利斯特则说："中国人以五六支步枪同时从舷窗对我射击。我勉强地避开了可能的死亡。后来一发子弹击穿了我的颈部，我立即昏迷过去。我一恢复知觉就大叫：我是西班牙人，我是西班牙人，救救我，救救我！"[2]

而汉纳根的证词，则指控不仅是日军要对屠杀落水者负责，正在下沉的高升号的清军士兵也要对此负责。

他说："我看见一只日本小船，满载武装兵士，我以为他们是要来拯救我们的，但悲伤得很，我是想错了，他们向垂沉的船上的人开火。我不明白他们的目的是什么。事实是，游水的人们不但被日军舰、亦被垂沉的船上的人射击。后者可能有一种野蛮的想法，即倘使他们一定要死，他们的兄弟们亦不许活着。"[3]汉纳根在接受英国驻仁川副领事务谨顺取证时说："日本军舰卸下坚固的小艇，艇上士兵向高升号猛烈射击，落水的清军也向高升号射击。"[4]照此说法，当时基本上是一片混战，不仅是日本人在继续扫射船上和水中的清军，船上和水中的清军还在互相射击。

[1]《英国外交文件》，《中国近代史资料丛刊续编·中日战争》第11册，第400-404页。

[2] 末松向外务大臣提交的调查始末书，《中国近代史资料丛刊续编·中日战争》第8册，第4-18页。

[3] 汉纳根大尉关于高升商轮被日军舰击沉之证言，日舰击沉高升号实况文件三种，《中国近代史资料丛刊·中日战争》第6册，第19-29页。

[4] 塔不留·雷阿德·库劳斯：《日清海战》，《中国近代史资料丛刊续编·中日战争》第7册，第343页。

汉纳根的大部分证词，得到其他幸存者的支持。

大副田泼林在出席英国驻长崎领事馆为高升号事件举行的海事审判时说：“……我亲眼看到中国人曾朝水里的他们[1]开枪，他们也曾朝我开枪。……但日本人没有试图去救捞中国人。救我上来的小船的日本军官告诉我，他奉命只救欧洲人。他们向坐满了中国人、有些人还抓着救生索的小船开枪扫射。”[2]

他回忆说，跳海后，“四周被子弹打得水花飞溅。此时我离船约七十或八十码远，我回头望去，中国士兵正在甲板和舷梯上向我射击。我用救生带护住头部，随波逐流地游过船身。避开了船，我继续向岛上游去。但当我看到游在我前面的中国人时，我觉得跟他们一起上岛跟在船上一样危险，于是我又转回来，脱光衣服向浪速舰游去。此时该舰离我们的船相当远了，就我的记忆，这时已不再射击”。[3]

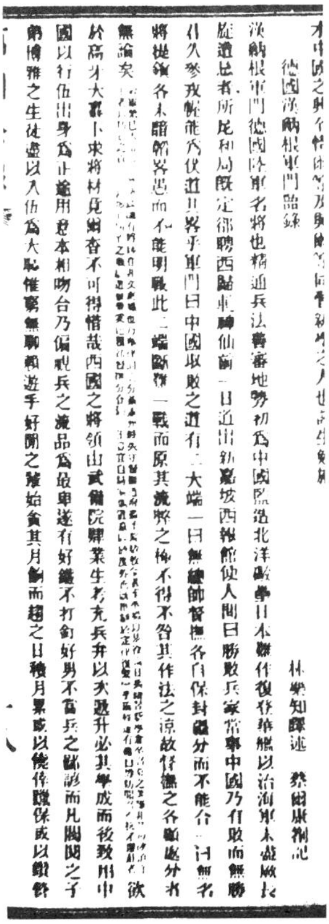
德國漢納根軍門語錄

林樂知譯述　蔡爾康摘記

漢納根軍門德國陸軍名將也精通兵法善審地勢初爲中國監造北洋礮臺日本構怨復從華艦以治海軍未啟戰長旋遣退者所見和局既定復聘西歸車轡仙崎一日道出新嘉坡西報館使人問曰勝敗兵家常事中國乃有敗而無勝什久參戎幄能乃伏道其略乎軍門曰中國取敗之道有二大端一曰無總帥督撫各自保封疆分而不能合一曰無名將提鎮各未諳韜略遇而不能明戰此二端斷難一戰而原其流弊之極不得不咎其作法之涼故督撫之各顧地分者無論矣 [illegible] 欲於高才大器卜求將材竟絕香不可得惜哉西國之將領由武備院肄業生考充兵弁以次遞升必其學成而後致用中國以行伍出身爲止龍用意本相吻合乃偏視兵之流品爲最卑遂有好鐵不打釘好男不當兵之鄙諺而凡閭閻之子弟博雅之生徒盡以入伍爲大恥惟窮無聊賴遊手好閑之輩始貪其月餉而趨之日積月累或以僥倖職保或以鑽營

汉纳根分析中国战败原因。图为1895年9月《万国公报》所刊登的《德国汉纳根军门语录》

在日本官方对他所取的证词中，他说：“从中国人对跳入水中的欧洲人开枪的次数来看，在欧洲人到达陆地以前，恐必定有人被射杀。我在水中游泳离开高升号时，船中的中国人向我开枪。这从浪速、高升二船对于我的相对位置来看，是显然的。从位置

[1]［雪珥注］：指汉纳根和船长等。

[2]《英国外交文件》，《中国近代史资料丛刊续编·中日战争》第11册，第400-404页。

[3] 同[2]，第335-342页。

来看，浪速舰的子弹只会从头顶上掠过，而且我确实看到了中国人从上甲板或下甲板的舷窗开枪。”[1]“没游多远，我发现这艘日舰放下两艘小艇，其中一条向我划过来，将我救起。我告诉了日本军官我最后见到船长和汉纳根的方向，他命令另一艘小船划向我指的方向，并没有设法去救溺水的中国人。有两条救生艇摆脱了沉船，上面满载着中国人。我所在的小艇打了两阵枪，欲将它们击沉。”[2]也就是说，田泼林坚定地认为，不仅沉船上的中国士兵对落水同胞进行了射击，全副武装的日军小艇更是对挣扎求生的救生艇发起了冷血攻击。

在英国驻沪领事馆聆讯前，田泼林接受了《北华捷报》的专访。主要涉及日本屠杀落水者。记者问他：“日军向落水者开枪是真的吗？”他回答说：“我不认为这是真的。如果要说日军向水中挣扎的人群开枪，这是一种臆测。但在某种程度上，日军的确向拥挤的救生艇开火，也向落水者攀附的救生绳开枪。”记者追问：“日军是否采取最起码的手段救助落水的中国人？”他回答道：“没有，他们没有做任何尝试去救助中国人。”

记者问：“您认为如果有某些安排，高升号沉没的悲剧是否能避免？”“这是一个很难回答的问题。这要看牙山的战略重要性，以及军队的进展，日本军队会采取一切手段来阻止（高升号所运载的中国军队）登陆。船上的中国将领拒绝被俘，令事态更为复杂。既然无望返回中国，中国将领认为不如战死，也比将来回到中国受辱而死要好。如果日舰仅仅炮击高升号，而后放下所有的救生艇救助落水者，这样的大屠杀悲剧就不会发生。”[3]

---

[1] 末松向外务大臣提交的调查始末书，《中国近代史资料丛刊续编·中日战争》第8册，第4-18页。

[2]《英国外交文件》，《中国近代史资料丛刊续编·中日战争》第11册，第335-342页。

[3] *The North-China Herald*, Aug 17，1894，pg.275

在更晚些接受路透社专访时，田泼林似乎讲出了更多的屠杀细节："我向浪速舰游去。在水里挣扎了将近一个小时。被浪速舰所派的小艇救起后，一爬上小艇，我就告诉日本军官船长落水的方向，日本军官说他已经派了另一条小艇去救船长。此时，高升号只有桅杆还能看到。水面上都是中国人，有两条救生艇上满是中国士兵。日本军官说，他收到了浪速舰发出的信号，要击沉这些救生艇。我对此抗议，但他还是下令对救生艇进行了两次齐射。"[1]

当然，也有一些幸存者没有看到任何形式的水面屠杀。

舵手欧利爱脱说，不知道是否有人在水里被人开枪打死，也不知道是否有人游水逃到岛上去，并强调说没看见日本人在水面杀人。[2]

高升号的司炉工李安，趴在桅杆上，"此时潮水又涨，风浪又大，日本人也把他们的舢板下在水里巡察，也不杀水里的中国人，也不救水里的中国人"。[3]

弱者对恶魔喋喋不休的控诉

事后，在高升号事件引发的中、日、英三国大角力中，各方对这些劫后幸存者的证词都各取所需，中日两国的媒体更是如此。

例如《申报》1894年9月8日报道："有三菱公司之希古麦

[1] *The Times*, October 25, 1894.

[2] 高升号遭难遇救者之陈述，日舰击沉高升号实况文件三种，《中国近代史资料丛刊·中日战争》第6册，第19-29页；8月4日《北洋大臣李鸿章为法国兵船救出高升轮船勇丁请向法使称谢咨》附件，朝鲜档，《中国近代史资料丛刊续编·中日战争》第5册，第40页。

[3] 8月4日《北洋大臣李鸿章为法国兵船救出高升轮船勇丁请向法使称谢咨》附件，朝鲜档，《中国近代史资料丛刊续编·中日战争》第5册，第40页。

鲁船在此处行过，见高升号桅杆尚透出水面四丈许，又有小艇一只，后梢已被炮击损。附近水面尸身甚多，想皆系中国兵士被日人安施戕害者，然义魄忠魂，历久不泯，亦当化作厉鬼以杀贼矣。”[1]

9月26日，《申报》另一篇报道说：“德国伊尔达斯[2]炮船，在洋面捞获浮水衣一袭，知高升轮船之物，遂交回怡和洋行。细看衣内，被枪弹所击，密若蜂房，由此思之当高升轮船被击后，诸人虽凫水逃生，倭人仍用枪轰击不遗余力。此事英廷若不有以惩创，恐倭人不独藐视中国，即英国亦将为所鄙视矣。”[3]

日本报纸则渲染中国军队射击落水的欧洲船员的“野蛮与残忍”，8月7日的《国民新闻》就说：“英人船长以下均跳入水中，中国人见之，射击舰长等人。”[4]

英国《简氏防务周刊》的创始人伏雷德·简在《日本帝国海军》一书中认为，中国人所惯于引用的日本人射杀落水者的说法，基本都根基于汉纳根的证词，但“当汉纳根泅水逃生时，他的位置很难看清当时的情况”。因此，简推测，高升号上的中国人是向浪速舰派出的小艇开枪，以阻止他们营救落水的欧洲人，而浪速舰则继续开枪压制高升号的火力。[5]基于简这样的假设，得出的推论是：中日两军都没有故意射击落水者，而是在相互战斗中殃及池鱼。

[1]《高升失事余闻》,《申报》,1894年9月8日。

[2] 原文为“依路地士”，即 Iltis，本书统一译为伊尔达斯号，对遇难者实施施救的德国军舰。

[3]《残忍之状》,《申报》，1894年9月26日。

[4]《国民新闻》1894年8月7日报道，《中国近代史资料丛刊续编·中日战争》第7册，第201页。

[5] Fred T.Jane: *The Imperial Japanese Navy*（London :W. Thacker & Co.; Calcutta and Simla, Thacker, Spink & Co.）,1904,pg.111.

这段史实，其实并不复杂，根据各方公布的幸存者证词，只要我们客观公正地看，日本人和清军扫射落水者都完全有可能。

对清军来说，扫射落水者的最主要原因，恐怕不是汉纳根所说的“自己不能活也不让同胞活”的阴暗心理，而是要发泄对弃船跳水的欧洲船员的不满，这和清军阻止欧洲船员乘坐日军小艇离开是同样想法。在当时情境下，如此愤怒是完全正常和正当的。

汉纳根事后曾指责高升号船长高惠悌：“回想高升号如果最初不遵从日船命令而逃走，隐蔽于岛屿之间，全船生命当可保全。可惜船长等对本国国旗忠爱之心过于纯厚而终于招此厄运。”[1]应该说，当浪速舰命令高升号抛锚后，有一段时间日本军舰还在追杀济远舰，高升号的确有逃脱的可能的。汉纳根的指责表面上看似客气，其实非常严厉，责怪高惠悌对日本人前倨后恭。当遭遇日本军舰时，操江号尚且知道要转舵逃跑，高升号却依然直迎上去，应该说，船长对英国国旗的依赖心理是很重的。而当日本人要求俘获高升号，并且要求欧洲船员弃船时，作为在航行途中对乘客生命和财产负全责的船长，也从未为乘客们的安全争取任何保障，而是自己居然“欲下小艇”[2]，即使仅仅从安抚全副武装的乘客们的角度看，这一举动也是十分不明智的，招致清军刀枪相向，乃至沉船后清军向跳海的船员们射击，揆之情理，也完全可以理解。

至于日本人扫射落水者，存在着几种可能：一是为了压制清军对落水欧洲船员的射击火力，而殃及落水者；二是为了尽可能地杀伤清军有生力量，毕竟高升号运载的是清军精锐，多杀一个，就能多给在朝日军减轻一分压力，这和下令击沉高升号是同一考虑。

而有意思的是，在中国的大多数有关甲午战争的论述中，都

[1] 塔不留·雷阿德·库劳斯：《日清海战》，《中国近代史资料丛刊续编·中日战争》第7册，第341页。

[2]《日本外交文件》，《中国近代史资料丛刊续编·中日战争》第9册，第355页。

清军屡战屡败。图为平壤街头的清军俘虏

只部分引用汉纳根证词中的日军杀戮落水者，而刻意回避了汉纳根对清军向落水者开枪的描述。我总认为，对于历史的研究，固然要重视细节的考证，但如果过度地去依赖一些局部的细节，甚至故意地对部分细节进行筛选式的利用，很有可能干扰历史线索的串联。

从民国以来，甲午研究便长期受到现实政治干扰。为了某种政治的需要——无论这种需要被认为如何高尚和重要——而对于历史细节进行选择性的引用，再根据这一片面的细节证明预设结论，这样的结论的说服力可想而知。

新闻界有所谓的“客观镜头、主观剪辑”，虽然每一个镜头都的确来自实况，但不同的剪裁和拼接却能得出完全不同的导向。如果对历史进行各取所需式的“解构”，我们还会有准确（确切地说是“尽可能准确”）的历史吗？ 这样的剪辑，实际上是在透支我们的历史学信用，会给我们在历史认知方面带来巨大的被动。在高升号事件乃至整个甲午战争中，日本人的蓄谋已久和以杀立威（如同清兵进关后的“嘉定三屠”和“扬州十日”的心理效果一样），并不会因为是否向高升号的落水者开枪而加深或减少其罪孽。

极端事件当然能十分典型地证明魔性，但过度拘泥于极端事件，却有可能走入一个误区：似乎只有极端事件才能证明恶魔的魔性。设想一下，如果二战中日本人占领南京，果然没有进行大屠杀，而是安抚百姓，我们是否就会因此而减弱控诉的力度呢？！作为造成人类巨大悲剧的日本恶魔，它的魔性，贯穿在“军国战略”的实施全过程中，诸如旅顺大屠杀、南京大屠杀等极端事件，当然是魔性的充分证明，但即使在台湾殖民中后期实行的所谓“温柔的皇民化”运动，也还是恶魔的行为。魔性，既体现在带血的刺刀上，也体现在甜蜜的糖果上。

历史的很多细节，是充满了相互矛盾的表述，其中有故意为之的假象和篡改，也有无意为之的不同角度以及不同局部的不同阐述，这正是盲人摸象的著名寓言的基本意义。后人读史，本已可能是盲人摸象了，而如果我们还要对自己好不容易摸到的局部再进行功利性的取舍，窥见全貌的可能性就更渺茫了。

一个遭受了过度苦难的民族，如果把精力只是放置在控诉上，而不是放在自省和自强上；如果把纪念只是寄托在罹难者身上，而不是寄托在抗争者身上，它在心理上还是一个弱者！犹太人从二战的悲剧中得出的结论是拿起枪杆，必要时可以与全世界对抗（看看以色列吧）。对于双手沾满鲜血的屠杀者，犹太人没有选择单一的控诉，没有选择去显示自己的所谓仁恕胸怀，而是选择了追杀到底，一个都不宽恕。我们呢？

日本人只救起了白种人

高升号沉没后，除了被浪速舰救起的三人外，幸存者一部分攀爬上了高升号残骸的桅杆，这部分人被法国军舰利安门舰所救，另一部分或泅水或乘救生艇，漂流到了丰岛上，这部分人主要被德国军舰伊尔达斯舰所救。

浪速舰放下了几条小艇，打捞起跳水后的船长、大副以及轮机手。[1] 船长高惠悌说："我在水里漂流已经一些时候了，当已精疲力竭时，我被浪速舰的一只小船救出。这船已经救出高升船上一位舵手，他的颈部受到来复枪弹伤。到浪速舰后，我们发现另一位被日人救出者是高升船上的大副，还有五位与船有关之欧洲人及一位搭客失踪。我请再派一船，但恐怕没有再作继续搜寻他们的尝试。"[2]

日本人只救起落水的欧洲人，而对更多的落水清军不予施救，甚至还加以杀戮。这在事后引起世界范围的谴责。究其原因，一是因为东乡对击沉英国商船还是心中无底，多救些欧洲船员上来，便于事后的转圜；二是日本人已经实行"脱亚入欧"多年，在心理上努力将欧洲人看作"同胞"；三是当时军情莫测，日舰担心北洋主力赶到，急于脱身。

三人登上浪速舰后，船长高惠悌身上只剩下短上衣、汗衫和内裤。[3] 东乡给予了他们优待，换上了干衣服，并为他们准备了西餐等。当天，浪速舰会同已经俘获了操江号的秋津洲舰一同返

[1]《日本外交文件》,《中国近代史资料丛刊续编·中日战争》第9册，第344页；末松向外务大臣提交的调查始末书,《中国近代史资料丛刊续编·中日战争》第8册，第4-18页。

[2] 高升号船长高惠悌的证明，日舰击沉高升号实况文件三种,《中国近代史资料丛刊·中日战争》第6册，第19-29页。

[3]《英国外交文件》,《中国近代史资料丛刊续编·中日战争》第11册，第345-358页。

回日本海军总队，当夜，抛锚停宿在贝加岛附近。次日凌晨4时出港，4时30分途中遇到开赴仁川的日本商船，浪速舰警告他们中日已经开战，没有军舰护航是危险的，并将他们带到总队的锚地。上午9时，浪速舰和秋津洲舰到达旗舰吉野所在的郡山港抛锚，向旗舰报告事件经过。上午11时，确定由八重山舰将高升号和操江号的俘虏送到日本去。下午16时，舰队司令坪井召集各舰长开会，确定了以隔音岛为舰队新的根据地，以探索仁川湾牙山近海战况，并预备迎接北洋海军的来袭。[1]

在八重山舰上，高升号船长高惠悌、操江号舰长王永发与日本军官们对坐吸烟，高惠悌突然向王永发发难，指责中国人极其野蛮、狰狞，“若今日尔之军舰俘获他国人，必残酷相待。反之，日本对于俘虏，如此周到处理，乃文明各国之正当措置云。”日本的文件中评论道，高惠悌“语气激烈，旁人闻之，有不堪入目之状”。[2]

高惠悌还说：“我不日向清国政府要求本船之赔偿。其原因为如当时彼等听从我之所想，日本军舰亦绝无将其击沉之事。此皆因清国将官之举动所造成之悲惨事件。故主动者虽为日本，然而使之成此结局者清国人也……”[3]

浪速舰除了俘获三名船员外，还在事后返航途中俘获了三名清军士兵：据《申报》报道，其中三十五岁的直隶故城县人李裕发、三十四岁的直隶河间县人冯玉山为北塘练军左营兵，皆充洋枪队步军；另一名陈永海者，为古北口练军右营喇叭手。[4]

---

[1] 东乡平八郎日记，《中国近代史资料丛刊 · 中日战争》第6册，第32页。

[2]《日本外交文件》，《中国近代史资料丛刊续编 · 中日战争》第9册，第355页。

[3] 八重山舰长致海军大臣报告，《日本外交文件》，《中国近代史资料丛刊续编 · 中日战争》第9册，第355页。

[4]《海外飘零》，《申报》，1894年9月1日。

欧洲军舰见义勇为

高升号遇难次日（26日）上午，法国军舰利安门舰从仁川港出发，这是一艘1884年下水、排水量为五百零三吨的小炮舰。

在秀长滩（音译）以南约一英里处，利安门舰遇到一只名为飞古额号的救生艇在随波漂流，艇的左舷前方写“高升”英文字样；右舷前方写“伦敦”英文字样，并画有蓝底绘白色斜十字的怡和轮船航运公司徽章。艇中已经灌满了水。艇上有五个中国人[1]，包括司炉工董阿新[2]，利安门舰救起了他们。

随后，在丰岛北端，利安门舰发现了高升号的残骸在海面上垂直地漂浮着，两根桅杆露出水面约七米或七米多。在桅杆上攀附着近四十名中国人，其中有亲兵前营后哨哨长张玉林、西班牙舵工欧利爱脱等，其中有些人枪伤严重。

张玉林事后说：“第二天早上，看见来了一个船。我们怕是日本船，不得活命了。船到近处，放下几个舢板来，把我们救上去，才晓得是法国船。船上也有中国人。船主看我们没有衣服，拿些衣服来穿。又拿些饼干米饭来吃，都吃不下。受伤的，医生都上药，带到烟台……”[3]

利安门舰对这些幸存者给予了紧急治疗，并将他们迅速送到烟台。根据东海关道刘含芳的报告，利安门舰共救起四十五人，内有亲兵前营哨长一名（即张玉林）、什长两名、兵九名、夫一名、义胜营十五名、通永练军左营十四名，共四十二名清军官兵；高升号船员三名：其中舵工一名，即欧利爱脱；司炉工两名，均为

---

[1]《英国外交文件》，《中国近代史资料丛刊续编 · 中日战争》第11册，第261-264页。

[2] 8月4日《北洋大臣李鸿章为法国兵船救出高升轮船勇丁请向法使称谢咨》，朝鲜档，《中国近代史资料丛刊续编 · 中日战争》第5册，第40页。

[3] 同[2]。

广东人，其中包括后来作证的董阿新。[1]

到达烟台后，利安门舰舰长高格除了联络中国官方外，也给英国驻烟台总领事阿林格通报了情况。他在写给阿林格的函中，特别强调“那艘怡和轮船公司的船上挂着英国国旗。我猜想您会对这一事件感兴趣”。他同时建议应对沉船附近的海岛再次进行搜寻，以发现别的幸存者。[2]

利安门舰再度返回仁川后，舰长高格又将情况向英国驻仁川副总领事务谨顺作了介绍，在务谨顺8月1日就此事发给英国驻华公使欧格讷的密件中说：“浪速舰的指挥官蓄意让绝望的中国人饿死在露出水面的船桅上或喂鲨鱼，只是担心英国政府的不满才救起三个英国人。”[3]

汉纳根跳水后，漂流四五个小时，游到丰岛。前后有两百多名清军士兵漂到该岛。据后来《申报》采访获救者说，为防范万一，大家都躲到山坳里，忍饥三日，后“为渔人所见，转语村人，赠以粮食，复邀至山前，让室以处之，推食以哺之，虎口余生始有生还之望”。[4]

汉纳根在渔民的帮助下，乘渔船辗转到达仁川，请求停靠在该港口的德国军舰伊尔达斯舰前往救援。

伊尔达斯舰29日出发，并带着米、百斤面包和两桶萝卜。仁川当地一个经营杂货商船的商人墨尔塞尔氏对伊尔达斯舰长宝绨森说，援救中国人应该是英国人的事，德国人忙乎这个好像有点多余。该舰长答道：“彼等若携武器则不相救。然而对于既已抛

---

[1] 8月4日《北洋大臣李鸿章为法国兵船救出高升轮船勇丁请向法使称谢咨》附件，朝鲜档，《中国近代史资料丛刊续编·中日战争》第5册，第39页；法国官方于10月份正式发布其军舰拯救高升号幸存者的公告，参阅 *The Times*, October 6，1894，pg.5。

[2]《英国外交文件》，《中国近代史资料丛刊续编·中日战争》第11册，第261-264页。

[3] 同[2]，第381-382页。

[4]《日人残忍》，《申报》，1894年8月8日。

弃武器，且无任何食物之中国人，理应救之。”[1]

德舰到丰岛，等待救援的清军们已经相当狼狈，“全无衣着，几乎裸体”。德舰对伤员分别作了诊查并予治疗。[2]因舱位有限，德舰遂只能携带一百一十二人，余下六七十人俟下次船至再行载回。[3]《北华捷报》报道说，约有八十人被留在了岛上，德国人给他们留下了足够的食物和现金。[4]8月1日行抵烟台，除包括汉纳根在内的几名欧洲人住西国饭店外，其余人等都集中到了广仁堂医养。[5]丰岛上剩余的幸存者，后来则由英国军舰播布斯号（舰长斐理）送回。汉纳根在8月4日下午返回天津向李鸿章报到。[6]

法、德、英等军舰将高升号幸存者拯救送回，这给了中国舆论界极大的鼓励，纷纷称赞他们“急公好义”，甚至绘声绘色地说：“日人恣睢暴戾，残忍成性，既将我中国高升船击沉，所有入水之人仍复开枪击毙，显违万国所不容。各国闻之，皆派出兵船巡游高丽及中国北洋海面，以备两军对垒之时，设法救人。”[7]将欧洲军舰的巡逻解释为专为救人。更有报道说德国军舰伊尔达斯舰“目见日人开炮及高升沉下”。[8]

一个月后的8月21日，英国外交大臣金伯利指令英国驻法

[1] 1894年8月1日仁川公出总领事室田义文致林外务次官，报告仁川港税关职员意大利人鲍里欧尼氏谈话之概要，鲍里欧尼氏与山田外交官对话，日本外交文件，《中国近代史资料丛刊续编·中日战争》第9册，第350页。

[2] 塔不留·雷阿德·库劳斯：《日清海战》，《中国近代史资料丛刊续编·中日战争》第7册，第345页。

[3]《日人残忍》，《申报》，1894年8月8日。

[4] *The North-China Herald*, Aug 17, 1894, pg.211. 德国官方于8月3日正式发布其军舰拯救高升号幸存者的公告，参阅 *The Times*, August 4, 1894, pg.5.

[5] 同[3]。

[6]《详记高升失事情形》，《申报》，1894年8月14日。

[7]《派船巡弋》，《申报》，1894年8月1日。

[8]《德舰救人》，《申报》，1894年8月6日。

法国军舰利安门号拯救在高升号事件中落水的中国士兵。图为1894年法国画报 *Le Petit Journal* 对此进行的专门报道

国公使菲普斯，希望从法国政府那里得到利安门舰救援高升号幸存者的报告副本，“因为它将有助于女王陛下的政府查证该事件的真相”。[1]结果，法国外交部尚未收到有关报告。[2]9月19日，金伯利再度致函菲普斯，要他向法国政府转达英国政府对利安门舰救人行为的“高度评价”。[3]

8月29日，光绪皇帝亲自下旨，对援救高升号落水者的三国

[1]《英国外交文件》，《中国近代史资料丛刊续编·中日战争》第11册，第210页。

[2] 同[1]，第213页。

[3] 同[1]，第362页。

军舰之有关人员授予相应的宝星奖章，“以酬劳勤”[1]。

利安门舰留下的史料并不多，可以确定的是，此后它又参加了1900年在大沽口的八国联军行动。而当年的法国画报 *Le Petit Journal* 曾以“朝鲜事件”（*Les evenements de Coree*）为主题，对利安门舰拯救中国士兵的行为做了专门的报道，成为法国报刊上留下的少数有关甲午战争的报道。

伤亡人数也成了谜

高升号的沉没，造成了巨大的伤亡，但究竟伤亡人数有多少，又成为一个至今在史学界争论不清的话题。可见当时清军军事组织工作的粗糙和混乱。

有一点是可以肯定的，那就是高升号的获救人数通过各方史料对比能比较清晰地得出来：

中国士兵方面，被浪速舰俘获三人，法国军舰利安门救起四十二人，德国军舰伊尔达斯号送回一百一十二名，英国军舰播布斯号送回八十七人，漂流获救二人，共二百四十六人逃生；高升号七十四名船员中，共十二人得救，其中浪速舰救起三人，法国军舰利安门救起三人。高升号船员在其日后的索赔中开列了详细的伤亡名单，但中国士兵除了获救者能统计出来外，总人数一直是笔糊涂账。

日本方面根据船长高惠悌等的证词，认定共有一千一百名清

[1] 1894年8月29日，《为奉旨赏给援救高升轮落水兵弁法国兵船主高格宝星致法使施阿兰照会》、《为奉旨赏给援救高升轮落水兵弁英国兵船主斐理宝星致英使欧格纳照会》、《为奉旨赏给援救高升轮落水兵弁德国兵船主宝绨森宝星致德使绅珂照会》，《中国近代史资料丛刊续编·中日战争》第5册，第73-74页。

军登船，外加一位汉纳根。[1]媒体的报道则相当含糊，如《北华捷报》就曾报道说，船上搭载的是一千五百名中国军人。[2]应该说，作为高升号的船长，高惠悌的权威是不容置疑的。中国的甲午战争史权威戚其章将其具体化："这一千一百人，包括副将骆佩德的义胜左营五百人，副将吴炳文的义胜前营三百人，护卫炮队二百人，以及帮带高善继的营务处和军械账房等一百人。"[3]

对此持批判态度的史学家考证后，却发现这一数字其实只是原计划而已，后因临时忙乱，有应坐高升号的四百名士兵误上飞鲸号，结果，高升号实际装载了共约九百五十人。而原计划乘坐高升船的军械房因粮饷、炮械、账户等件一总已经上了飞鲸号，只好也改搭飞鲸号。[4]李鸿章于 7 月 30 日向总理衙门报告的高升号载兵人数为九百五十人。[5]8 月 13 日，李鸿章在《倭击"高升"轮船片》中，正式确认这个数目。[6]

九百五十这个数字，应该最为接近。一是证之有据，比高惠悌提供的孤证更准确可靠，二是与盛宣怀在高升号未沉前所报装兵数字一致。而至于海外的甲午战争研究，包括日本的日清战争研究，就我所搜集的史料看，很少有花精力在此人数细节上进行考证的，或许这本不是他们的强项，他们更多地是在国际法和国际关系论述方面进行研究。

高升号上所装载的清军总人数如以九百五十计，扣除获救二百四十六人，则遇难人数共计七百零四人，相当于牙山清军兵力

[1] 高升号船长高惠悌的证明，日舰击沉高升号实况文件三种，《中国近代史资料丛刊·中日战争》第 6 册，第 19-29 页；末松向外务大臣提交的调查始末书，《中国近代史资料丛刊续编·中日战争》第 8 册，第 4-18 页。

[2] *The North-China Herald*, Aug 3,1894,pg 166.

[3] 戚其章：《高升号殉难爱国官兵人数考》，《近代史研究》，1984 年第 2 期。

[4] 李娟芳、钟林：《甲午"高升"号事件经过情形考辨》，《学术论坛》，2001 年第 2 期。

[5]《中国近代史资料丛刊·中日战争》第 3 册，第 10 页。

[6]《李鸿章全集》，卷七十八，海口：海南出版社，1997 年，第 2242 页。

清军官兵在朝鲜前线。西方画师根据历史记录所绘

的三分之一左右，考虑到这些多为李鸿章经年训练的精锐淮军，中国的损失是十分巨大的。这样的伤亡不仅直接导致牙山的军事力量失衡，而且，根据德国海军的观察，清军因此“士气大为沮丧，而以极不可靠的制海权为满足，整个朝鲜海归于日本自由航行”。[1]

此后清军在朝鲜屡战屡败，不能说没有高升号事件的心理影

[1] 1895年3月出版的《柏林府海事通览》，转自日本海军军令部《廿七八年海战史》，《中国近代史资料丛刊续编·中日战争》第7册，第380页。

响。此前，虽然面对欧洲强敌清军很少获胜，但在亚洲地区，尤其面对日本军队，清军无论在装备还是心理上，都是相当自傲的。在甲午战争爆发前十多年，北洋舰队曾携当时最先进的军舰定远等，访问长崎，赫赫军威震撼日本朝野。当时因北洋士兵在风月场所与日本警察发生大规模冲突，双方各有死伤，北洋军舰居然在长崎港口褪去炮衣，以武力相威胁，逼迫日本当局赔款道歉，此后日本朝野莫不以此为奇耻大辱，卧薪尝胆要报仇雪恨。而丰岛牙山一战后，清军居然望见旭日旗而披靡，很少组织像样的狙击和抵抗，与当年长崎港口的风光不可同日而语。可以说，高升号事件是日本对中国底线的试探，也是对英国底线的试探，从此后，日本一扫往日对中国的敬畏，并且对以英国为首的西方列强的所谓国际正义有了更深刻的认识和体会。

高升号惨案后，西方不仅关注着中日战事，更担心中国内部的稳定。英国驻天津总领事宝士德忧心忡忡地告诉他的上司、英国驻华公使欧格讷："中国人的任何严重挫折都可能导致遍及整个帝国的叛乱。"他转述说，在北洋水师学堂讨论时，居然有一个中国人说："我希望我们战败，那样会有一件可喜的事——朝廷寿终正寝。"宝士德担心，清军精兵或乘船沉没、或在牙山被俘后，"现在接替他们位置的那些人是些新兵，缺乏组织纪律性，根本控制不了那些一旦中国军队受挫便揭竿而起的天津人。他们只是由于惧怕总督的陆、海军才被约束了好几年。一旦所惧怕的军队不在了，动乱便是意料之中的事，急需在天津派驻一艘外国军舰……"[1]

这种担心，不仅是造成西方列强后来干涉日本归还已经割让的辽东半岛的原因之一，甚至当日本在节节胜利的前提下，终于同意中国以巨额赔款和割地换取和平，其背后也有以伊藤博文为首的所谓"和平派"担心过度的打击会破坏中国的政局稳定，最

[1]《英国外交文件》,《中国近代史资料丛刊续编 · 中日战争》第 11 册，第 317-318 页。

终损害到日本的利益，连赔款割地也找不到合适的人作为谈判对手了。伊藤博文为此甚至不惜拍桌子痛骂打红了眼不肯罢兵的将军们，并终于通过适时的和谈将日本在这次战争中的红利攫取到极限。[1]

高升号的沉没，实际上令中、日、英三国首脑均有些措手不及，更令这个世界睁大了双眼，要看看日本人究竟如何收场……

长崎街头的“中国猪”

与高升号上的清军进行了英勇但无谓的抵抗不同，同时遭遇日本第一游击舰队的北洋运输舰操江号，则有惊无险地度过了这场改变世界的战役。

操江号舰体木壳木肋，制造工艺为铁钉钉连铆缝，备有风帆索具，舰长四十七点七五米，宽八点六一米，吃水三点二五米，排水量六百十四吨，载货量六百四十吨，动力采用一台立式往复蒸汽机，一座燃煤锅炉，功率四百马力，单轴推动，航速九节，编制九十一人。

操江原属南洋水师，后借调北洋用于通讯和运输，配置官兵八十二人，船龄已超过二十年，虽然也配备五门火炮，但也只能勉强对付海盗而已，根本不可能作为对抗军舰的武器。平日里，操江号只是作为北洋的通讯船使用，而此次，北洋居然派遣这样一艘“老爷船”，在没有护航的情况下，只身装载文件、武器和巨额饷银由威海卫开往牙山。操江号也如高升号一般，搭载了一名欧洲籍客人，即奉派去汉城保护电信设备的天津电报局的丹麦技师弥伦斯。

在日本事后为高升号事件所做的种种公关活动中，将操江号

[1]［日］久米正雄：《伊藤博文传》（林其模译）北京：团结出版社，2003年，第289页。

操江号（档案照片）

说成是为高升号护航的北洋军舰，以期减少全副武装的战舰击沉既无军舰护航、又无自身武装的商船的血腥味。其实，操江号与高升号执行的是完全不同的运输任务，高升号从大沽开往牙山，而操江号则是从威海开出。操江号与高升号在丰岛附近才相遇，即遭遇日本舰队。所以，操江号既没有护航高升号的任务、也没有护航的时间，更没有护航的能力。

操江号舰长王永发为浙江镇海人，已年过半百，早年曾在英国军舰上当水手，继升为水手长，后来转入清军水师，积功擢参将，委带操江号。日本的资料特意指出，在英舰炮击日本下关时，王永发正在该舰服务。[1]

操江号发现日本舰队后，王永发立即转舵回行，这一举动是明智的，一方面操江号根本无力对抗军舰，另一方面操江号悬挂的是黄龙旗和北洋军旗，不可能像高升号那样指望以中立国英国国旗自保。

逃跑中的济远舰和随后追赶的吉野舰先后与正往回行驶的操

[1] 末松向外务大臣提交的调查始末书，《中国近代史资料丛刊续编·中日战争》第8册，第4-18页。

江号交会。下午1时50分，奉命追击操江号的秋津洲舰追上了它的猎物。秋津洲舰逼近操江号，发炮示警，命令操江“停驶抛锚”。操江号不应，继续西驶。秋津洲舰再追近，发射一枚十二公分口径炮弹再度示警。王永发见状慌乱，甚至准备自尽，被弥伦斯劝住。操江号遂升挂白旗和日本国旗，表示投降。日本的官方战史《日清战争实记》中对操江号“竟软弱地挥白旗，表示投降”表示惊讶。[1]

在弥伦斯的建议下，王永发将所带重要文书及密电本当即投炉中焚毁，以免泄露军情；还准备将船上所装二十万两饷银投到海中，以免资敌，但仓促间未及施行。

约在下午2时10分，秋津洲舰放下一只舢板，装有日本海军官兵及管轮等共二十八人，俱持枪械，登上操江号。到船后，即将操江号上所有人员拘禁于后舱，由日兵持枪看守。

日兵遍船搜求文书，但无所得，于是，将王永发拘上秋津洲舰，其他人员仍关在操江号后舱。随后，秋津洲舰起锚南驶，操江号随行。途中与旗舰吉野相遇，立即以信号报告：“敌舰降服，其舰长在我舰。”又报告说：“据操江舰长称，清舰在大同江，扬威在仁川，镇海在牙山。”于是，坪井航三下令将操江号带至郡山湾与本队相会合。

在第一游击舰队司令坪井航三发给日本驻朝鲜公使大鸟的报告中说：“……（操江号）曳至我根据地。舰长以下船员移往军舰八重山，船体归我舰队使用”[2]，这是甲午战争中日本缴获的第一艘中国船只。

操江号随后被日军改作训练用舰，此消息后来传回中国，被

---

[1] 末松向外务大臣提交的调查始末书，《中国近代史资料丛刊续编·中日战争》第8册，第4-18页。有关细节，在弥伦斯接受《北华捷报》专访中有详细描写，见 *Arrival of Mr. Muhlensteth in Shanghai: specļal interview*, *The North-China Herald*, Aug 17，1894，pg.259

[2]《日本外交文件》，《中国近代史资料丛刊续编·中日战争》第9册，第344页。

舆论大大地嘲笑了一番。《字林沪报》指出，操江号为江南制造局所造的第二艘船只，“阅时既久，且系试造之船，一切质料器具皆不甚坚固，中国已弃置勿用，倭人不加详察，遽欲以我之矛陷我之盾，其想奇矣，顾其计亦左矣”。[1]《申报》则说：“操江既小且旧，为中国所不甚爱惜，倭人得之乃视作珍宝，竟置之兵舰之列，亦可见彼国海军船只，漫无拣择矣，虽多亦奚以为？”[2]对于日本为宣战而告祭太庙等，《申报》嘲讽日本人“劫得我木质旧式操江递书船，即以为大获胜仗”，以此祭告先人实则“言词夸诞欺及先人”。《申报》发此稿时，正是叶志超并败平壤却谎报奏捷之时，因此报道继续嘲讽日本道：“乃未及经旬，即有平壤败绩之信”，日本人的祖宗如果“泉下有知，当深恨子孙之国祚将倾，为之痛哭流涕矣，祭告胡为者？”[3]

从国内舆论对操江号的如此评论，就可以看出当时人心的浮躁和虚妄。国人心中的“敝帚”操江号，却在日本人手中得到充分利用，其从日本舰队退役后，长期在神户港充任检疫船，一直被使用至1965年后方拆解，阅尽东亚沧桑，成为北洋舰队中“寿命”最长的舰船之一。

7月28日早晨6时，操江号船上八十三人与高升号被救三名船员一道，由八重山舰押送到佐世保港。[4]在八重山舰上，高惠悌居然当着日本人的面痛斥王永发。[5]

操江号被俘官兵是日“午后两点钟上岸，上岸之时备极凌

[1]《破船重用》，《字林沪报》，1894年8月3日。

[2]《改作兵船》，《申报》，1894年10月8日。

[3]《欺及先人》，《申报》，1894年8月23日。

[4] 高升号船长高惠悌的证明，日舰击沉高升号实况文件三种，《中国近代史资料丛刊·中日战争》第6册，第19-29页。

[5] 八重山舰长致海军大臣报告，《日本外交文件》，《中国近代史资料丛刊续编·中日战争》第9册，第355页。

被俘的操江舰官兵到达日本。日本画师根据历史记录所绘

辱”，弥伦斯回忆道：“船近码头即放气钟摇铃、吹号筒，使该处居民尽来观看。其监即在码头相近地方，将所拘之人分作二排并行，使之游行各街，游毕方收入监，以示凌辱。”[1]

另据《字林沪报》报道，日本人随后将操江号被俘官兵的“发辫尽行剪去，下诸狱中，不堪凌虐，禽兽之行，固当如是”。该报同时愤怒地指责此八十二名官兵“尚何所望而不即自裁甘受此侮辱哉！”呼吁被俘官兵们自尽雪耻。[2]《申报》则报道说，被俘官兵被“倭奴看管甚严，不能轻出一步，每日派役提出十余人，逼视自带大帽联行街市以示侮辱中国之意”。[3]

操江号被俘，并没有引起像高升号那样的巨大风波，丹麦政府向日本提出释放弥伦斯的要求。[4]8月5日，弥伦斯被日本政府

[1] 弥伦斯致博来函，《盛档·甲午中日战争》(下)，第147页。

[2]《禽兽之行》，《字林沪报》，1894年8月15日。

[3]《倭人凶状》，《申报》，1894年9月26日。

[4] Consular Gazette，*The North-China Herald and Supreme Court*, Aug 10,1894，pg.215；《局外被俘》，《申报》1894年8月7日(七月初七)；《丹人已释》，《申报》，1894年8月8日。

释放，其余八十二名清军官兵，包括管带王永发，大副孙茂盛，二副徐起凤、三副王生才、大车石德行、二车包振瑞、三车鲍忠林、管事方长春、师爷三人及士兵七十一人，皆关押到 1895 年 8 月始遣返回国，其中一人死在日本佐世保监狱中。[1]

关于丹麦人弥伦斯，日本法制局局长末松谦澄在对高升号事件进行调查时，也一并对其进行了调查，并专门向外务大臣陆奥宗光提交了报告。末松的报告指出，弥伦斯的职业是电信线路的敷设和电信的使用技师。1881 年，作为大北公司的雇员来中国，他与该公司签订了六年合同，到 1886 年为止，一直在该公司任职；同年受雇于支那帝国电政局，并立即被派往朝鲜。

根据末松的报告，弥伦斯对于仁川、汉城、义州线路的建设有很大贡献。1893 年 5 月，其被调往天津局，任辅助员，"该人供职的支那帝国电政局与中国政府的电信厅有别。仁川、汉城、义州线路属于支那帝国电政局管理。该局在天津设立本局，由一个道台实行管辖。该人的雇佣合同于今年三月十日截止。该合同尚存于朝鲜汉城德国领事馆。合同虽未续订，但在今年三月十日以后，他继续领取薪金，未与电政局断绝关系。现在该人月薪二百五十美元。他多年辛劳，积蓄了八千余元，在汉城也有一些财产（房产和贷款）。这次他的朝鲜之行的首要目的就是从战乱中挽救自己的财产。道台虽然向他下达了'万一战乱使电信财产处于危险之中，要尽力采取保护措施'的训令，但是他没有接到特别的派出命令。据他说，若朝鲜政府以适当的代价予以赔偿，仁川、汉城、义州线路可归朝鲜政府所有，但在此之前，仍归属支那帝国电政局。因汉城电信局的房产为朝鲜政府所有，所以他所

[1]《日本送还各营人数清折》，《盛档·甲午中日战争》（下），第 463 页。人员姓名参考《末松向外务大臣提交的调查始末书》，《中国近代史资料丛刊续编·中日战争》第 8 册，第 4-18 页。

接受的‘采取保护措施’的训令，实际上只限于电信设备和备件，以及仁川局的房产”。

末松的报告说，弥伦斯“对于被我国军舰捉拿，不仅毫无怨言，而且从当时的情况来看，他相信我国军舰也只能这样做了。他肯定地说，在被八重山舰护送途中，以及在佐世保拘留期间，无不受到了优厚的待遇，对此没有丝毫怨言。他又说，如果知道日清之间已经开战，他是绝不会有去朝鲜的打算的。他还说，因中国商船和日本邮船会社的船只已经中断了中国与朝鲜之间的航行，而搭乘了操江号，他为此很悔恨。他哀叹近来身体情况不佳，又因拘留期延长，为自己的前途的毁灭而悲哀。他声言，若能获得释放，他愿意提交任何誓约”。[1]

弥伦斯随后被日本当局释放，但释放前他签署了誓词。从这篇显然是由日本人起草的誓词中，我们可以看出日本人即使在对待西方人方面也远比清廷强硬和有技巧：“我主动地、自由地向日本帝国政府及其法制局长官末松谦澄宣誓：在日清交战期间，我不为中国的中央或地方政府工作或服务；在上述战争期间，我绝不做妨碍日本利益之行为；在战争期间，我绝不到上海以北各港口旅行或居留，也绝不去朝鲜。”[2]

[1] 末松向外务大臣提交的调查始末书，《中国近代史资料丛刊续编·中日战争》第8册，第4-18页。

[2] 同[1]。

第五章

噩耗震动了紫禁城

次日（7 月 26 日）早上 6 时 30 分，济远舰终于带着累累伤痕和巨大伤亡，回到威海基地下锚，方伯谦迅疾向天津的李鸿章发电报告这一紧急事态。

同时，日舰攻击英国商船的消息也迅速从威海向世界传播。消息灵通的《申报》当日即进行了报道，但却将高升号误以为是招商局美富号轮船，并确证了美富号安然无恙，所运送清兵已顺利登岸，轮船亦回北洋并拟于日内再装兵前往。《申报》认为，中国运兵船被日舰击沉的消息，“似乎不逞之徒故意捏造谣言，耸人听闻，抑此语出自日本人之口，曲为装点以惑我华人乎”。[1]

几乎在同一时刻，浪速舰也回到了日本舰队的主锚地，东乡平八郎向舰队司令提交了事件报告。

7 月 27 日，李鸿章的报警电报送达了军机处，十分简捷和震撼：“高升号系怡和船，租与我用，上挂英旗，倭敢无故击毁，英国必不答应。”[2]从该电报不难看出，高升号事件令李鸿章又燃起了鼓动英国加强干涉甚至对日动武的希望。高升号事件前夕，多

[1]《谰语无稽》，《申报》，1894 年 7 月 26 日。

[2] 光绪二十年六月二十五日（7 月 27 日）到电报档，《清光绪朝中日交涉史料》No.1241，《中国近代史资料丛刊 · 中日战争》第 3 册，第 2 页。

镇守威海卫的清军。1895 年《字林西报》绘制

次调停失败的英国曾推出新方案，以汉城、釜山一线为界，中日两国分割占领南北朝鲜，此方案被中国所接受，但日本却迟未表态。

军机处迅速将李鸿章电报上奏光绪皇帝："现据李鸿章电报，倭兵已在牙山击我兵船，并击沉英船一只，狂悖已极，万难姑容。且衅自彼开，各国共晓，从此决战，尤属理直气壮。现拟先将汪凤藻[1]撤令回国，再以日本种种无理情状布告各国，然后请明发谕旨，宣示中外；至一切布置进兵事宜，请寄谕李鸿章妥筹办理。"[2]

这一天，总理衙门的行动相当有效率，当日即给中国驻美国公使杨儒发去急电，告知"昨倭已在朝鲜牙山击我兵船，衅由彼

[1]［雪珥注］：即中国驻日本公使。

[2] 光绪二十年六月二十五日（7 月 27 日）洋务档，《清光绪朝中日交涉史料》No.1235，《中国近代史资料丛刊 · 中日战争》第 3 册，第 1 页。

开，各事均应防备”，要求杨儒转告美国外交部门，请美国代为保护在日本的华人及其财产，并再三要求杨儒一定要取到回函，并电告国内。[1]可见，总理衙门作为中国的涉外机构，对中日动武还是有一些预案的。

更重要的是，总理衙门在这一天紧急约见英国驻中国公使欧格讷。

英国此前一直致力于调停中日冲突，希望能避免战争，以确保英国在东亚的利益。日本的军事冒险显然完全出乎英国意料，就在丰岛海战和高升号事件当天（7月25日），欧格讷还到总理衙门就调停之事进行沟通，虽然指出“前劝日本退兵和商一节，日本非但不听，且说话更紧，我政府甚为不悦，已电日本”，但又称除了英、俄之外，又约了德国、法国、意大利三国“合力逼着日本讲理，谅亦不敢不从。此时说话，总在日本一边用力。我今日即发电我政府，加力催着日本。并往西山请德国钦差回京。令各电各政府同向日本政府说去。此是好机会，难得五国同心帮助贵国”。[2]

到26日下午，在收到李鸿章报告日军23日围攻朝鲜王宫并绑架朝鲜国王的电报后，负责总理衙门的庆亲王奕劻立即派章京舒文、俞铨颖二人至英国公使馆，告以：“日本如此举动，无理已极，本衙门即以开衅失和论布告各国。缘欧大人久有调处之意，故各堂特令我们专来相告。”欧格讷还是不以为意，答称：“尚未闻有拘韩王之说，似与北洋大臣所报情形较轻。中国若即照会各国，未免可惜。我意可稍缓数日，即此数日内，中国亦可妥速布置。

[1] 光绪二十年六月二十五日（7月27日）电报档，《清光绪朝中日交涉史料》No.1247，《中国近代史资料丛刊·中日战争》第3册，第3页。

[2]《总理各国事务衙门与英使欧格讷问答》，光绪二十年六月二十四日（7月26日）洋务档，《清光绪朝中日交涉史料》No.1230，《中国近代史资料丛刊·中日战争》第2册，第643页。

镇守旅顺口的清军。1895 年《字林西报》绘制

我今日尚与各国大臣商量，拟请华兵退至平壤，日本兵退至釜山。日本如不听话，各国均不能答应。”[1] 这一中日退兵方案，其实还是分割占领朝鲜的思路，英国仍未放弃努力。

英国对日本的动武决心，显然严重估计不足。当 27 日总理衙门紧急召见欧格讷下午面谈时，他刚从天津领事宝士德那里得知高升号的消息，但还是没有放弃调停的决心。当天上午，在发给远在伦敦的英国外交大臣金伯利的电报中，欧格讷报告了高升号事件，并说：“总理衙门要我下午早早前去。我想建议他们采取权宜政策，以便英、俄两国有时间采取联合行动。”在这封因中国政府紧急封锁密码通讯而被延误的电报中，他对日本进行了严

[1]《章京舒文等与英使欧格讷问答》，《清光绪朝中日交涉史科》No.1234，《中国近代史资料丛刊 · 中日战争》第 2 册，第 645 页。

厉的谴责，认为英国此前刚提出的中日分占朝鲜方案，日本人完全清楚中国方面已经接受，双方仍在调停的阶段，所以，他认为日本军舰在如此情况下居然没有事先警告就攻击高升号，这样的行为太“非法无耻”。[1]

欧格讷这位十分老辣的外交家，在不影响英国利益的前提下，对日本始终抱着蔑视的态度，甚至在后来英国居然转向中国要求赔偿高升号损失时，欧格讷拒绝出面办理此事，认为此事将“极大地伤害中国人的感情，并造成极坏的影响……失去一大堆政治及其他方面的利益”。[2]

英国医生发现了天大新闻

欧格讷关于高升号事件的消息，来自英国驻天津总领事宝士德。

7 月 26 日下午，英国的伊尔文医生在总督衙门，听到两位文员在说高升号被击沉的消息，傍晚即专程前去告知宝士德。宝士德在当天紧急提交给欧格讷的信中说：“日本人竟然在和平时期炮击悬挂着英国国旗的船只，似乎难以置信，但是伊尔文医生说总督衙门的消息是真的。我觉得还是将此事告您为好。伊尔文医生还告诉我，北洋舰队几乎所有军官已申请休假，其中几个人因此已不止一次受到申斥。”[3]

次日（7 月 27 日）宝士德即正式拜会了李鸿章，了解丰岛海战及高升号事件的详细情况。宝士德在其后的报告中说：“总督的精神比我料想的好得多，有迹象表明他一直想见我。”

[1]《英国外交文件》，《中国近代史资料丛刊续编 · 中日战争》第 11 册，第 89 页。

[2]《英国外交文件》，转引自戚其章：《甲午战争国际关系史》，北京：人民出版社，1994 年，第 256 页。

[3] 同 [1]，第 321 页。

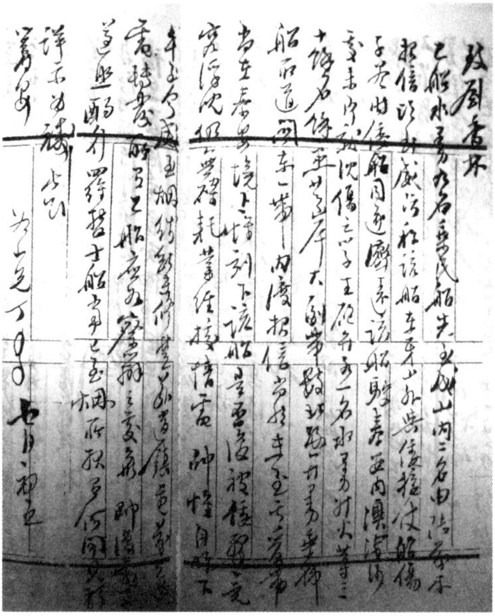

1894年8月5日（七月初五）丁汝昌为调查落水水手致刘香林函

宝士德详细记录了两人之间的对话。李鸿章首先提起击沉高升号一事，极其强烈地抨击日本人在和平时期炮击悬挂着中立国国旗的船只，希望英国舰队司令采取措施，要日本人对其行动作出解释，随后将其所了解到的高升号事件的细节告诉宝士德。

“有谁听说过这种事？”李鸿章说：“高升号是艘非武装船，无抵抗能力，悬挂着英国国旗，被击沉了。这种做法符合国际法吗？他们本可以不让部队登陆，让船开走，或者把船上的军人带走，放船返回，但他们硬是这样把船击沉了。是可忍孰不可忍！”

宝士德告诉李鸿章：“我认为日本人的这一举动是不能原谅的。无疑英国政府将要求对此作出解释。”

李鸿章说：“最好英国舰队司令到这儿来，让他去出事地点，看看高升号在什么地方，是否悬挂着英国国旗，并查明我说的一切是否属实。”

宝士德回答说：“英国舰队司令肯定会采取任何必要的措施。”

宝士德说李鸿章对汉城完全掌握在日本人手中之事则“似

庆亲王奕劻

乎异乎寻常的冷淡，正在为济远已同日本激战两小时而感到自豪……他很善于在日本人侮辱英国一事上做文章：'他们打了你们的总领事，击沉了你们的船，一点也不把你们公使的调停放在眼里！'"[1]

总理衙门想把坏事变好事

7月27日下午，欧格讷前往总理衙门与奕劻等进行了交流。双方对本次重要会议在某些关键细节上的记载有所出入，反映了不同的关切点。

根据总理衙门的记载，双方先相互交换了有关高升号的情况。而后，欧格讷说："朝鲜国王被拘禁的事情，尚可设法商量，从长计议。但高升号事件的关系更大了，我已通报本国政府了。"

中国方面强调，英船悬挂英旗，日本军舰居然敢炮击，此于

[1]《英国外交文件》，《中国近代史资料丛刊续编·中日战争》第11册，第321页。

庆亲王奕劻（中）与李鸿章（右）

英国体面亦有所关。况英国现正为中日说和，日本不特不听，且如此无理，英国似不能忍而不问。且日本专作狡猞之计，若事事如此，则不犯乎沪上之说，亦不可靠了。

欧格讷认为："不犯沪上，有字据，或当不致反复。但日本多行无理，各国均极不平。贵衙门以前办理此事，按理做去，步步不错。我甚愿贵国仍按理缓缓办去，我英国不能不同日本讲理。俄国干议，而上亦极不好看。我想各国按公法论，此事三两日内必有确信。"

总理衙门继续追问："日本如此无理，西国素讲公法，当作何办法？"

欧格讷说："此时我不能出断语，当听政府之命。即日本将英船击沉，或竟调水师前往，亦未可知。"

总理衙门再问："贵国为商劝日本之事，政府与倭商，又命汝与倭商，驻倭使又与倭商，前后煞费苦心。现在撤兵不成，衅端已肇，又伤英国商船，贵国政府似不能无办法。”

欧格讷只好说：“这个自然。”随后答应次日将英国政府的反馈送交总理衙门。[1]

而在欧格讷当天向伦敦的报告中，是这样提及这次重要的会谈的：“……中国希望女王陛下的政府不会容忍日本人对英国船只的攻击，希望所有对中国友好的国家，尤其是英国、俄国政府承认中国已无法再克制下去，除凭武力保卫国家利益外，别无他路可走……我再次竭力劝说，只要有一线通过外交途径实现和平的希望，他们亦应在可能情况下暂时忍耐，审慎行事。在我看来，对他们来说，继续持和解态度，从而赢得欧洲的同情和友善。”而事实证明，同情和友善历来都是给予胜利者的，正如高升号船长高惠悌在日舰上敢于对中国操江号的舰长发火，并令日本人也感觉其“不堪入耳”。

至于总理衙门记录中所载的一条重要信息，欧格讷表态英国对待高升号事件“或竟调水师前往，亦未可知”，但在欧格讷写给伦敦的报告中并非如此：“亲王询问了对于炮击英国船只一事，女王陛下的政府将采取什么措施。我说毫无疑问那是一种非常严重的事件，但我掌握的情报很少，不能冒昧发表意见。本月25日进攻牙山之前，肯定没有宣战，但此事在很多方面都很复杂。能否断定日本人有理由炮击一艘英国船，或者按照实际存在的情形，那艘船由于被中国政府租用来运兵，是否已无国籍，均有疑问。这些问题必须由女王陛下的政府遵照前例和国际法作出决定。”

欧格讷在报告中强调说：“我个人认为，日本的行为是完全非法、无理的，因为高升号毫无防卫能力，又载有一千一百人，日

[1] 光绪二十年六月二十七日（7月29日）洋务档，《清光绪朝中日交涉史料》No.1261，《中国近代史资料丛刊·中日战争》第3册，第7页。

本将其击沉，无论怎么说都是一种蛮横、残暴和无耻的行径。然而，正如我已经说过的，关于女王陛下的政府在这一事件中可能要做出的决定，我不能冒昧提出初步意见，有必要等待更确切的详细情报。”

另一个在总理衙门的记录中被忽视的细节，却在欧格讷的报告中被重视：“我告诉亲王……如果他允许我以个人名义坦率直言，我要问一下，一旦真的爆发战争，假使中国决定迅速出击，他认为是否有对敌手施行沉重打击的力量。亲王犹豫了数分钟，在环视同僚一周之后，咕哝了一声，对他们目前是否能同日本进行成功竞争表示怀疑。虽然那是一个令人痛苦的场面，但我还是继续说道：这恰是要害所在。我对这一问题同样有疑虑，所以现在我要告诉他，对女王陛下的政府和我本人为避免战争所不断进行的努力我从未置词说明理由。”

欧格讷相当坦率地告诉庆亲王奕劻：“战争一爆发，我们（英国）的商业利益将遭到巨大损失，我们同交战两国都有着友好关系。而其他方面的利益，如果不是更大、更重要的话，也是同样重大和重要的。在这些利益中，我们的政治利益最为重大，并且在所有方面都同中国的利益一致。这些利益要求中国决不能为一场灾难性的战争所削弱，她应当在东方继续占有支配地位。

虽然我不如亲王消息灵通，但我仍有重要理由怀疑中国能否成功地抵抗日本突然和强有力的侵略，这些疑虑在聪明的亲王面前，或许毫无价值，但却能说明我上几周所作的紧张努力，是要劝使总理衙门同意日本政府的最初建议。

然而，如果中国通过自己的努力，或经其他大国的友好斡旋，能够预防一场长期的、令人担心的战争，作为统领海军衙门的亲王，对避免不留意再次挨打负有义不容辞的责任，而我真诚地相信，如果能够避免目前的麻烦，中国将彻底改组其海军，以使之在这些水域中，即使不是最强大的，也必定不会毫无作为。要做到这一点，必须花费一笔相当的费用，扩编舰队，并基于同样的体制进行一次彻底改组。亲王可能确信他们为此目的向英国提出的任何援助要求，都将得到我最强有力的支持……”[1]

从中英两国谈话者的记录重点，我们能很清晰地看到：总理衙门的报告中，没有提及双方对抵抗日本侵略均缺乏信心。这份由总理衙门呈报给军机处乃至皇帝的报告，对于中日冲突已经爆发、且悬挂英国旗帜的商船被日本军舰悍然击沉后，英国这样一个大国和强国的政策取向，应作出基本判断，其战略意义十分重大。英国驻华公使对中国军事获胜缺乏信心，无疑是十分重要的外交情报，但总理衙门显然没有汇报这一点。

更重要的是，英国公使在会谈中重申了英国的基本原则，即一方面认为应当维护中国在东亚地区的领导地位，这对英国利益是有利的；另一方面则暗示只要不侵害到英国的商业利益，英国对日本的干涉和限制，将不可能如中国所期望的那样直接和有力，尽管欧格讷个人很同情中国并反感日本。如果中国完全掌握了英国的这种政策底线，在战争全过程中，就可以放开手脚，而不必处处担心英国人会如何想。英国人为了自身利益，可以容忍日本越线，为什么就一定会对中国的越线行为进行干涉和制约呢？但很可惜，从鸦片战争以来的积弱，令中国过度地揣摩英国等西方列强的意图，从而步步被动，无所适从。

而最关键的是，总理衙门居然在报告中，无中生有地加上了欧格讷并未言及的英国或许会对日本兴兵问罪的说法。欧格讷是英国资深外交官，与第一次和第二次鸦片战争时那些临时充任外交职能的商人不同，他有自己的职业素养，绝对不可能在政府未

[1]《英国外交文件》，《中国近代史资料丛刊续编·中日战争》第11册，第307页；光绪二十年六月二十七日（7月29日）洋务档，《清光绪朝中日交涉史料》No.1261，《中国近代史资料丛刊·中日战争》第3册，第7页。

表态的情况下，做出如此关系重大的表态，即使仅仅是一种猜测。而且，从宝士德与李鸿章的谈话中，从总理衙门的接见会谈中，欧格讷作为资深外交官及中国通，完全能看出中国试图将英国拉下水的意图，从而在言语措辞方面会加倍警惕。我们可以断定，总理衙门中的报告，在英国可能对日兴兵方面，完全是揣摩上意而捏造的，其目的无非是迎合皇帝为首的主战派，或许也希望借助英国的虎威为自己壮胆。

再抓一根稻草求和

欧格讷所传递的一些信息，令清廷又生出希望之心。当天（7月27日），翁同龢的门生、供职于总理衙门的张荫桓就向乃师书面报告了欧格讷会谈情况[1]，翁同龢在日记中写道："欧使问答云：'将合五国勒令撤兵，倭撤至仁至釜，中撤至平壤，此数日勿宣布，失此机会可惜。'其言确凿可凭。"[2]日记中所提的欧格讷意见，指的是日本人撤退到仁川、釜山一线以南，中国撤退到平壤以北，其实还是将朝鲜分割为南北两半由中日分别占领的老思路，并劝告中国不要宣战、免失"良机"。中国此前曾赞赏该思路，但日本明确反对。

军机处本已拟好了请旨宣战的奏片，但总理衙门的奕劻与欧格讷交流后，认为情况似乎并不像所传那样严重，而此时李鸿章又转来中国驻英国公使龚照瑗从英国外交部所得消息："倭横劲稍松，前'五日内运兵以杀倭论'[3]一语已自收回。"[4]遂在7月27

[1]《中国近代史资料丛刊续编·中日战争》第6册，第433页。

[2]《翁文恭公日记》，甲午六月二十五日（7月26日）：《中国近代史资料丛刊·中日战争》第4册，第483页。

[3]［雪珥注］：指日本人宣称，如中国五日内运兵，则视为对日本动武。

[4]《北洋大臣来电》，《清光绪朝中日交涉史料》No.1240，《中国近代史资料丛刊·中日战争》第3册，第2页。

日的枢廷会议上，将原本要宣战和布告各国的事又往后推迟，仅由总理衙门发给李鸿章一封电报："汪使[1]应否即撤，抑俟布告各国之后？希电复。至布告各国照会，必应及时办理，本署现已拟稿。此事在我理直气壮，可以详细声叙。其应如何措词，以臻周密？希望尊见详电本署，公酌缮发。"[2]

中国总税务司英国人赫德

这等于过了两天后，高升号事件在朝堂之上所激起的敌忾之气，又在绥靖思路下化为乌有，生出了无端的和平希望。正如总税务司、英国人赫德在当日所写的："中国保持了一两天的沉默，以观察英国将会采取何种行动，同时也留出时间让英、俄、德三国进行联合的外交努力……以说服或迫使日本熄灭战争的火炬。但这一两天的等待并没有换来任何允诺，中国恐怕只能独自行动。我唯一的担心是灾难将会随之而来。日本佬将会从一开始就一路凯歌，而中国将会在怯懦恐惧中举手投降。"[3] 赫德是少

晚年赫德（摄于英国家中）

[1]［雪珥注］：指中国驻日本公使汪凤藻。

[2]《发北洋大臣电》，光绪二十年六月二十五日（7月27日）电报档，《清光绪朝中日交涉史料》No.1248，《中国近代史资料丛刊·中日战争》第3册，第3页。

[3] *China is keeping quite: Hart to Campbell*, 27 July, 1894, *The I.G. in Peking : letters of Robert Hart CHinese Maritime Customs* 1868-1907,（The Belknap Press of Harvard University Press, Cambridge, Massachusetts and London, England, 1975.）

数几个明白中国已经力不从心的旁观者之一。当时，“多数西方人认为，长时间地看，中国人完全能够借助人数上的优势战胜日本人”，而美国历史学家斯特林·西格雷夫对此观点不屑一顾，认为“他们不懂得：日本人对自己所做的每一件事情，都极其认真；而中国，甚至不能协调自己的左右手来穿针引线”。[1]

应该注意到，此时身当前敌的李鸿章已与尚抱和平幻想的总理衙门有不同感受了。

7月28日，他的回电送达总理衙门，第一次旗帜鲜明地表示主战，其态度比北京平日高调入云的衮衮诸公们干脆利落了许多：“倭先开战，自应布告各国，俾众皆知衅非自我开。似宜将此案先后详细情节据实声叙，钧署拟稿必臻周妥。内属国一节，朝鲜与各国立约时均声明在先，各国虽未明认，实已默许，可否于文内轻笔带叙。斯我先派兵非无名，后来各国调停议结亦暗伏其根。汪使应撤回，倭驻京使及各口领事应讽令自去。倭土货多赖华销，应檄行各关暂停日本通商。”[2]

总理衙门接到李鸿章复电后，次日（7月29日）即下令李鸿章转电汪凤藻：“日本击我兵船，业已绝好开衅。出使日本大臣汪凤藻，应即撤令回国。”[3]并拟好对外宣示稿，但仍“未定何日发”。[4]可见，尚在犹豫的并非后来承担千古骂名的李鸿章，而是北京的决策者们。

当日（7月29日），翁的门人、翰林院修撰张謇致信乃师，

---

[1]［美］西格雷夫：《龙夫人：慈禧故事》（秦传安译），北京：中央编译出版社，2005年，第155页。

[2]《北洋大臣来电》，光绪二十年六月二十六日（7月28日）到电报档，《清光绪朝中日交涉史料》No.1252，《中国近代史资料丛刊·中日战争》第3册，第5页。

[3]《军机处发李鸿章转汪凤藻电》，光绪二十年六月二十七日（7月29日）洋务档，《清光绪朝中日交涉史料》No.1260，《中国近代史资料丛刊·中日战争》第3册，第7页。

[4]《翁文恭公日记》，甲午六月二十七日（7月29日）：《中国近代史资料丛刊·中日战争》第4册，第483页。

亦主“即日声明倭人不守约章知照派兵，不遵公法遽先开衅，布告各国绝其交、撤回中使，谢绝倭使”。并建议：“现在必应以十数营进薄韩京，约叶军会攻。韩城不甚高坚，因利乘便，必易得手。”[1]虽属于纸上谈兵，但却秉承了所谓“主战派”的一贯锐气。有意思的是，真正带兵的李鸿章倒多在单纯军事手段之外的断交、禁运（类似今日的贸易制裁）等方面下工夫，追求的是“不战而屈人之兵”或者说是总体战的效果，而从不知兵带兵的秀才们倒在笔端挥斥方遒，相较之下，李之“孤臣”之孤便突显出来了。

即使李鸿章开始主战，他的政敌亦并未停止对他的抹黑。《字林沪报》报道说，其记者在采访中国是否已经宣战时，接到津门洋人消息说，“大宪（指李鸿章）之意，欲俟秋高气爽方可行兵，故百卜并无下书请战之事”。[2]而在一本后来编纂的《龟蔽褊言》中，干脆说：“高升既毁，皇清民闻而哭失声者有之，闻而食不下咽者有之，闻而起舞、愤欲为国致命者，尤不可屈指。民心之固，无如今日者。乃秉钧（指李鸿章）闻笑曰：‘我固谓不可，今意如何？’呜呼！海军之设，秉钧之手也，三十年矣，悲夫！”[3]对李鸿章进行了漫画式的妖魔化。不幸的是，这类典型的黑砖文学，在后来政治需要的推动下，居然成为史料，甚至是我们了解近代史的主要依据。

李鸿章继续造势，高调谴责日本对国际公法的蔑视，他在给驻英公使龚照瑗的指示电文中说：“怡和高升装兵船被倭击沉，有英旗，未宣战，而敢击，亦藐视公法矣。”[4]这成为中国驻外公使们的基本口径。身处伦敦要地的龚照瑗在8月1日给广东制台的

[1] 张謇致翁同龢密函，《中国近代史资料丛刊续编·中日战争》第6册，第451页。

[2]《大违公法》，《字林沪报》，1894年7月29日。

[3]《龟蔽褊言》，同[1]，第555页。

[4]《中国近代史资料丛刊续编·中日战争》第6册，第568页。

电文中谈及："高升事，西人怒言倭残酷。怡和以挂英旗控，英索赔人、船。倭今遣使向英告罪，英查例办。"[1]清政府对于由日本承担此事件责任充满乐观。中国的媒体也高喊日本违反公法，灭绝人性，"日人之惯乘不备，终非堂堂正正之师也"[2]，甚至呼吁"我中国当通告地球大小各国，声其罪而共讨之"。[3]

一个值得注意的细节是，李鸿章在高调宣扬日本违反国际公法的同时，抓紧对旗下商船进行疏散，他想的办法很是一厢情愿：将中国商船挂上英国国旗。为此，英国驻天津总领事宝士德致函驻华公使欧格讷抱怨道："盛道台（盛宣怀）询问中国商船是否可作为汇丰银行的财产挂上英国国旗，还是现在为时已晚？……我答复说主要问题是转籍应是实在的。如果这些船实际上是立即卖掉，那毫无问题；如果转籍的真实性尚有问题，那么很难避免这些船只不受捕获法庭治罪。……道台根本没有把这些船只真正卖给英国的要求。他只是希望汇丰银行为这些实际上是中国公司财产的船只获取英国国籍的保护。"[4]英国人婉言拒绝了李鸿章的要求。

假捷报振奋人心终于宣战

7月30日，一个喜讯传到北京：牙山大捷。翁同龢当天日记记载，接到张荫桓函告："牙军与倭鏖战，杀倭千余，我兵亡百余。"[5]其实，相关消息的来源都是总理衙门所收到的李鸿章电报："叶军与倭开仗，倭兵三千死一千余，我兵伤亡百余。倭兵已往

[1]《中国近代史资料丛刊续编·中日战争》第6册，第570页。

[2]《商轮被袭》，《字林沪报》，1894年7月28日。

[3]《大违公法》，《字林沪报》，1894年7月29日。

[4]《英国外交文件》，《中国近代史资料丛刊续编·中日战争》第11册，第319页。

[5]《翁文恭公日记》，甲午六月二十八日（7月30日）：《中国近代史资料丛刊·中日战争》第4册，第483页。

牙山一战，清军统帅谎称捷报，举国振奋。图为当时上海《点石斋画报》所绘“牙山大胜”

北退。闻叶军要往水原府。”而北京中枢的衮衮诸公们似乎并未细察，李鸿章来电明确说明，其内容转述的是东海关道刘含芳来电，刘的消息来源又是德国商船从朝鲜所带回的华商王香圃，王则是“途遇前充仁、牙[1]巡捕某从牙来云”。从该巡捕到军机处，该消息所经历的五道转口都是风闻而已，但因为李鸿章在电报中加了句“此信当确”，军机处诸公便也当作了捷报庆贺了。[2]

实际上，牙山之战清军大败，这固然和千余精兵随高升号遇难造成军力严重不足、军事部署难以到位有关，但也与前线统帅的意志、部队的野战技能等有关。

但这一假消息所带来的盲目的乐观情绪洋溢在军机处，被耽误多日的断交宣战工作明显加快了步伐，当天（7月30日）总理衙门将发至各国的照会经军机处转呈御览，次日（7月31日）便

[1]［雪珥注］：指仁川、牙山。

[2]《清光绪朝中日交涉史料》No.1263,《中国近代史资料丛刊·中日战争》第3册，第10页。

清军向日军投降。1895 年《字林西报》绘制

照会各国公使谴责并声叙日本无理挑衅之举，照会后半部分指出，日本“在牙山海面突遣兵轮多只，先行开炮，伤我运船，并击沉挂英旗英国高升轮船一只。此则衅由彼启，公论难容。中国虽笃念邦交，再难曲为迁就，不得不另筹决意办法。想各国政府闻此变异之意，亦莫不共相骇诧，以为责有专归矣。今特将日本悖理违法，首先开衅情事始末，备文照会贵大臣，转达贵国政府查照”。[1]

这一天起，中国的报刊终于搞清楚了丰岛惨案的主角居然是英国商船，一时间物议沸腾。在确认了遇难的是高升号后，上海滩上的招商、怡和和太古等著名航运公司皆下半旗以志哀悼，而令人惊异的是，日本轮船会社亦复下旗，《申报》因此斥责其“假

[1]《清光绪朝中日交涉史料》No.1262，《中国近代史资料丛刊·中日战争》第 3 册，第 9 页；《为日本首先开衅事致英国公使欧格讷等照会》，朝鲜档，《中日近代史资料丛刊续编·中日战争》第 5 册，第 31 页。

慈悲”[1]。烟台港的所有船只，也都悬挂半旗，为高升号志哀。[2]有关高升号的各种道听途说的细节充斥在报章上，德国人汉纳根一时间名扬天下，有的报道说汉纳根在船沉后爬到桅杆上，向日本人摇手，但日本人不但不停止射击，反而瞄准他将其击毙，“谅英、德公使必发电日本”[3]，更称日本人因为忌惮汉纳根才在海上设伏。[4]汉纳根获救的消息传来后，各报又纷纷纠正，狼狈不堪。无怪乎日本首相伊藤博文从上海报章首先得知高升号事件后，对海军的妄为大加斥责，海军则以上海报章多不可信为由轻轻推卸。

中国的舆论迅速沸腾起来，各地都出现了一些针对日本人和日本商业的攻击行为。其中，最著名的当属重庆号事件。几名中国士兵在天津塘沽持械强行登上并搜查英国客轮重庆号，将船上日本人悉数带下船去痛殴，引发英国抗议，但几经调查，却发现这些士兵竟是平民冒充，目的是要为在高升号上死难的亲友报仇。事后，中国政府不得不赔礼道歉，并由大沽炮台为重庆号鸣二十一响礼炮。[5]

而各地借反日为名进行骚扰的事件也时有发生。上海《申报》报道虹口区天潼路上由日本人岩田氏赁开的杂货店，就曾被当地流氓十余人入内骚扰。双方发生口角后，流氓就恐吓说：“我们来这里是要把东洋人杀尽！”店主岩田大骇，赶紧报告巡捕房。[6]

尽管群情激奋，大清政府仍在努力维护境内日本人的安全。日本驻上海总领事大越成德接受了《北华捷报》采访，虽然认为因高升号事件而指责日本是中国为了煽动民众的情绪，但也承认，上海道台向他表示将保护在沪日本人。大越成德说，他听到一些

[1]《下旗致悼》，《申报》，1894年7月31日。

[2] *The Sinking of the Kowshing* , *The North-China Herald*, Aug 3，1894，pg 171.

[3]《海战确电》，《字林沪报》，1894年7月31日。

[4]《袭船余闻》，《字林沪报》，1894年8月1日。

[5]［雪珥注］：详见本书重庆号事件一节。

[6]《日店被扰》，《申报》，1894年8月3日。

谣传，说驻沪中国军队将对租界内的日本人采取报复行动，他对此并不相信。同一天的《北华捷报》也报道说，上海本地的中文报纸对于高升号事件十分愤慨，要求政府对日本进行最猛烈的报复。[1]

尽管高升号甚至在北京外交圈也引起了“惊诧与痛苦”[2]，“外国人一致谴责日本人的野蛮行径，要求保护本国的国旗和利益”，但“中国人已经展示了最大程度的宽容，并赢得了在东方的外国人的同情”。[3]

7月31日，总理衙门电告李鸿章已照会日本临时代理公使小村寿太郎：“倭先开衅，致废修好之约，此后与彼无可商之事。殊为可惜！”[4]

日本方面迅速作出反应。同一天（7月31日），日本外务大臣也向驻东京各国公使发出中日两国进入战争状态之通告：“帝国政府为使日清间之争议合理解决，并使彼此关系永远协调，虽曾使用各种光明正大之手段，迄今显然未奏其效。为解决此事，本大臣荣幸地通知阁下：帝国与清国现进入战争状态。”[5]

8月1日，李鸿章致电总理衙门，转告来自仁川英领事的消息，再度确定地报告牙山大捷，翁同龢闻此消息，在日记中写道：“可喜也！”当日，在前线频传的捷报声中，光绪皇帝下达了宣战谕旨：

[1] *The North-China Herald*, Aug 3，1894，pg 166.

[2] *The Times*，August 1，1894，pg 5.

[3] *The Times*, August 3，1894，pg.3.

[4]《清光绪朝中日交涉史料》No.1277,《中国近代史资料丛刊·中日战争》第3册，第13页。

[5]《日本外交文书》第27卷、第687号,《中国近代史资料丛刊续编·中日战争》第9册，第331页。

慈禧太后官方照片

朝鲜为我大清藩属二百余年，岁修职贡，为中外所共知。近十数年来，该国时多内乱，朝廷字小为怀，迭次派兵前往戡定，并派员驻扎该国都城，随时保护。本年四月间，朝鲜又有土匪变乱，该国王请兵援剿，情词迫切。当即谕令李鸿章拨兵赴援，甫抵牙山，匪徒星散。乃倭人无故派兵，突入汉城，嗣又增兵万余，迫令朝鲜更改国政，种种要挟，难以理喻。我朝抚绥藩服，其国内政事向令自理。日本与朝鲜立约，系属与国，更无以重兵欺压强令革政之理。各国公论，皆以日本师出无名，不合情理，劝令撤兵，和平商办。乃竟悍然不顾，迄无成说，反更陆续添兵。朝鲜百姓及中国商民，日加惊扰，是以添兵前往保护。讵行至中途，突有倭船多只，乘我不备，在牙山口外海面开炮，轰击伤我运船。变诈情形，殊非意料所及。该国不遵条约，不守公法，任意鸱张，专行诡计，衅开自彼，公理昭然。用特布告天下，俾晓然于朝廷办理此事，实已仁至义尽，而倭人渝盟肇衅，无理已极，势难再予姑容。着李鸿章严饬派出各军，迅速进剿，厚集雄师，陆续进发，以拯韩民于涂炭。并着沿江沿海各将军督抚及统兵大臣，整饬戎行，遇有倭人轮船驶入各口，即行迎头痛击，悉数歼除，毋得稍有退缩，致于罪戾。将此通喻知之。钦此。[1]

同一天，明治天皇也下宣战诏书：

保全天祐践万世一系之帝祚大日本帝国皇帝示汝忠实勇武之有众：朕兹对清国宣战，百僚有司，宜体朕意，海陆对清交战，努力以达国家之目的。苟不违反国际公法，即宜各本权能，尽一切之手段，必期万无遗漏。唯朕即位以来，于兹二十有余年，求文明之化于平和之治，知交邻失和之不可，努力使各有司常笃友邦之谊。幸列国之交际，逐年益加亲善。讵料清国之于朝鲜事件，对我出于殊违邻交有失信义之举。朝鲜乃帝国首先启发使就与列国为伍之独立国，而清国每称朝鲜为属邦，干涉其内政。于其内乱，借口于拯救属邦，而出兵于朝鲜。朕依明治十五年条约，出兵备变，更使朝鲜永免祸乱，得保将来治安，欲以维持东洋全局之平和，先告清国，以协同从事，清国反设辞拒绝。帝国于是劝朝鲜以厘革其秕政，内坚治安之基，外全独立国之权义。朝鲜虽已允诺，清国始终暗中百计妨碍，种种托辞，缓其时机，以整饬其水陆之兵备。一旦告成，即欲以武力达其欲望。更派大兵于韩土，要击我舰于韩海，狂妄已极。清国之计，唯在使朝鲜治安之基无所归。查朝鲜因帝国率先使之与诸独立国为伍而获得之地位，与为此表示之条约，均置诸不顾，以损害帝国之权利

[1]《清光绪朝中日交涉史料》No.1289,《中国近代史资料丛刊·中日战争》第3册，第16页。

> 利益，使东洋平和永无保障。就其所为而熟揣之，其计谋所在，实可谓自始即牺牲平和以遂其非望。事既至此，朕虽始终与平和相终始，以宣扬帝国之光荣于中外，亦不得不公然宣战，赖汝有众之忠实勇武，而期速克平和于永远，以全帝国之光荣。[1]

宣布诏书之日，明治天皇特遣敕使到伊势太庙和孝明帝陵奉告宣战之事，《申报》闻此事，称日本为俘获“既小且旧，为中国所不甚爱惜”的操江号而奉告先祖，如此小事，“言词夸诞欺及先人”，先人“泉下有知，当深恨子孙之国祚将倾，为之痛哭流涕矣，祭告胡为者？”[2]

中国海军严查中立国轮船

宣战当天，总理衙门照会英、法、俄、美、德等各国公使，要求各国速告知本国，无论商船还是军舰行经中国洋面或各海口，应由各口领事官先将船名、旗式、船桅、烟筒、船身颜色，及何时驶往何处，知照海关监督转行各该处地方官，以便临时辨认，以防止日本舰船假冒他国旗号。此前已有德国船只向中国报告说发现日本船冒用英国旗号。照会并声明：“倘不先知照旗式一切，仓促难辨真伪，恐难免误伤之虞。此中国慎重防务之意，各国当亦见谅。”[3]

中国对自己此举还不是很踏实，遂求教于国际法专家、荷兰首任驻华公使费果荪。费果荪回信确认，国际法保障了交战国在

[1]《日本外交文书》第27卷、第610号，《中国近代史资料丛刊续编·中日战争》第9册，第283页。

[2]《欺及先人》，《申报》，1894年8月23日。

[3]《为日本船冒用英旗事致英国公使欧格讷等照会》，朝鲜档，《中国近代史资料丛刊续编·中日战争》第5册，第32页。

Mr. Gresham to Mr. Denby, chargé.

DEPARTMENT OF STATE
Washington, August 29, 1894

SIR: The action of the Government of Japan, in committing the interests of its subjects in China to the care of the diplomatic representative of the United States during the existence of hostilities between China and Japan, renders it expedient that you should be instructed as to the nature of your duties in the delicate situation in which you are thus placed.

The Japanese Government, when it solicited the interposition of our diplomatic representative in China in behalf of Japanese subjects during hostilities, was informed that such interposition would be permitted with the consent of the Chinese Government. Such consent has been given. Moreover, the diplomatic representative of the United States at Tokyo has, at the request of the Chinese Government, and with the consent of the Government of Japan, been charged with the care of the interests of Chinese subjects in the latter country pending hostilities.

The function with which you are thus charged, with the consent of the Government to which you are accredited, is one that calls for the exercise of personal judgment and discretion. It is an unofficial, not an official, function. A minister of the United States can not act officially as the diplomatic representative of another power, such an official relation being prohibited by the Constitution of the United States. But, apart from this fact, the circumstances under which the function in question is to be

1894 年 8 月 29 日美国国务院致驻华公使的电报，讨论日本请求美国护侨事宜。来自美国国务院外交文件原件

Numb. 26540 4599

The London Gazette
EXTRAORDINARY.

Published by Authority.

TUESDAY, AUGUST 7, 1894.

By the QUEEN.
A PROCLAMATION.

VICTORIA, R.

WHEREAS We are happily at peace with all Sovereigns, Powers, and States;

And whereas a state of war unhappily exists between his Majesty the Emperor of China and His Majesty the Emperor of Japan, and between their respective subjects and others inhabiting within their countries, territories, or dominions;

And whereas We are on terms of friendship and amicable intercourse with each of these States, and with their subjects and others inhabiting within their countries, territories, or dominions;

And whereas great numbers of Our loyal subjects reside and carry on commerce, and possess property, and establishments, and enjoy various rights and privileges, within the territory of each of the aforesaid States, protected by the faith of Treaties between Us and each of the aforesaid States;

"This Act shall extend to all the dominions of Her Majesty, including the adjacent territorial waters.

"*Illegal Enlistment.*

"If any person, without the licence of Her Majesty, being a British subject, within or without Her Majesty's dominions, accepts or agrees to accept any commission or engagement, in the military or naval service of any foreign State at war with any foreign State at peace with Her Majesty, and in this Act referred to as a friendly State, or, whether a British subject or not, within Her Majesty's dominions, induces any other person to accept or agree to accept any commission or engagement in the military or naval service of any such foreign State as aforesaid—

"He shall be guilty of an offence against this Act, and shall be punishable by fine and imprisonment, or either of such punishments, at the discretion of the Court before which the offender is convicted; and imprisonment, if awarded, may

英国女王宣布在中日战争中中立。刊于 1894 年 8 月 7 日官方《伦敦公报》

相应海域检查中立国船只包括军舰在内的权利，而且各国国内法也都禁止将本国旗帜用于非本国的船只上。[1]

李鸿章随即发布了具体指令，要求中国军舰“在朝鲜洋面遇见各国轮船，先开空炮一响，务请该船即刻停轮，候我派员到船查问是否倭寇假冒后即可启轮。如是即便稽查，而又不失交谊，中西均受裨益”。[2]

中国军舰遂在中国洋面及交战区洋面上对各国船只实行检查，不料这一检查后来在台湾海域引起一场绝大的中英之间的纷争，这就是巴山号事件，此处暂且按下不表。

中日正式宣战后，两国政府均委托美国代为保护居住于敌国的商民的合法权益，皆经美国政府同意。8月4日，总理衙门照复美国公使田贝，允准“保护在各口之日本臣民免受凌虐”，并对于“日本人之现在满洲、蒙古地方游历寄寓者”，亦“一体保护，俾其各得平安旋回各口”。[3]随后，欧美各主要国家，除俄国外，皆先后声明局外中立。

为了争取西方，中国在宣战之后更加强了对西方人的保护。8月3日，总理衙门向各公使馆致送保护各国商民教士之照会，内称：“现与中国寻衅者只日本一国，此外有约各国悉皆交好如常。凡各国商民教士之在中国境内者，中国均应照约保护。本衙门已电达北洋大臣，分电各直省将军、督、抚知照，预为告诫，毋令愚民误会，别酿事端。仍祈贵大臣转饬各口领事官，晓谕各本国

[1]《和使费果荪为论交战国对局外各国船只驶近时有盘查辨认之权利照会》，光绪二十年七月初七日（8月7日），《中国近代史资料丛刊续编·中日战争》第5册，第44页。

[2]《北洋大臣李鸿章为兵舰在朝鲜洋面遇各国轮船拟开空炮示令停轮稽查事咨》，光绪二十年七月九日（8月9日），《中国近代史资料丛刊续编·中日战争》第5册，第48页。

[3]《总理衙门致美国署公使田贝照会》，朝鲜档，No.2016，转引自戚其章：《甲午战争史》，第80页。

商民教士照常办事，勿因日本开衅致为惶惑可也。”[1]

而此时，一件惊动皇帝的涉外刑事案却发生在辽阳。

案件由吉字营练军中士兵王江等引起，8月10日（农历七月初十）该部队过辽阳，王江等上街游逛，适值英国教堂开讲，王江等进内听道，与教民辩驳争论起来，直至互殴，双方均有负伤。英国教士李雅各见教堂有兵滋扰，便同教民一起准备报官控告，被王江等拦截痛殴，致李雅各等重伤，地方官出面弹压后散去。当晚，清军中清查肇事者，但人人否认，加之军情紧急，便于次晨先行开拔。随即，根据地方官控认，将王江、恩顺等逮捕。

李雅各伤重不治，于8月16日死亡。至此，事情闹大，惊动北京，当此最需要英国助力之际，光绪皇帝亲自下令严办。9月3日，钦差大臣定安奉旨，在奉天省城会同盛京将军审理此案。审理结果是，王江按同谋共殴人且为首犯，判绞监候，又因其为出征在途骚扰，按军律应即行正法；其余人等各判近边、远边充军、鞭责不等；连带多名带队军官革职处分。[2]

战事一开，部分地区排洋情绪被激发出来，因此军政当局秉承外交无小事原则，多有训令保护好西方人的利益。如靠近前线的双城堡协领，便曾在各通衢要道发布告谕，并派出员弁上街巡逻。[3]

全国上下抓特务

高升号事件一出，中国官方注意到了日本的间谍行动，亡羊补牢，除了加大侦破力度外，首先就是管制电讯。

---

[1]《为中日开衅各国在华商民教士仍照约保护事致英国公使欧格讷等照会》，朝鲜档，《中国近代史资料丛刊续编·中日战争》第5册，第37页。

[2]《中国近代史资料丛刊续编·中日战争》第4册，第56页。

[3] 同[2]，第76页。

7月28日，津海关道盛宣怀致电总理衙门：“倭人狡谲，各口有人改装侦探，用洋文密码电，大碍军情。若专禁倭电，仍可托名他国人传递；自应照公例，禁止一概密电。但恐各公司、总税司须发有益中国之密电，似应通融。现奉傅相通饬各局，除中国有加官报及驻洋各钦差官报密码照发外，无论华洋文密码商报，均不准收；明码各电，查明如有关涉军务，立即退还。至各国公使、总税司有益密电，京总署、津督署特允收发者，请由两署加印，饬局代发；各国来报亦须奉两署特饬准收，仍送两署转交。此外密电概不准收。”[1]

对密码电讯的管制，其实给日本间谍的干扰并不甚大，为防招疑，除通过领事机构用密码拍发外，他们并不直接采用密码电报，而多用商业术语来指代军情，如“北部上等品”指奉天府之兵，“杂货”指炮兵，“酒类”指骑兵，“卖”指兵赴朝鲜，“买”指兵赴山海关，等等。[2]电报的管制，令各国使馆的通讯大受影响，英国公使欧格讷所拍发的关于总理衙门召见的紧急电报也被延误。

其实，日本在战争前夕就已经破获了清廷的电报密码。

根据后来官至外务省政务局长的中田敬义于1938年披露，1886年，北洋海军访问长崎并与当地日本警察发生流血冲突，中国的电报密码便曾被一名叫吴大五郎的日本人窃取。1894年开战前，日本外交大臣陆奥宗光向中国驻日公使汪凤藻递交“第一次绝交书”，这是一封长信，日本人故意主动将此翻译成汉文，译者就是中田敬义。次日，汪凤藻向国内发了一封很长的电文，日

[1] 光绪二十年六月二十六日（7月28日）到电报档，《清光绪朝中日交涉史料》No.1255，《中国近代史资料丛刊·中日战争》第3册，第6页。

[2]《日奸通报军情之暗码注释单》，朝鲜档，《中国近代史资料丛刊续编·中日战争》第5册，第201页。

本方面截获此一密码电报，并将其与原信相对比，终于破获了中国的密码。因此，整个甲午战争期间，日本对中国的密码通讯，至少是外交系统的密码通讯，一览无余，这在整个战争期间乃至后来的马关谈判期间，对中国造成了巨大的影响，而中国方面毫无知觉，甚至至今中国研究界也没有重视这一线索。[1]

主持破译该密码的电信课长佐藤爱麿，也是日本外交史风云人物，后作为日本全权代表出席1907年6月的第二次海牙万国和平会议，此后又担任过驻美大使。其养子佐藤尚武曾担任日本外务大臣及二战中后期任驻苏大使，苏军挥师攻入中国东北，他是第一个得到消息的日本人，估计当时的心情该是五内俱焚的。

在管制电讯的同时，中国官方加大了反谍力度。

7月30日，李鸿章致电请示总理衙门："自五月初至今，日派奸细二三十分赴各营各处侦探，并有改装剃发者。狡诈可恶！拟令出境，以杜诡谋。如再有影射奸探，即行查捕。"[2]总理衙门立即批准，并行文全国督、抚、将军、大臣："本衙门查两国开战，虽有互保人民之条，而稽察奸宄，尤应严密。倭人狡诈，是其惯技，所有沿海沿江及内地各省倭人足迹能到之地，均应一体防缉，以重防务。此为公法所准。况倭系同文之国，须发睛准与华民相类，防范自应加严。除照会美国公使外，相应咨行贵督、抚、将军、大臣，饬属严密访查。如有日本奸细改装剃发，潜匿民居、客寓或庙寺等处，各该地方官立即查拿监禁看管。仍呈报本衙门以凭办理可也。"[3]

靠近前敌的东北对反谍尤为重视，吉林将军长顺发布命令：

---

[1]［日］中田敬义：《日清战争的前后》，转引自［日］中塚明：《日清战争是怎样发生的》，天津古籍出版社，2005年。

[2]《北洋大臣来电》，光绪二十年七月初一日（8月1日）电报档，《清光绪朝中日交涉史料》No.1287，《中国近代史资料丛刊·中日战争》第3册，第5页。

[3]《总理衙门行北洋大臣文》，朝鲜档，No.2051，转引自戚其章：《甲午战争史》，第77页。

“倭人奸细甚多，假装韩民，戴大席帽子，穿朝鲜衣服，赴旺京北路而去…… 饬边界官兵，严密查拿。”[1] 同时还开出赏格，“倘遇倭寇前来窥伺，尔等务宜合力同心，即时拿获，准予格杀勿论。其已经拿获杀死者，每首级一颗，赏银十两；生擒者，每名赏银五十两，应即报明就近旗民各衙门验明首级，其生擒者讯究正法，一律枭首悬杆示众，所得赏银照数给领。如果倭寇众多，首先报请派兵剿灭者，另予奖赏。本督办将军，言出法随，决无虚语，各宜懔遵。”[2]

全国上下一时敌忾之气，日本间谍网遭遇巨大破坏。

随即，几起日本间谍案先后宣告侦破，而首当其冲的就是与高升号有关的石川伍一案。8 月 15 日李鸿章向总理衙门报告：“津郡拿获倭人奸细名石川剃发改华装已久，专探军情，研讯狡不承认；俟有确供，即严办。”[3]

案件迅速引起光绪皇帝的关注。8 月 28 日，军机处将谕旨电寄直隶总督李鸿章、两江总督刘坤一：“有人奏，天津军械所书吏刘姓，暗中通寇，传播军情。又有向为鬼奴、现在捐纳江苏候补道，亦与倭人暗通消息等语。着李鸿章、刘坤一确切访查姓名，如果实有此事，即行分别参办。钦此。”[4]

9 月 1 日，光绪皇帝再向李鸿章发出密谕：“李鸿章电奏，七月间拿获改装倭人义仓告，又名石川伍一，供出向在洋行贸易，改装多年，领事行后，租界不能住，因托王大代觅书吏刘姓之屋

[1] 吉林将军衙门档，光绪二十年七月二十八日（8 月 28 日），《中国近代史资料丛刊续编·中日战争》第 4 册，第 46 页。

[2] 同［1］。

[3]《北洋大臣来电》，光绪二十年七月十五日（8 月 15 日）到电报档，《清光绪朝中日交涉史料》No.1389，《中国近代史资料丛刊 · 中日战争》第 3 册，第 37 页。

[4]《军机处电寄李鸿章刘坤一谕旨》，光绪二十年七月二十八日（8 月 28 日）电寄档，《清光绪朝中日交涉史料》No.1499，《中国近代史资料丛刊 · 中日战争》第 3 册，第 70 页。

暂住等语。领事既行，该犯何以不随同回国，仍复溷迹寄居？情殊可疑。着李鸿章督饬严行审讯，如究出探听军情等确据，即行正法。王大、刘姓如有通同情弊，并须按律惩办，不得稍涉宽纵。将此密谕知之。钦此。”[1]

石川一案破获后，受托为中日两国在对方国家照管侨民的美国，出人意料地插手此事。根据美国公使田贝指令，其驻天津领事于8月29日发函李鸿章，要求将石川释放回日本，理由是“日本声称此人并非间谍”。李鸿章命津海关道盛宣怀处理此事，盛宣怀在发给美国领事的回函中，对美国的要求进行了有理有据有节的严词驳斥，是一篇精彩的外交交涉文章：

本道查《中日修好条规》载明，两国商民，均不准改换衣冠。是两国和好，尚然有此禁例。现在两国失和，忽然改装易服，潜匿民家，四出窥探，其意何居？况日本领事出口之后，日本人之在中国口岸者，已由贵国兼理。该犯石川尽可安寓租界洋行，何以假冒华人，私至城内居住？日本小村公使出口之后，本道曾与贵领事面谈，日本人现留天津者尚有若干人，须告知本道以便查察。当时丁副领事在座，转译贵领事语意。答称：“天津人心浮动，诚恐事出意外，所有日本人之在天津者，均已随同小村回国”云云。何以该犯石川独不同行，且不令贵领事知其住处？尤属令人不解。至该犯被获之时，形迹可疑之处，不一而足，其为间谍无疑。贵国外部告知我驻美杨大臣云：“保护二字，公使与领事勿得误会。倭人图谋中国，干犯律例，不得恃美官为护符”等语。想田大臣等必当遵照。石川一犯自应由中国官密访确情，彻底根

[1]《军机处密寄李鸿章上谕》，光绪二十年八月初二日（9月1日）洋务档，《清光绪朝中日交涉史料》No.1525，《中国近代史资料丛刊·中日战争》第3册，第81页。

李鸿章及其子李经方（小图）

究，未便遽行开释。[1]

9月17日李鸿章报告了情况："前获倭人石川伍一，饬县屡讯，供词狡展。须将奸细确证予以死罪，始无碍在倭华民。八月初四日（9月3日），饬津海关道盛宣怀严密根究，传到崔姓等，曾在倭武员处服役。人证确凿，即提石川伍一，与已革书吏刘棻质讯，无可狡辩，始均供认：前驻津之倭海军武员井上敏夫等曾嘱石川伍一转托刘棻，私抄中国海军炮兵数清单，给过谢礼。宣战后，倭员回国，留探军情，改装华服，以七月初四日（8月4日）潜

[1]《盛宣怀致美国领事回函》，《中国近代史资料丛刊续编·中日战争》第5册，第82页。

行至刘棻家藏匿，当日即被军械局会同官弁获住等语。严讯王大，并无知情同谋。初九日（9月8日），奉电旨，复审石川伍一等，供均如前。……石川伍一拟按公法，用枪击毙；刘棻即行正法。”[1]

9月20日（八月廿一日），石川伍一及刘棻在天津被处决，轰动全国，报章均有报道。《字林沪报》报道称，当日11时，两犯被绑赴刑场，刘棻在前，石川在后，天津城守官骑马带领小队枪刀剑戟防卫前导，行刑后“至三刀，首始落地，但闻一片声叫好不绝”。[2]《申报》则说石川是“绑赴西校场，由督辕亲兵开枪轰毙”，刘棻绑赴西郊斩首。[3]

当日，李鸿章将该案所有案卷包括两人的供词等呈交总理衙门。[4]

在这一重大间谍案的处理过程中，李鸿章的政敌们对他进行了全面的攻击。9月17日总理衙门收到给事中洪良品《奏李鸿章贻误军机请再简知兵大员添募重兵水陆并进折》，折中称：“……在其家（刘棻）搜出私信一函，所有高升轮船兵若干、带兵官姓名，并所带物件以及青菜若干斤，均详信内，其为与之暗通无疑。刻下业已讯明，李鸿章不听正法，现押在天津吏兵二房，每日供给甚丰。复又拿获日本奸细六名，地雷一具，李鸿章不独未杀，并每人送路费一百元，闻该督以‘杀了要赔钱’为辞。独不思现奉上谕，有日本轮船入口放炮轰击之旨；且前中国之船过海被其击沉一只，损兵无数，彼何为不计赔偿地步乎？谓非有心纵奸而

[1]《北洋大臣来电》，光绪二十年八月十八日（9月17日）到电报档，《清光绪朝中日交涉史料》No.1597，《中国近代史资料丛刊·中日战争》第3册，第100页。

[2]《倭奸枭示》，《字林沪报》，1894年9月25日。

[3]《倭奸正法》，《申报》，1894年9月27日。

[4]《北洋大臣李鸿章咨文》，《中国近代史资料丛刊·中日战争》第5册，第90页。

何？……至李鸿章志存和局，致诸将观望不前。”[1]客观地说，该案中的主犯之一刘棻身处北洋要津军械局，虽地位低下不可能直接接触机密，但依然令李鸿章十分尴尬，但要说他纵容日谍，也是无据可查的。这正如此前他的对手们指责他接受日本贿赂，及他的长子李经方与日本皇室通婚等，最后均查无证据。但即使在近来的有关论述中，有人甚至误将刘棻作为李鸿章外甥，还绘声绘色地描写了如何到李鸿章的保险箱里盗取高升号等重要情报，那当是小说家戏言了，当不得真的。[2]

[1]《给事中洪良品奏李鸿章贻误军机请再简知兵大员添募重兵水陆并进折》，光绪二十年八月十八日（9月17日）到电报档，《清光绪朝中日交涉史料》No.1614，《中国近代史资料丛刊·中日战争》第3册，第108页。

[2]《大清国遭遇日本间谍群》，北京：解放军出版社，2002年。

第六章

伊藤博文对海军拍案痛骂

浪速舰击沉高升号，究竟是舰长东乡平八郎的临机决策，还是奉命所为？

根据史料，东乡平八郎所奉的原命令是将高升号带回总队。日本联合舰队司令伊东佑亨在答复英国远东舰队副司令斐里曼特的愤怒质问时，就承认“浪速号舰长当时并未接到命令，只是凭一时冲动行事，但事实证明他的行动是有道理的”。[1]

日本首相伊藤博文

从常理上讲，无论日本人如何决意挑衅，都预料不到一艘毫无武装能力的商船居然敢违背军舰的指令，即使日本海军事先计划伏击该船，应当也只是想掳获而已，不至于计划击沉，尤其当这样的运输船还是英国船籍时。

但在得到舰长、游击分舰队、联合舰队、海军部的逐级报告之前，日本中央政府却从上海的西方媒体中首先获悉此事，当然是震惊万分。

[1]《英国外交文件》,《中国近代史资料丛刊续编 · 中日战争》第11册，第139页。

据上世纪三十年代出版的《中日海战史料》记载，日本大本营首先从上海电讯而非海军报告中得知高升号事件。接获消息的日本首相伊藤博文极为愤怒，担心会因此遭到列强干预，尤其担心引起英国报复，因此痛斥日本海军大臣西乡从道。

英国政府的外交档案也证实，这一事件发生后，日本最害怕的是英国由此与中国结盟。

《中日海战史料》详细记载道，第二天西乡从道到海军部，召见海军部主事山本权兵卫，将伊藤召见训斥告知，说伊藤早晚会找你质询的。

日本海军大臣西乡从道

果然，伊藤派人请了山本到永田町首相官邸，将上海的电报给他看，说："海军真的已经做出了这么麻烦遗憾的大事来，这可能会引起国际问题，给日本的立场增加困难。想听听你的意见。"伊藤神情狼狈，大不像平时。

山本则说："此事已经从西乡大臣那里听到一些了，但海军部现在还没有接到任何电报，更不要说予以考虑了。就算真有事态，我们军舰要击沉英国商船，想来也不会没有正大的理由。向来上海电报虚报捏造者多，如果仅根据此电报来考虑行动，似乎为时过早。如果被打沉的是俄国船，事件就不容易解决，英国船应该不至于会扩大。因为英国常以先进文明国家自诩，可以和他们冷静探讨事件真相后妥善处理。而俄国就不同了，其当事者总是将自己的功名放在首位，经常在找可乘之机以利己，不能不防。幸好现在是英国，应该没有繁重的国际问题，我可以这样断言。"

伊藤听了山本的话，虽然觉得有理，但还是不放心，突然问：

日本海军部主事山本权兵卫

“你研究过国际公法吗？”

山本答说：“没有，我没有研究过国际公法，只是觉得这一事件除了先搞清楚事实真相，再按相互尊重原则以常规来善后外，没有别的办法。至于法律问题，外间有法律专家，就是国际公法，恐怕也要先探求事实、明了真相，不可以滥用。总之，舰队的正式报告日内就该到达海军部，现在就匆忙开始讨论，岂非事前徒劳？”

山本说服伊藤后，遂返回海军部。到部后，他收到伊东舰队司令发来的有关丰岛战况的电报，电文说：“我坪井司令官率吉野、浪速、秋津洲三舰，于丰岛邂逅清国军舰三艘，我正准备礼炮，而清舰乃作战斗准备，迨彼此接近，遂以炮火相见……”

山本见这电文难以自圆其说，不能回避日本海军的责任，就亲自提笔修改：“我坪井司令官率吉野、浪速、秋津洲三舰，于丰岛邂逅清国军舰三艘，我正准备礼炮，而清舰乃作战斗准备，迨清舰济远舰经我队侧面，突放其尾部鱼雷，袭击我舰队，因之我为自卫而应战，遂以炮火相见……”

山本改好后，经西乡审阅，发给各个部门。

伊藤对于此事件的焦虑，还可以从7月28日由山本转交给西乡的信中能看出：“径启者，八重山归航之后，战斗情况当可详细明了。唯所急欲知者，顷间曾谓英国国旗云云。该船果载有清兵千五百人欤？该船船员中只英人二名，于船沉时是否已经死亡？又士兵全数皆已溺毙欤？请火速电询。据传闻该船并非载有军队，只载有煤炭，殊为悬念不已，祈迅予逐条一一见告。若俟英国照会到时，将于全局不利，至难解决。匆匆函达。此致。海军大臣。7月28日午后5时30分。博文。”[1]

但在刊登《中日海战史料》的同一杂志《海事》上，此前所刊登的《晨园漫录》，在谈及此事时却在一些细节上与《中日海战史料》有出入。《晨园漫录》说，伊藤博文是在接到英国公使的抗议后才知道高升号事件的。他极为愤怒，立即召见海军大臣西乡从道到首相官邸，示以英公使之抗议，并说值此重大危机之时，东乡平八郎竟然敢击沉英国商船，实在是轻举妄动，望速将该舰长免职，以谢英国政府。

西乡则说：“此事看到英国抗议才知，如此重大事件，舰队和舰长都应该有详细报告，希望报告到后再说。”

伊藤博文不得要领，一整天惴惴不安；次日，干脆自己到海军大臣家去问报告是否已到，并催促西乡赶紧处分东乡。西乡还是说电报没到。

第三天，伊藤博文再次到西乡家去，态度很急，说：“前方的报告虽然不完备，但英国轮船被我们打沉是事实，现在英国舆论对我们很不利，我现在不得不相机处置，以平息英国的愤怒。”

西乡却不以为然：“我连自己部下的报告都没接到，就根据

[1]《海事》月刊第9卷第6期，《中国近代史资料丛刊续编·中日战争》第6册，第32页。

外电的报道来处分事件相关者，这是不可能的，必须等他们的报告。”

伊藤博文作色道：“一个舰长的事情都拖延不办，万一失去机会，陷国家于危险地位，究竟谁能承担这个责任？”

西乡说：“那就我来承担，请你放心。”

伊藤博文拂袖而去。

舰队和东乡的报告到后，日本发表声明说没有违反国际法。[1]

《中日海战史料》和《晨园漫录》所辑录的这两个版本都很详尽生动，但查日本和英国的外交文件，直到7月28日日本才向英国正式通报中日丰岛开战之事，亦并未说明日舰击沉了英国商船。

大江志乃夫的《作为东亚史的日清战争》[2]一书中，倒是转引了日本海军史中的同样说法。可见，军方击沉高升号的行为确实令日本政府十分震惊和担心。

因中国封锁密码电报，英国外交部7月29日才收到驻华公使就高升号事件的首份报告，但英国外交部副部长柏提7月30日在议会接受质询时，只说“未听说宣战，但一些日本军舰俘获了一艘中国军舰，并击沉了一艘运兵船”，如知晓被击沉的是英国商船，不可能不言明的。[3]日本政府在7月31日才向英国驻日代办巴健特通报了高升号事件，同时命令日本驻英公使青木周藏向英国外交部做同样通报。因此，在英国抗议之前日本政府居然对高升号一无所知的说法当不完全，但客观上日本军方的行动多少是超出政府的控制的。

---

[1]《晨园漫录》说明是载于《海事》第五卷第七期，《中国近代史资料丛刊·中日战争》第6册，第81页。

[2]《東アジア史としての日清戦争》，第356页，立风书房，1998年。

[3]《英国外交文件》，《中国近代史资料丛刊续编·中日战争》第11册，第95页。

《中日海战史料》在叙述日本接到英国舰队司令的抗议信后的反应，就更生动地描写了日本军人的狂妄。伊东收到这份抗议后，由海军部交给内阁讨论，山本应邀出席，并提出："悬挂英国旗帜的船只，当然受英国舰队保护监督。但日清两国已经进入战争状态，而英国船只还在运送清兵，想必这不会是英国舰队司令的意思，而只是轮船公司营业牟利而已。万一这件事情处理对我们不利，也不过就是对船只损失进行赔偿而已。何况事实上该船运送清兵，命令它停轮随航又不服从，而且还采取敌对行动。如果浪速在处理时迁延踌躇，反而倒有招来重大事变的危险。而且，浪速在击沉高升后，还拯救了人命，毫无遗憾。从任何观点看，我舰都没有违反公法。"

于是，内阁接受山本的意见，由海军大臣训令伊东，对英国舰队司令答复："我舰队唯依战时大权之发动，遵照命令以从事耳。至若国际问题，请介诸贵国公使，经由外交机关交涉为盼。"

日本内阁和大本营方面，还是担心将来有同样事情发生，引起国际纠纷，不利于日本外交处境，就由海军部不取军令形式，单由海军大臣发布内训，向伊东传达了今后必须慎重的要求。当该内训到达舰队，伊东召集各舰长传达时，浪速舰长东乡站起来质问道："万一以后遭遇类似高升号这样的第三国船舶，搭载清国军队及军需品，敢问我军舰究竟该如何处理？"

伊东被东乡一质问，面顾左右，无词以答。

当时西海舰队司令长官相浦见此僵局，打圆场道："这样的事，当然要考虑到的，到时可以采取随机应变，今天无非就是传达内训而已，暂时不要展开讨论。"

东乡道："那好，今天就先传达内训吧。"[1]

经查阅刊登《中日海战史料》的《海事》月刊，该文所用文献均未注明出处，作为信史来使用可能相对缺乏力度，但即使当

[1]《中国近代史资料丛刊续编·中日战争》第6册，第32页。

作野叟村言来看，也依然比较神似，至少反映了中国人对日本的理解。其中所描述的日本对于事件经过的篡改，编造济远舰突然向浪速舰施放鱼雷，在日本的外交文件中也能找到依据。[1]

遗憾的是，中国官方于五十年代和九十年代先后两次组织庞大人力编纂的中日战争史料集，分别选用了《海事》月刊的《中日海战史料》和《晨园漫录》，两文作者本就失考，又文无出处，但在史料编辑过程中依然没有对其进行考订，或对其可信度有个说明，以利史学者谨慎引用。

从陆奥宗光的回忆录《蹇蹇录》中，我们能看到，日本人所在乎的并非与清军的冲突，但却对高升号事件可能招致英国的干预大为恐惧。

日本委托英国驻日本代办巴健特向中国转交最后通牒后，海军大臣西乡从道曾问陆奥宗光："若日本舰队在最后通牒期满后，与中国舰队遭遇，或中国有再增兵的事实，而立即开战，在外交上有无为难？"

陆奥宗光答称："从外交顺序来说并无任何障碍。"

陆奥回忆道："这次海战，是中国军舰先向我军舰袭击而开始的。姑不论其胜利属谁，其是非曲直已经十分清楚，故在战时国际公法上我国没有招受任何非难的顾虑；但是，和这个捷报差不多同时接到的报告中，最使我国官民大吃一惊的，是我国军舰浪速号击沉悬挂英国国旗的一艘运输船的消息。……在最初接到在丰岛海战中我国军舰击沉悬有英国国旗的运输船的报告时，都想到在日英两国间或将因此意外事件而引起一场大纷争，任何人都深为惊骇，因而有很多人主张对英国必须立即给予能使其十分满意的表示。"[2]

[1]《中国近代史资料丛刊续编·中日战争》第9册，1993年，第344-346页。

[2]《蹇蹇录》，第71页。

7月28日，他在写给伊藤博文的信中说，“此事关系实为重大，其结果几乎难以估量，不堪忧虑”，并提出停止增兵，在前线与清军脱离接触，以免欧洲列强干预。[1]

因此，无论《中日海战史料》所记载的日本政府对军方的不满细节如何，有一点是可以肯定的：军方的确给政府制造了一个巨大的、足以改变战争走向的麻烦。在陆奥宗光的回忆录《蹇蹇录》中，高升号事件是唯一被详细记录的战例，因为“将来有成为国际公法上作为争论基础的事实”。[2]可见日本对此一直是忐忑不安的。

东乡平八郎：麻烦制造专家

这场“麻烦”的制造者东乡平八郎，与他的中国对手们一样，也是一位留英的“海归”。这位日后的日本军神[3]，十八岁（1866年）加入萨摩藩海军，明治维新后远渡英伦学习海军。

这一批日本最早的海军留学生，出发前收购洋人的旧军装打扮自己，而东乡因为个子瘦小，那些大号的洋装令他看起来像个戏子，那双靴子也大得足以一只容下他的两只脚，走起路来简直是受罪，他一外出，便令众人莞尔。长崎的一位洋人看不过去，乃用自己家孩子的小号衣履换下了东乡不合适的打扮，这才让他可以正常走路。[4]

他与另外十六名日本学生一起到达英国，在伦敦补习了英文后，1872年到普利茅斯，担任伍斯特舰[5]的见习生。该舰属于泰晤士航海培训学院。尽管水土不服，被同学称为 Johnny

[1]［日］藤村道生：《日清战争》，第90页。

[2]《蹇蹇录》，第70页。

[3]［雪珥注］：另一为陆军的乃木希典。

[4]《东乡平八郎》，井上哲次郎，成功杂志社，约1906年。

[5]［雪珥注］：HMS Worcester，1473吨，50门炮的双层甲板战舰，有资料误以为是“伍斯特学校”。HMS是Her or His Majesty's Ship的简写，即皇家舰队。

东乡平八郎在日俄战争中担任联合舰队司令，奠定日本海军“军神”的地位。图为 1905 年法国画报 *Le Petit Journal* 报道其凯旋的盛大场景

Chinaman，但他还是以惊人的毅力以全班第二名的成绩毕业。1875 年，乘练习舰汉普郡号环航全球。随后到朴次茅斯的皇家海军学院和格林威治皇家海军学院进修，并在剑桥学习数学（未进入大学）。期间，日本政府向英国定制三艘军舰，东乡平八郎在监督建造的过程中提高了自己的业务水平。

1878 年返回日本后，他逐渐升职，1884 年任天城舰舰长，曾至上海、福州和基隆等地观察中法战争情况。

1886 年和 1891 年，北洋舰队两次访问日本，军威赫赫，龙旗飘扬，令日本朝野大为敬畏和震撼。1886 年的访问，还因中国水兵与日本警察的大规模流血冲突，酿成长崎事件。在中国武力威胁和英、德公使的调停下，日方被迫支付大部分赔偿费用，深受刺激，视为国耻，打败北洋舰队甚至成为日本孩子的游戏主题。而在 1891 年的访问中，一个未经证实却流传甚广的故事，是说东乡平八郎发现中国军人在军舰的主炮上晾晒衣服，由此得出北洋海军管理混乱、纪律松懈的结论。但无论北洋舰队是否在主炮上晾衣，已经确定了“征清策”的日本，已经将北洋舰队作为第一敌手了。

高升号事件令东乡平八郎成为少数被国际舆论关注的日本军官。海战史专家们比较公认的是，高升号事件中的不宣而战，是日本将“偷袭”确定为国家海军军事战略准则的肇始。其后的对俄作战偷袭旅顺港、“九一八”事变偷袭北大营、对美作战偷袭珍珠港等等，偷袭无不成为日军的最大特点，并与虐杀平民的特性一起，构成了日本军队最为世人不齿的恶魔属性。

海外军史界普遍把东乡平八郎看成福将，他几乎是不断地从冒险中平安渡过。日俄宣战前，他担任日本联合舰队总司令官，策划了突袭旅顺港行动，一夜之间摧毁俄国两艘铁甲舰、一艘巡洋舰。在日本海军堵塞旅顺港出海口、期望歼灭港内的俄国第一太平洋舰队时，前来增援的俄国第二太平洋舰队[1]，在开进对马海峡时，居然因为医疗船上的俄国贵妇们无视灯火管制，被日军侦察发现。东乡下令发动突击，在旗舰三笠号悬挂起著名的 Z 字形战斗旗帜，“皇国兴废在此一战，各君努力奋勇杀敌”，几乎全歼俄国第二太平洋舰队。

东乡平八郎因此役成为世界海军名将，得到“东方纳尔逊”[2]之誉。他在战前的练兵宗旨，“百发百中的一门大炮，要胜过一百门百发一中的大炮”，也成为军界名言。

1905 年法国画报 *Le Petit Journal*，就有描绘东乡平八郎凯旋回日本的盛大场景。东乡平八郎凯旋后，美舰俄亥俄号正在日本访问，并应邀参加了东乡的庆功宴，其中一位二十岁美国水兵尼米兹，后来成了美国太平洋舰队的司令。当尼米兹激动地与偶像东乡碰杯时，另一位二十一岁的日本崇拜者山本五十六，因在日俄

---

[1] [雪珥注]：原为波罗的海舰队 Baltic Fleet。

[2] [雪珥注]：霍雷肖 · 纳尔逊，Horatio Nelson（1758.9.29—1805.10.21），拿破仑战争期间的英国海军司令。

战争中身负重伤，正躺在医院中，默默地积蓄力量。三十多年后，东乡的这位日本崇拜者，在对珍珠港发动了东乡式的偷袭后，与东乡的那位美国崇拜者，逐浪太平洋，掀起另一轮更惨烈的征战。

东乡平八郎还成为美国《时代》周刊 1926 年 11 月 8 日的封面人物。

一个有趣的“八卦”故事是，东乡平八郎为表达对英国的深厚感情，1911 年在作为日本代表参加乔治五世的加冕典礼时，将日俄战争的军旗捐给了他就读过的泰晤士航海培训学院。百年后，一名在东乡神社当差的高级牧师冰室千春把这面旗帜“偷”了回来，成为日本纪念日俄战争一百周年中的重大“献礼”。百年来，东乡平八郎首用的“Z”字旗已经成为日本“缅（怀）战”的图腾之一，甚至成为漫画《龙珠 Z》的标题。

东乡平八郎成为美国《时代》周刊（1926 年 11 月 8 日）的封面人物

矮个子的东乡平八郎（身高一米五九，他的崇拜者山本五十六也同样身高）征战一生，却很长寿，1934 年死于东京，终年八十六岁，死前获封侯爵。日本政府为他举行了隆重的国葬仪式，英、美、荷、法、意、中六国应邀派军舰到东京湾参加海军巡游致敬活动。中国海军的宁海舰（日本制造）出席。

三年后，这艘见证了东乡国葬的中国军舰，为保家卫国与日本海空军在长江激战，被击沉于江底。日军将其打捞修复后，更名为御藏，后再度改名为五百岛，用于太平洋战争，1944 年 9 月 19 日被东乡的那位美国崇拜者尼米兹麾下的美国潜艇击沉。

日本紧急调查

日本以其惯常的高效率开始了事件调查。

日本的调查对象，一是高升号上获救的三名欧洲船员，这是主要的调查方向，另外就是浪速舰官兵。

日本对高升号船长高惠悌、大副田泼林及舵工伊万杰利斯特三人总共进行了两轮调查，首先是在他们获救登上浪速舰后，就要求他们每人写了情况说明，我们可以称之为“浪速调查”；其次是帝国法制局局长末松谦澄奉首相之命进行的官方正式调查，我们称之为“末松调查”。前一次的“浪速调查”是很简捷的现场记录，后一次的“末松调查”则十分严密，完全是有组织、有计划和有针对性的。

高惠悌等三人此后又至少参加了两次英国官方组织的听证调查，一次是其被日本当局释放后，在长崎英国领事馆组织的海事审判法庭，另一次则是在回到上海后在上海英国总领事馆组织的第二次海事审判法庭。因此，高惠悌等三人至少做了四次有书面记录的证词。

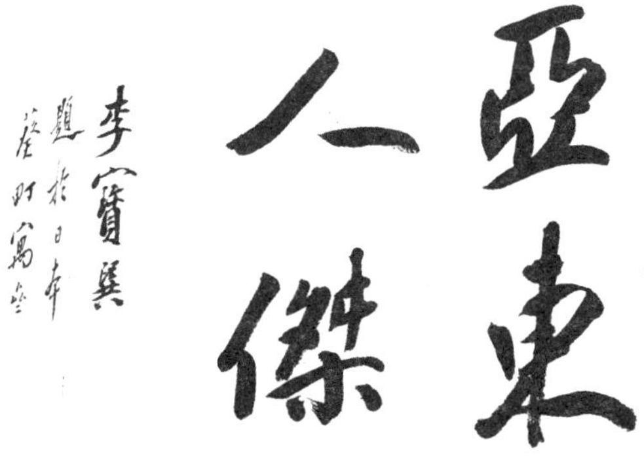

晚清书法家李宝巽（1906 年留日学生监督）
为《东乡平八郎》中文版题词“亚东人杰”

而在日本对其海军系统内部所进行的调查中，主要成果是浪速舰舰长东乡平八郎在事件发生次日给舰队司令伊东佑亨的报告，以及负责从朝鲜向日本本土押送高升号获救欧洲船员及操江号被俘中国官兵的八重山舰受命提交给海军大臣西乡从道的报告。

高升号被浪速舰击沉，高惠悌等被日军专门派遣的小艇所救，登上浪速舰，换了干衣服后，便被隔离开来，要求他们写出事件经过。田泼林说："我被召至船尾，他们要求我写出事件经过，我照办了。船长也被人叫走，给了他一间睡舱，舵手和我被安排在病房里，这是要把我们隔离开。我们一直被监视着，不能离开房间。"次日（7 月 26 日）下午，"他们再次唤我去船尾，这次是核对我写的证词"。[1]

东乡则在其给舰队司令伊东佑亨的报告中，将三名欧洲船员的口供作为附件提交。[2]

事件发生的第三天，7 月 27 日，离事件发生地不远的釜山日本领事永泷致电陆奥，报告了日本军舰"击沉清国运输船一艘，夺占一艘，其余两艘遁去"，此时，他也并不知道出事的是英国商船。同一天，日本海军的赤城舰因巡视到达仁川，向日本驻仁川总领事室田义文介绍了丰岛海战情况，并转交了东乡发给舰队司令伊东佑亨的报告、伊东发给日本驻朝鲜公使大鸟的报告等，室田义文将这些文件紧急报送给外务部。[3]

7 月 29 日，负责押送高升号与操江号人员的八重山舰，到达佐世保军港。八重山舰舰长平山藤次郎随即奉命向海军大臣西乡从道提交报告，但声明自己的"见闻仅供参考"。但就在这份报

[1]《英国外交文件》,《中国近代史资料丛刊续编 · 中日战争》第 11 册，第 335-342 页。

[2]《日本外交文件》,《中国近代史资料丛刊续编 · 中日战争》第 9 册，第 344 页。

[3] 同 [2]，第 342 页。

告中，仅仅“见闻”的八重山舰舰长居然描写到了当事人东乡平八郎都未知晓的济远舰突然向浪速舰发射鱼雷的细节，[1]这一细节后来被日本政府作为击沉高升号合理的重要依据，直至最后被英国人拆穿。[2]佐世保镇守府司令长官柴山矢八给高升号获救的三名欧洲船员送去慰问品，同时要求他们完成一张提问表，两天后又将该表副本送回，要求他们三人校对。[3]

7月29日，为调查高升号事件，日本外交大臣陆奥宗光向法制局长末松谦澄发去训令，要求末松火速赶往佐世保，并详细确定下列调查内容：船名、船籍；吨数、船质、速度及制造年月；船员总数及国籍；搭乘的兵员及武器数量；西人船员姓名、职务和年龄；出发地点和目的地；出发的年月日时；沉没时的死亡人数和生存人员；确认该船为清政府新购入尚未更换旗章或实际并非如此。“此外，凡可供我参考之事项，尽可能做周密调查”。[4]

8月2日，末松谦澄由镇守府官员斋藤和田余上尉陪同下在佐世保约见三名获救者，但只问了几分钟的话。随后三人被允许给我们的代理人和上海的朋友写信。下午继续进行调查，要求三人回答了更多的关于高升号沉没的问题。据田泼林事后回忆，他们答复的问题如下：“一、船的国籍；二、我的国籍；三、船主；四、船的代理人；五、注册证件；六、船名；七、船员编制；八、船员合同条款；九、船主和中国政府间的合同；十、船上货物清单；十一、船只受雇的时间和地点；十二、中国士兵从何地登船；十三、起航的日期和时间；十四、目的地；十五、中国政府的命令和指示；十六、部队登船的时间安排；十七、中国军官的军阶、姓名和人数；十八、部队的人数、性质和种类；十九、船上的供给；二十、

[1]《日本外交文件》，《中国近代史资料丛刊续编·中日战争》第9册，第345页。

[2]《英国外交文件》，《中国近代史资料丛刊续编·中日战争》第11册，第141页。

[3] 同[2]，第335-342页；第345-358页。

[4] 同[1]，第344页。

在丰岛海面时，船长对于来自日本军舰的命令作何安排；二十一、同时中国的司令官发出什么命令；二十二、牙山中国军队的状况；二十三、平壤海军分遣舰队及鱼雷艇的位置和数量；二十四、中国政府的运兵计划；二十五、高升号上中国军队装备情况；二十六、中国海军舰队的战斗准备情况；二十七、中国北方沿海的防御工事、防御力量的情况。”[1]

从该份清单可以看出，日本外务省的调查提纲，被末松细化了，并且增加了相当多军情刺探内容，估计在佐世保的军方人士也插手此事，希望能在军情上有所收获。末松在当日调查完成后发给陆奥的电报中说：“本官与三名外国人面谈，该人等对我国之关照甚表满意，而对清国人对彼等之处置则甚为不满。因我国之所为多为合理而有益之事。船长确因清国之阻碍不得已而违背浪速舰之命令者。”[2]

此时，高升号事件对日本的负面效应急剧发酵，英国、中国及国际舆论对日本不宣而战及悍然击沉中立国商船多予以严厉谴责，日本的外事机构受到了巨大的压力。身处旋涡中心的日本驻英国公使青木，于7月31日紧急致电陆奥，要求赶紧“向英国政府赔礼道歉。如船上有德国军官被杀，也向德国政府赔礼道歉”。[3]

次日，青木再追加一电，告诫陆奥说从内线得到消息，为防止欧洲大国干涉，应尽早对高升号事件“做断然之处置”，欧洲“所有报纸皆载有此事，并唱反对我国之说”，要求赶紧将获救的欧洲人姓名、是否负伤，以及高升号是否悬挂英国旗、船中之清兵是否向日军发炮等细节火速电告。[4]

[1]《英国外交文件》,《中国近代史资料丛刊续编 · 中日战争》第11册，第335-342页。

[2]《日本外交文件》,《中国近代史资料丛刊续编 · 中日战争》第9册，第355页。

[3] 同[2]，第348页。

[4] 同[3]。

JAPAN MAKES APOLOGY.

Will Make Reparation to Great Britain for Sinking the Kow Shing.

TOKIO, Aug. 1.—The Government has wired instructions to the Japanese Minister in London to offer an apology to Great Britain for firing upon and sinking the Kow Shing while she was flying the British flag. The Minister is also instructed to inform the Government of Great Britain that the commander of the Japanese cruiser was unaware until after the fight that the Kow

1894 年 8 月 2 日《纽约时报》报道日本向英国道歉

陆奥也竭尽全力给青木提供详细的资料。7 月 31 日，给青木发去八重山舰长报告，说明已经在 7 月 29 日将此报告送交英国临时公使巴健特，并表示“待充分调查后，万一日本国方面有何理屈之处，日本政府保证予以充分之满足。”要求青木“务必立即通知英国政府”。[1] 8 月 2 日，陆奥将所收到的高升号船长高惠悌和大副田泼林的口供电发青木，要求其“将上述报告告知英国外务大臣，并于必要时可公之于报纸”。[2]

8 月 10 日，末松终于完成了高升号事件（包括操江号）的长篇调查报告。在这篇调查报告中，他用大量篇幅及证词的归纳分类，试图证明浪速舰对高升号的处置可谓“仁至义尽”，而清军官兵实际上已经控制了高升号，因此高升号已实际上不能算是中立国船只。客观地说，对比中日两国对该事件的事后调查，日本的调查不仅详细，而且针对性很强，这为其挽回高升号事件造成的不良国际影响乃至最后逃脱责任，奠定了相当的基础。

[1]《日本外交文件》,《中国近代史资料丛刊续编 · 中日战争》第 9 册，第 345 页。

[2] 同 [1]，第 354 页。

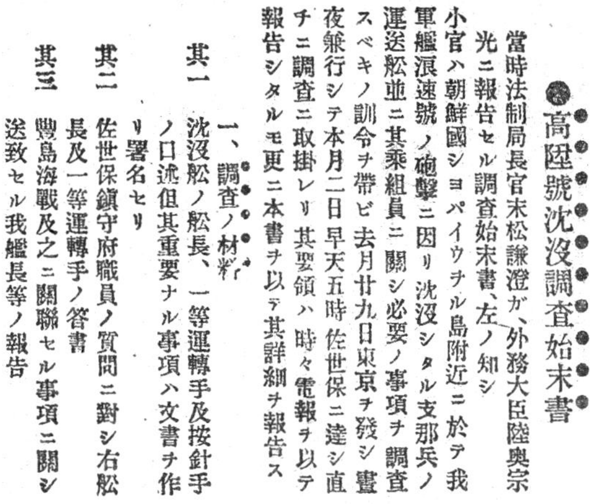

●高陞號沈沒調查始末書●●●●●●●●●

當時法制局長官末松謙澄ガ、外務大臣陸奥宗光ニ報告セル調查始末書、左ノ如シ

小官ハ朝鮮國シヨパイウヲル島附近ニ於テ我軍艦浪速號ノ砲擊ニ因リ沈沒シタル支那兵ノ運送船並ニ其乘組員ニ關シ必要ノ事項ヲ調查スベキノ訓令ヲ帶ビ去月廿九日東京ヲ發シ晝夜兼行シテ本月二日早天五時佐世保ニ達シ直チニ調查ニ取掛レリ其要領ハ時々電報ヲ以テ報告シタルモ更ニ本書ヲ以テ其詳細ヲ報告ス

一、調查ノ材料

其一　沈沒船ノ船長、一等運轉手及按針手ノ口述但其重要ナル事項ハ文書ヲ作リ署名セリ

其二　佐世保鎮守府職員ノ質問ニ對シ右船長及一等運轉手ノ答書

其三　豐島海戰及之ニ關聯セル事項ニ關シ送致セル我艦長等ノ報告

日本1895年出版的《日清战史》中所刊登的末松调查报告全文

末松在其报告中总结了本次调查的程序：“对船长及另外两名船员进行调查时，下官首先向他们说明了本人来佐世保的主要使命。因下官必须向他们提出各种询问，对于他们答辩中的重要事项又必须取得有署名的书面文件，所以，下官征询了他们对于回答下官的询问，并将重要事项制作成书面文件，有无异议。他们回答：全无异议。因此，下官顺利地进行了有关事项的调查。在制作本报告时，下官最愉快地向阁下报告，他们深谢我国军舰和镇守府职员在待遇方面给予他们的厚意。”在他的调查报告中，最后得出结论：“依据国际公法，我浪速舰的行为是否得当，不需下官论述。但根据上述事实，凡持公正态度的评论家，将会毫不怀疑地认为，其行为无不当之处。”[1]

末松报告完成前，英国驻长崎领事馆专门为高升号事件举行了海事审判法庭，宣布高惠梯等船员在高升号事件中没有任何责任，日本当局对此欣喜异常，认为有把握改变不利的舆论。

[1] 末松向外务大臣提交的调查始末书，《中国近代史资料丛刊续编 · 中日战争》第8册，第4-18页。

“优待”欧洲船员

日本在全面加强调查的同时，对被救的三名欧洲船员给予了特殊优待，一方面以获得其在取证方面的配合，另一方面也想向世界展现一个“文明”的日本，挽回高升号事件后西方对日本野蛮、灭绝人性的指责。

三名高升号幸存的欧洲船员，从获救登上浪速舰开始，到转移到八重山舰及佐世保，一直得到了生活上的周到关照。

田泼林回忆说，在浪速舰上“我们受到了优待，得到了衣服和食品，水手们还送甜饼给我们，浪速的官兵继续帮助我们，尽其所能使我们满意”。转移到八重山舰时，“浪速的官兵向我们挥手道别。我们一登上八重山号，平山舰长友好地接待了我们。他告诉我们要像在自己的家里一样。……我们被安排在船长室，军官们向我们表示欢迎，邀我们去军官起居室，向我们提供衣物和其他生活必需品”。到达佐世保后，“裁缝和鞋匠在听候吩咐，送来了香皂、毛巾等所有梳洗用品，我们喜欢的啤酒、红葡萄酒和香烟等亦将自长崎运来……许多军官拜访我们，对我们的同事丧生和我们被拘留表示同情。……不断有来访者，他们带来鲜花、鸡蛋和其他各种用品。……一如往日，对我们的照顾无微不至”。[1]

日本佐世保镇守府司令长官柴山矢八

三人8月3日获释当天，柴山矢八和末松谦澄经商议，给三人赠送了盘川，其中高惠悌两千元、田泼林一千五百元、

[1]《英国外交文件》，《中国近代史资料丛刊续编·中日战争》第11册，第335-342页。

伊万杰利斯特八百元。[1]为此，三人还专程去拜会了佐世保镇守府长官柴山矢八少将，“对他给予我们的关照表示谢意”，“我想补充一点，我们在佐世保期间，操江号的官兵受到了良好的待遇，丹麦人弥伦斯先生同我们一样受到优待。中国人和丹麦人的个人财产均无损失”。[2]

三人给八重山舰写了封简短的感谢信，该信被日本政府广为散发。感谢信中说：“我等将离此舰，今唯一办法，即于此一纸之中，切望表明，我等于停留此舰期间，因蒙诸君恳切厚遇而深受感动。因我等之故，诸君所受之不便，我等尽悉。我等对诸君为同乘高升号而亡失之同僚[3]所表示之同情，深表谢意。”[4]

日本八重山舰舰长平山藤次郎

末松在报告中，不无得意地说“我们救起他们（指高升号的获救船员）以后，尽可能做到了亲切、郑重。……在制作本报告时，下官最愉快地向阁下报告，他们深谢我国军舰和镇守府职员在待遇方面给予他们的厚意”。[5]

末松的调查报告，通过日本的外交渠道，迅速地在世界开始传播，而此时，中、英两国几轮调查后，并没有形成任何系统的有冲击力的宣传资料，中国政府还在坐等世界为了谴责日本这样的野蛮行为而力挺自己，甚至英国会与中国合兵对日……

[1]《日本外交文件》,《中国近代史资料丛刊续编·中日战争》第9册，第357页。

[2]《英国外交文件》,《中国近代史资料丛刊续编·中日战争》第11册，第335-342页。

[3]［雪珥注］：指高升号的其他船员。

[4] 八重山舰长致海军大臣报告，同［1］第9册，第355页。

[5] 末松向外务大臣提交的调查始末书，同［1］第8册，第4-18页。

第七章

天津：中英联合调查

高升号事件发生后，英国官方从几个渠道获得了信息：

从现有多方史料分析，最早的消息来源是英国医生伊尔文7月26日在总督衙门听说此事，次日李鸿章亲自将细节告知宝士德[1]，宝士德随后立即报告给了欧格讷。

另一渠道是法国军舰利安门号将其所救援的中国官兵送回烟台时，法国舰长于7月27日向英国驻烟台领事阿林格提交了一份书面陈述，阿林格当日还参与了与中国官方共同组织的对幸存者的调查。[2]

第三条渠道是汉纳根脱险后，7月28日到仁川后会见了英国驻仁川副总领事务谨顺，并向他提交了书面陈述；此前一天，一艘英国的小拖船白河号从大沽抵达仁川，报告说途中曾停靠过威海卫港，得到了中国海军的直接告知。[3]

第四条渠道是怡和洋行7月30日在伦敦直接向英国外交部的陈情和呼吁[4]。

而值得注意的是，日本官方并未像中国官方一样，在事件发

[1]《英国外交文件》，《中国近代史资料丛刊续编·中日战争》第11册，第321页。

[2] 同[1]，第261-264页。

[3] 同[1]，第390页。

[4] 同[1]，第95页。

生后的第一时间就通知英国，因此导致英国外交人员的不满，如英国驻仁川副总领事务谨顺就抱怨说，高升号获救的三名欧洲船员理应就近送到仁川进行调查，日舰却将他们带到日本去。

英国官方无论是哪条渠道获得消息，都将信息在内部作了充分沟通。天津、烟台、仁川的领事馆都在第一时间将所了解的情况报告给北京的欧格讷，而欧格讷与伦敦外交部也保持着密切的电讯往来和情报沟通。英国对此事的调查，部分是独立进行的，其中务谨顺对汉纳根的证词采集、英国远东舰队的情况调查、长崎和上海总领事馆举行的海事审判则是最重要的官方正式调查；另一部分是与中国合作进行的，主要是对被法国军舰利安门号所救船员和士兵在烟台和天津的两次问讯。应该说，作为高升号事件的直接当事人之一，英国在事件调查方面的反应，也如同中日冲突双方一样迅速。但它的调查也与中国调查一样，没有能形成像日本末松谦澄那样完整、清晰的报告，而是散落于不同的往来电讯或邮件报告中。

同样，与日本不同的是，史料所能反映的中国对高升号事件的调查，都是与英国共同进行的，这一方面是高升号国籍所造成的必要的合作，另一方面也充分体现了中国对该事件的坦荡，以及利用该事件将英国拉到自己一边的强烈信心。

宝士德与李鸿章的面谈，前文已叙。他给欧格讷的报告，欧格讷除了在第一时间发给伦敦外，还加上了自己关于全局的评论。7月31日，欧格讷将宝士德的详细报告及有关高升号事件的详细材料，全文邮发给伦敦外交部，并说明："高升进入牙山口处时悬挂英国国旗似无疑问，该船出租进行合法贸易时，中日之间尚未宣战或直接发生战事，更毋庸置疑，故船主不会认为日本人有可能没收及摧毁他的船只。……很难理解日本人何以能为击沉一艘无防卫能力的非武装船只辩护，该船悬挂着英国国旗，载有数名英国军官，在船主心目中只要在宣战或实际发生中断中日关系的公开敌对行动之前，该船的使用方式是完全合法的。”[1]其对日态度十分鲜明，这其实也代表了参与此事件调查和善后的大多数英国外交人员的看法。

最详尽和直接的调查，是针对法国军舰利安门舰所营救的船员和中国士兵。利安门舰 7 月 27 日带回获救者到达烟台，舰长高格迅速联络了东海关道刘含芳及英国驻烟台总领事阿林格。[2]当日，刘含芳带同官职为候选县丞的翻译李福全，将舵手欧利爱脱、炉工董阿新、李安等三人带到英国领事馆会同讯问。随后将三人英文口供一份、各营弁兵口供一折、法国船主法文函一件、弁兵花名折一扣，一并呈送李鸿章。除将伤重三人留医外，前营后哨哨长张玉林带三十九人返回天津归队，三名高升号船员则由千总彭长春护送到天津，交水师营务处。[3]

有一个很有意思的细节是，高升号的这些幸存者是乘坐英资中国航运公司（China Navigation Company）的轮船重庆号（Chung king）返回天津的[4]，而几天后就发生冒牌清兵搜查并虐待重庆号上日本乘客之事件，最后导致英国强烈抗议，中国不得不在港口炮台向重庆号鸣放二十一响礼炮而赔礼道歉。

刘含芳在发给李鸿章的报告中，特意强调汉城来的翻译蔡绍基称，其曾在利安门舰上为俄国参赞讯问获救的清军官兵代为翻译，该参赞已将此情电达公使。[5]至于俄国参赞为何会在法国军舰上，史料中没有做出说明，但俄法当时为对付英国，在远东采

[1]《英国外交文件》，《中国近代史资料丛刊续编·中日战争》第 11 册，第 321 页。
[2] 同[1]，第 261-264 页。
[3] 8 月 4 日《北洋大臣李鸿章为法国兵船救出高升轮船勇丁请向法使称谢咨》，朝鲜档，《中国近代史资料丛刊续编·中日战争》第 5 册，第 39 页。
[4]《详记高升失事情形》，《申报》，1894 年 8 月 14 日。
[5] 同[3]。

取比较协调的外交和军事立场，包括此后阻止日本割取辽东半岛等，都合作行动。

7月30日阿林格在发给伦敦外交部的函，认为自己所呈交的资料“记录了所能获得的日本人野蛮屠杀英国轮船高升号上欧洲人和中国人的全部第一手情报”。[1] 其倾向性与宝士德如出一辙。

天津海关税务司、德国人德璀琳

8月1日上午10时半，北洋海军营务处罗丰禄、天津税务司德璀琳两人代表李鸿章，坐镇天津海军公所，并邀请了俄国代理领事来觉福、法国领事拉福来、德国领事司艮德、美国领事李德、英国领事馆的戈颁（Cockburn）、怡和洋行天津经理考新斯（Edwand Cousins）等，共同听取从高升号逃出的两位船员及三位兵士的陈述。

据事后戈颁发给欧格讷的报告称，本来英国领事馆并未决定正式出席，“但在开庭前一刻钟，法庭主持人之一德璀琳先生致函宝士德先生，邀请他前往，宝士德先生答复说我将代他出席”。[2]

这一段记录背后意味深长，这表明，中国方面可能一开始并没有决定要邀请外国领事出席，可能是受到了李鸿章的直接指令才在开庭前仓促发出邀请，当然，真相如何，还需要更多史料进行考证。其实，中国完全可以自己先进行证词采集，邀请如此多

[1]《英国外交文件》，《中国近代史资料丛刊续编·中日战争》第11册，第261-264页。
[2] 同[1]，第390页。

的外国领事参加，一方面证明了中国在此事方面的坦荡，另一方面也表明了中国在外交事务上的天真，以为真相就能导致正义，殊不知，在这个世界上真相从来与正义无关，核心只有利益二字。

德璀琳的开场白表明了中国的态度："要想把高升号上被救出来人的见证正式说出来，特请各国领事及关心该船上人命运的人出席。高升号是一艘一千三百五十四吨的英国商船，租给中国政府运兵和武器到朝鲜，以应朝鲜王呼援之请。根据1885年条约[1]，中国有权派兵到朝鲜。没有想到，这个行动会引起战争。他们知道战争已经打起来，他们开始调查，其目的是为寻究一切情况。"[2]

随后听证会就开始，除了在烟台出席过中英联合调查的舵手欧利爱脱、炉工董阿新外，又增加了亲兵前营后哨哨长张玉林、士兵牟庆新、王桂芬。利安门舰救出的其余人也都在场。

会议由到庭的《京津泰晤士报》编辑记录，戈颁说该记录"基本上是准确的"，这一记录随后作为该报的增刊予以发表。[3]记录特别强调，幸存者们"说得都很清楚、坦白，令人感动，在主要事实及大部分的细目上，他们都是一致的"。[4]

继利安门舰所救者出席联合听证会后，8月7日，针对德国军舰伊尔达斯舰所救的一百一十二人也举行了一个同样的听证会，并邀请汉纳根出席。这是史料所记载的中、英两国进行的最重要的两次听证会。

[1]［雪珥注］：即《中日天津条约》。

[2] 高升号遭难遇救者之陈述，日舰击沉高升号实况文件三种，《中国近代史资料丛刊·中日战争》第6册，第19-29页。

[3]《英国外交文件》，《中国近代史资料丛刊续编·中日战争》第11册，第390页。

[4] 同[2]。

仁川：日本领事竭力回避英国人

离高升号事件现场并不远的仁川，英国领事务谨顺自始至终在关注着事件的发生和发展。

事件当天（7月25日）晨约7时30分，他就听到有炮声隐约传到仁川，并注意到当时港内有三艘日本军舰离港南去，缓慢而谨慎地驰向炮声，其中有快速巡洋舰八重山号。中午时分，日本商船木曾川号（Kisogawa）朝同一方向驶去。

下午7时，木曾川号独自返港。当海关官员登船询问消息时，日本人只回答说，他们遇过八重山号，为该舰带回一急件，发生了一次海战，结果令日本人满意。如此而已。人们很快获悉，日本人奉命保密。务谨顺在发给欧格讷的报告中说，7月26日一整天日本船员看上去行踪诡秘，像心虚的贼。

此前，仁川税务司、英国人奥斯本（Osborne）及其雇员，受到过日本军人的粗暴攻击，务谨顺代表英国政府要求日本当局赔礼道歉，日本的态度十分谦恭，并约定了在7月26日上午10时前答复。务谨顺预计日本领事能势辰五郎会来尽可能哄骗他，但他绝对没想到，能势居然一直在小心地回避他。务谨顺说："这使我想到有事情发生，而能势先生想尽可能地对我进行隐瞒。一家日本轮船公司……日本邮船公司的雇员对一个外国人所讲的话加深了我的忧虑。此人宣称，25日有两艘商船被击沉，其中一艘属英国籍。当听者表示惊异时，该日本人大肆吹嘘，并洋洋得意地重复了自己的说法。"

果然，7月27日上午，一艘英国的小拖船白河号（Pei Ho）从大沽抵达仁川。船长马格禄（Mc Clure）向务谨顺报告，航行途中他曾进过威海卫港，得悉了高升号出事的消息。丁汝昌还曾经问马格禄，鉴于悬挂英国国旗的高升号被日本人击沉，他是否还想驶往朝鲜。马格禄回答说他迄今一直受英国国旗的保护，他现在仍坚信该旗帜的保护力。

马格禄说当他靠近丰岛时，曾仔细查看了附近水域，发现在约七至九㖊深的水中有两根船桅，他立即认出船是他熟悉的高升号，其中一根桅杆上还挂着白旗。附近漂浮着一条小破船，但没有任何迹象表明岸上有生还者。

7 月 27 日下午，另一艘英国军舰射手舰（H.M.S. Archer）从烟台抵仁川。该船离烟台时，舰长罗杰斯还不知道沉船事件。当他经过丰岛时，看见有沉船的桅杆露出水面，也见到马格禄所见到的小破船，小船上有“高升”字样和怡和洋行的旗帜。他下令停航并拉响警报，但海滩上不见生还者迹象。有意思的是，日本军舰赤城舰立即尾随射手舰进入仁川，并做好了战斗准备。务谨顺与罗杰斯欲于次日拜访赤城舰舰长，质问他对击沉高升号作何解释，以及是否有乘客和船只被救，但赤城号已于拂晓离港。

1881 年丁汝昌访问英国。西方画师根据历史记录所绘

务谨顺说，仁川流传着不少关于高升号悲剧的传闻，但英国领事馆一直未得到日本人的正式报道。

与天津的宝士德、烟台的阿林格一样，这位驻仁川的英国领事，对日本人表示出了极大的不信任。他在报告中强调：“从在朝日本人日益傲慢的情形，预计他们不久即会向中国发起进攻，而且不相信他们会发布任何形式的宣战书或其他正式照会，才发起进攻。”他本人表示，日本当局必将作出似是而非的结论，对于日本方面的任何说法均需大打折扣，而即使日本人也承认：高升号当时是单独航行，并无军舰护航。

出于对保护仁川与汉城间通信的目的，务谨顺曾在7月24日通过考威尔上尉买下一条中国的内河小轮船永泰号。当时该船仍悬挂中国旗，由于担心日本人会以某种借口劫持这只船，英国领事馆便正式致函日本领事能势，说明该船已经成为英国财产。当日能势在回函干脆回答说“对爆发战争的可能性一说我不敢苟同”。据此，务谨顺认为高升号没有任何过错，“在和平时期，毫无理由阻止英国船为任何国家运送部队”。

在7月28日提交给欧格讷的报告中，务谨顺提醒他应特别注意仁川日本领事馆的沉默以及不见有生还者。他说：“如果高升号被击沉是由于偶然，但显然，按惯例日本领事应立即通知我，以便我在可能的情况下给予某些帮助。毫无疑问，到25日晚7时，能势先生已获悉全部详情，但直到现在，他对我一直保持沉默。他的同胞亦被迫沉默。此外，很清楚，即使这艘不幸的船十分鲁莽，拒绝日本军舰停航的命令，只需一次射击就能使它停下，如果很好地瞄准，也能将其击沉。但即便如此，该船也不会如此迅速地沉没，以致船上一千六百名身体健壮的男人，日本人竟一个也来不及搭救。当时是中午时分，而且海面很平静。据此，我不得不认为，日本人不考虑此前其一直夸耀的行为，丧心病狂地蓄意向无助的高升号落难人员射击，直到他们成为最后一个见证他们暴行的目击者淹死或被击毙。”[1]

在务谨顺刚发出提交给欧格讷的报告后，他就得悉汉纳根成功逃生到达仁川，并栖身在停泊此处的德国军舰伊尔达斯舰上。汉纳根拜访了务谨顺，并向他提交了一份情况说明，同时也拜会了税务司、美亚商会等欧洲人士。仁川港税关职员意大利人鲍里欧尼向日本人透露说，汉纳根对于“英领事身为高官，但提出种种庞杂之问题，并不厌其烦一一记录之”，深表赞赏。[2]

在了解了汉纳根介绍的情况后，务谨顺立即又给欧格讷发出了当天的第二份报告，强调指出：“高升船长曾认为该船悬挂英国旗帜，日本人会以隆礼敬之，他和他的船及乘客会安然无恙……日本在检查该船证件后，完全清楚该船的确是受英国保护。”

务谨顺的个人态度十分明朗：“高升号提出返回起锚地的要求是完全正当的。鉴于日本并没有向中国宣战和发出任何照会，即使该船当时悬挂的是中国而非英国国旗，要求返回中国仍然是正当的。”

他同时提到，虽然日本驻仁川领事能势一直回避他，但前一天（7 月 27 日）却致函给他，“语气乖戾，或许难说是无礼，因为那时他已意识到我终于和他一样知道了日本人罪行，问我次日是否去中国领事馆祝贺中国皇帝的寿辰。能势先生知道，就在他写此信前二十四小时，日本海军杀害我的同胞及中国皇帝陛下的一千五百名臣民。然而他竟建议与我一道拜访中国领事”。务谨顺在他的报告中，直截了当地将日本人形容为“卑怯的攻击者”。[3]

其实，英国人也和中国人一样没明白，从躲避到主动致函，能势的态度转变，恰恰反映了日本人的厉害之处：为了目的随时

[1]《英国外交文件》，《中国近代史资料丛刊续编 · 中日战争》第 11 册，第 386-390 页。

[2] 1894 年 8 月 1 日，仁川公出总领事室田义文致林外务次官报告谈话之概要，鲍里欧尼氏与山田外交官对话，《中国近代史资料丛刊续编 · 中日战争》第 9 章，第 348 页。

[3] 同[1]，第 390 页。

可以将脸面和尊严放下。在知道了英国人已经知情之后，拉着英国人一起去拜会中国领事，能势制造一种日英亲善的形象，从而给中国施加巨大的心理压力。

务谨顺一直希望在他这里成立一个海事法庭对高升号事件进行调查和审理，但“虽然出事现场离此地只有五十英里左右，但日本人并没有把船长和大副送到我这里来，而是把他们转到了日本，而且还小心翼翼地对高升号的沉没严格保密”。[1]

日本人不仅在仁川进行了高度保密，在长崎也是如此。7月28日，日舰八重山舰驶入长崎港，带来丰岛海战的消息。英国驻长崎总领事奎因鉴于各种传闻互相矛盾，便前往拜访了长崎县知事大保森，但他表示，除了已知战事发生外，不能提供任何情况。

7月31日，奎因再度要求大保森提供材料，并向他指出隐瞒事实是没用的，立即提出全面而详细的报告才是上策。大保森表示同意，并请奎因提交了一份基本情况调查表以便他填写。结果，等了两天没有回音，8月2日再致信大保森，亦无正式答复。[2]

8月3日，斐里曼特将军派遣的通讯舰敏捷舰（Alacrity）到达长崎[3]，受命要求日方同意该舰舰长利斯尔（Lisle）前往佐世保会见高升号船长，奎因与日方商议后，却被拒绝：“没有东京的许可，女王陛下的舰船不能访问佐世保。”[4]当晚8时，收到大保森的回信，告知高升号的生还者将于次日从佐世保送到长崎。[5]

4日下午约1时30分，奎因和敏捷舰舰长利斯尔终于在长崎见到了高惠悌和田泼林，立即进行取证，并制作了两份证词，其

[1]《英国外交文件》，《中国近代史资料丛刊续编·中日战争》第11册，第417页。

[2] 同[1]，第345-358页。

[3] *The Times*，August 6，1894.

[4] 同[2]。

[5] 同[2]。

中一份交给利斯尔舰长当日下午5时30分就起航紧急携往仁川。[1]

上海著名的英文日报《字林西报》在8月6日对英国领事长崎被冷遇进行了报道，并认为这反映了“日本有为关于高升号乘员幸存者之所在一事而保密之目的”。[2]

“索赔要足以使侵略者感到非常沉重”

英国当局尽管已经从各种渠道得知此事件，但因还需要时间进行确切的调查，而没有即时提交抗议，甚至没有向议会等通报该情况。

在7月30日英国下院的例行质询中，议员巴特利特（Ellis Ashmead Bartlett）就中日两国如何对待英国的调停，以及有传言说中日已经开战等询问外交次长柏提，柏提的答复依然非常“外

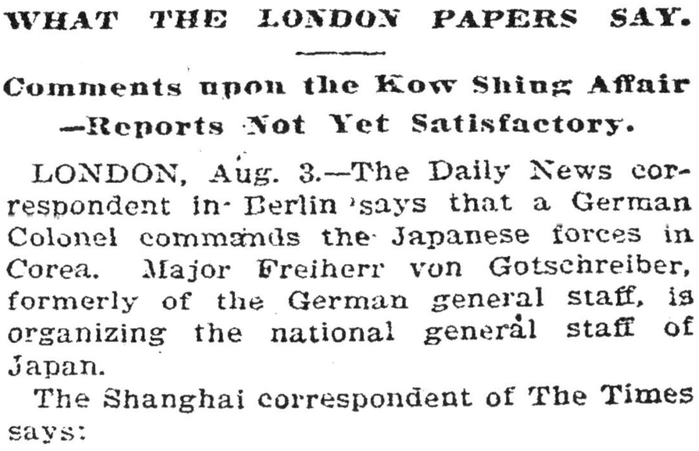

WHAT THE LONDON PAPERS SAY.

Comments upon the Kow Shing Affair —Reports Not Yet Satisfactory.

LONDON, Aug. 3.—The Daily News correspondent in Berlin says that a German Colonel commands the Japanese forces in Corea. Major Freiherr von Gotschreiber, formerly of the German general staff, is organizing the national general staff of Japan.

The Shanghai correspondent of The Times says:

1894年8月3日《纽约时报》报道英国媒体对高升号事件的反应

[1]《英国外交文件》,《中国近代史资料丛刊续编 · 中日战争》第11册，第345-346页。。

[2] 1894年8月1日仁川公出总领事室田义文致林外务次官报告之附件,《日本外交文件》,《中国近代史资料丛刊续编 · 中日战争》第9册，第352页;《英国外交文件》,《中国近代史资料丛刊续编 · 中日战争》第11册，第346页。

交程式化”，他首先否认英国政府提供过任何调停，认为那只是“为了和平利益曾与其他各国一道，公正地向中日两国提出了友好建议”，为调停失败预留了后步和颜面。至于中日开战，柏提则表示“未听说宣战的消息，但一些日本军舰俘获了一艘中国军舰，并击沉了一艘运兵船。这次冲突的原因说法不一”，[1]只字未提有充分的情报显示这艘运兵船恰恰就是英国商船。

而恰恰就在同一天，英国外交部还收到了印华轮船公司董事长亲自签发的申告信，正式报告了高升号事件，并请求政府抗议日本政府“这一严重的、不可原谅的粗暴行径”。[2]与英国的外交官们一样，印华轮船公司的态度也是明显地对日本十分不满和不屑。7月30日，印华轮船公司董事长马堪助（J Macandrew）和秘书崔讷（A Cheyne）在发给外交部的信中表示，“我们所以抗议日本当局不友善的行径，并请求您出面干预、迅速采取措施，是因为一艘悬挂英国国旗的船只（对此我们尚无确切的情报），在交战双方未经宣战、局势仍然和平的情况下，未接到投降警告就遭袭击致毁。这是令人无法容忍的……我们向您请求，一旦掌握了更为确切的情况，立即通报日本政府这一严重的、不可原谅的粗暴行径，要求他们对人员伤亡和财产损失负责”。信中还将此事件与英国为调停中日的外交努力结合在一起，“英国政府为使冲突双方达成谅解而作出的努力，终未避免生命和财产的巨大损失，我们深表遗憾”。[3]

伦敦此时已经从外交渠道得到了部分情报，但还是要求印华轮船公司协助提供高升号的租赁合同及是否悬挂英国国旗等细节。[4]

---

[1]《英国外交文件》，《中国近代史资料丛刊续编·中日战争》第11册，第95页。

[2] 同[1]。

[3] 同[1]。

[4] 同[1]，第102页。

怡和洋行立即从上海将高升号合同等发给了北京的欧格讷，并提醒欧格讷，合同中有特别条款约定，“如果战争发生，该船应驶回上海或中国买下”。怡和洋行在信中，也对日本人表示了强烈的谴责：“…… 当时该轮船悬挂有英国国旗，日本人在该船沉没时曾残忍地向在水中挣扎的外国人和中国人开枪射击。”并附上了烟台分公司获得的一些幸存者证词，同时说明，这些材料中“包括我们迄今所了解到的一切细节，您可从中看到日本人的所作所为是多么残暴”。

怡和洋行指出，在高升号中弹起火之前，中日两国海军并未交火，并且迄至当日，两国也未正式宣战。日本领事仍在上海天天升挂日本国旗，并且据悉，日本公使也仍在北京。而且，上海的日本领事也就海关禁止向日本运送粮食一事向海关税务司抗议，因为“中日两国尚未断交”。税务司不能将该信的副本送给我们，但他将于今晚送给赫德先生，他肯定会告诉您一切详情。

怡和洋行认为，中国乃是朝鲜的宗主国，其租下英国轮船向朝鲜运送军队是合理的，而高升号是“在和平时期被日本军舰拦击，英国国旗被炮击，船只沉没 …… 这是在公海上发生的一种海盗行为 …… 我们雇来驾驶该船的那些人完全了解他们此次航行的性质，和每一个英国人一样，他们觉得在英国国旗的保护下不会有任何危险。我们对他们的遭遇深感痛心。不论赔偿多少钱财，都无法挽回这些不幸的英国人和中国人的生命。但我们仍强烈认为，应迫使日本政府因残害他们的生命而对其遗属给予赔偿，赔偿额应足以使侵略者感到非常沉重”。[1]

8 月 1 日，印华轮船公司在伦敦又向外交部提交了汉纳根的证词，并提醒说“要弄清日军侵略真相，汉纳根无疑将是一位重

[1]《英国外交文件》，《中国近代史资料丛刊续编 · 中日战争》第 11 册，第 392 页；同时参阅 *The North-China Herald*, Aug 3，1894，pg 172.

要的见证人”。[1]

此后，怡和洋行、印华轮船公司与英国外交部之间就高升号事件保持了密切的联系。

[1]《英国外交文件》,《中国近代史资料丛刊续编 · 中日战争》第 11 册，第 104 页。

第八章

两个三角形的对抗

日本驻英、德公使青木周藏

高升号事件前后，英日关系正经历着历史上最大变革。

开战前的7月16日，英国出乎日本预料地在新的《日英通商航海条约》上签字。条约规定完全废除治外法权等，成为日本同西方列强签订的第一个比较平等的条约。条约签订后，英国外交大臣金伯利向青木周藏祝贺说："这条约的性质，对日本来说，比打败清国大军还远为有利。"日本自此实行替英国牵制俄国的远东政策，换来英国对日本的支持和放任。

由于英日修约在客观上加快了日本"征韩"的步伐。在英日修约后的第二天，即1894年7月17日，日本大本营召开御前会议，决定开战，并制定了作战计划。日本发动甲午战争，是同英日修约分不开的。正如日本史学家远山茂树指出："使日本有从事战争的可能的第一个条件是它得到了英国的同意。"[1]青木周藏随即在

[1] 林君成:《试论中日甲午战争前日本之外交策略》,《台北市立师范学院学报》，2001年，33期，第405-416页。

发给外务省的报告中，急切地表达了自己的开战愿望：“好不容易千方百计地等待斗大的鱼一网打尽，而枪声尚未发，深为叹息！深为叹息！”[1]

正是在英国间接鼓励下，日本强烈的开战愿望开始喷发，导致了高升号事件及中日大规模的战争。1911 年，《泰晤士报》为纪念英日缔结首个条约五十三周年（1858 年 8 月 26 日）而安排了足足一整版，却吊诡地发表在 7 月 15 日，正是 1894 年《日英通商航海条约》签订纪念日的前一天。在这篇回顾中，《泰晤士报》不无感慨地说：“在 1894 年英日条约缔结之后九天，高升号的沉没标志着中日战争的开始。”[2]

在我看来，当时角逐东北亚的中、日、朝、英、俄五国中，英、俄外来势力可算第一集团，中、日可算第二集团，朝鲜则属食物链的底层。在英、俄之间，俄国处境远比英国艰难，主要是因为俄国的扩张意图注定了与其余四国是冲突的，它从 1891 年开

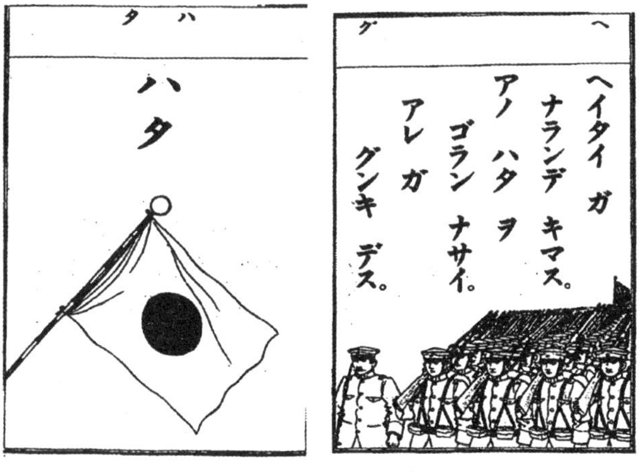

日本明治时期小学课本中的军国教育画

[1]《日本外交文书》第 27 卷第 1 册，第 114 页，转引自夏良才：《日英、日俄关系与甲午战争》，《甲午战争九十周年纪念论文集》，济南：齐鲁书社，1986 年。

[2] *Great Britain and Japan*，*The Times*，July 15，1911，pg. 8.

始修建的西伯利亚铁路，是促成英日越走越近的导火线之一。俄国不加掩饰的野心，与更为含蓄地着眼于维护既得利益的英国相比，显得“吃相很难看”，并过早地招致了英、日的敌意。日本此时向朝鲜和中国发难，令尚未在该地区具有大规模战争能力的俄国十分痛苦，既不希望日本染指其目标，又担心对抗日本会给英国以渔翁得利的机会[1]。在这样的矛盾心态下，俄国的政策表现出了明显的摇摆，甚至其驻华公使也难以和外交部保持行动的一致。后世史家多认为李鸿章依赖俄国调停，是受骗于俄国公使喀西尼，殊不知俄国公使也以为一旦日本侵朝侵华，俄国一定会出兵干预的。等到俄国在远东力量强大到足以“决不允许日本人占领朝鲜”时，都已经是 1903 年了，日本在朝鲜已经汲取了足够的养料可以与强俄一搏。

而在日本方面，正如外山三郎在《日本海军史》一书中指出的，早在 1870 年代建立新的军制时，就将俄国看作是第一假想敌，而对付朝鲜和中国无非是他们对付“临于北门之敌”前的必要准备和热身。[2]

对于英国来说，对付一个尚未摆脱半殖民地风险的日本（当时列强在日本国内还享有许多不平等特权）和一个不断衰落的中国，并在两者之间维持一种平衡，这是对抗俄国南下、牵制俄国力量、维持英国在远东既得利益的最好办法。日本官方文件很清醒地看到这一点：“对于垂涎满洲和印度的俄国，中国的利害关系正好同英国是一致的，而且，为了不使法国向印度支那扩张其版图，中国所关注的问题亦同英国相同。”[3]

因此，英国既要扶持日本崛起，又要控制这种崛起不至于过

[1]［俄］罗曼诺夫：《俄国在满洲：1892-1906》（陶文钊译），北京：商务印书馆，1980 年，第 62-63 页。

[2]［日］外山三郎：《日本海军史》（龚建国、方希和译），北京：解放军出版社，1988 年，第 19-22 页。

[3]《日清战争实录》第 14 卷，第 80 页，转引自戚其章：《甲午战争国际关系史》，第 130 页。

度地削弱中国。仅就中日两国在朝鲜的争端，英国起初抱持一种中立的、息事宁人的、维持现状的态度。正如欧格讷在事件发生后的7月27日与总理衙门会谈时所说："战争一爆发，我们（英国）的商业利益将遭到巨大损失，我们同交战两国都有着友好关系。而其他方面的利益，如果不是更大、更重要的话，也是同样重大和重要的。在这些利益中，我们的政治利益最为重大，并且在所有方面都同中国的利益一致。这些利益要求中国决不能为一场灾难性的战争所削弱，她应当在东方继续占有支配地位。"[1]可见，在英国的选择中，一个在东亚相对强大的中国还是首要的，他们所希望的是有一个逐渐强大起来并足以对抗俄国的日本，当然，他们也清晰地看到这个日本必然要在一定程度上损害中国利益，实际上日本也只有靠从中国吸血才有可能迅速强大起来，但英国人希望能控制这个吸血的强度，既能将日本养肥到足够对抗俄国，也不至于把中国过度削弱，从而导致这个地区的力量失衡及重组。如此，则英国作为既得利益者，在这样的重组中显然是风险大于收益的。

但在战争确实难以避免的情况下，在中国进行了令英国疑忌的敦请俄国进行调停的情况下，英国还是选择了牺牲中国。在开战前两天的7月23日，英国即照会日本，明确说明"中国之上海为英国利益之中心"，日本一旦开战不得侵害上海，这是明示日本只要不影响到英国在长江流域的势力范围，英国不会进行干预。

曾担任中国总税务司50年之久的英国人罗伯特·赫德（Robert Hart，1835—1911），一语点破了列强外交的真面目："所有国家均向中国表示同情，并说日本这样破坏和平是不对的，它们所以

[1]《英国外交文件》，《中国近代史资料丛刊续编·中日战争》第11册，第307页；光绪二十年六月二十七日（7月29日）洋务档，《清光绪朝中日交涉史料》No.1261，《中国近代史资料丛刊·中日战争》第3册，第7页。

同情中国，只是因为战争会使它们自己受到损失而已。”[1]在“英中俄”和“英日俄”两个三角形的对抗中，以日本为顶点之一的后一个三角形终于胜出。

其实，日本在这次外交危机中，最大的收获不在于高升号事件本身，甚至也不在于整个甲午战争中对其日趋有利的外交环境，而在于真正找到了与世界第一强国英国的利益交换渠道，找到了大英帝国的兴奋点。这一外交高地的占领，尤其1902年缔结同盟条约后，令日本在远东获得了英国的支撑，可以放手作为。

日本人激怒了英国人

英国的外交官们一直对日本在这个过程中的咄咄逼人感到相当不安，因为这可能会破坏英国人所希望的平衡状态。在战前，他们所提的最后一个调停方案，是将朝鲜划为南北两半，中日分别占领，中国居然接受了，但被日本拒绝，欧格讷就十分坦率地告诉日本驻北京公使小村先生，他认为日本所采取的措施，“与其说是要促进与中国和朝鲜的友好谅解，毋宁说是要制造严重危机”。[2]

在整个中日冲突的交涉过程中，英国媒体扮演了重要的角色，英国报刊对事件及整个战争做了大量的报告。中国对英国舆论的分析和利用未加重视，中国的外交报告更多地还是揣摩英国的官方动态，很少顾及舆论反应，尽管英国舆论基本是采取同情中国的态度。

相对而言，日本人则对此给予了高度重视，尤其在舆论对其不利的情况下，一是从来不回避，没出现那种报喜不报忧的情况，二是舍得投入，在人力、物力、财力上下工夫，试图引导和改变

[1] 白皋:《1894-1895年中日甲午战争失败的原因及其教训》,《宁夏日报》,2004年9月16日。

[2]《英国外交文件》,《中国近代史资料丛刊续编 · 中日战争》第11册，第158页。

SINKING OF THE KOW SHING

DENOUNCED IN ENGLAND AS A BARBARIC BUTCHERY.

Only 41 Survivors of the Fury of the Japanese—Reports that Struggling Men Were Shot in the Water—The Transport Said to Have Been Under the British Flag—A Demand for Surrender Rejected—No Officers Left Alive—Indignation in London.

PEKIN, July 30.—The following official version of the recent engagement between the Chinese and Japanese fleets has been issued by the Government:

1894年7月31日《纽约时报》对高升号事件的报道

英国舆论。如驻英国日本公使青木周藏，在战前就多次向本土发出有关英国舆论的报告，7月6日主题为《英国舆论对日本寄予好感之报告》[1]、7月22日主题为《关于使英国舆论变为有利之报告》[2]。我们在随后的叙述中，将会看到日本人在利用舆论配合转变高升号事态的具体做法。

高升号事件，终于激怒了大多数英国人。

无论是驻北京公使欧格讷、驻日本公使巴健特还是驻中朝各地的领事们（天津的宝士德、烟台的阿林格、仁川的务谨顺）等，都在各自的事件报告中，对日本人表示了强烈的谴责，并倾向于

[1]《日本外交文件》，《中国近代史资料丛刊续编·中日战争》第9册，第306页。

[2] 同[1]，第324页。

进行报复。

欧格讷在7月27日就此事第一次发给伦敦外交部的急电中，就认为“袭击高升号没有事先警告……更说明他们（日本人）行为的非法无耻”。[1]而《申报》则报道说，高升号事件传到天津后，英国总领事宝士德还前往日本领事馆诘问，“日本官大言炎炎，谓英国船既装中国之兵，即系与我有仇，岂有不准我轰击之理。英领事不怿而回”。[2]应该说，在没有得到国内具体指示之前，外交官是不可能就该事件向日本提交任何形式的抗议的，此报道亦应属于媒体迎合读者的“新闻”。

日本人迟至7月28日，才由青木在伦敦以公使便函而非正式照会的方式，向英国方面通报了丰岛战况，但仍未告知其所击沉的乃是英国商船。这份便函说：“朝鲜最近传来消息，日本军舰在受到挑衅的情况下，在丰岛附近与中国海军交火，击沉中国军舰一艘，全员覆没；俘获操江号军舰，但北洋水师最大的铁甲舰济远号逃回了中国，广乙号逃往牙山……”[3]

次日（7月29日），日本政府向各国发出了正式照会，告知中日已经实际开战，但依然没有通报击沉英国商船之事。在发给伦敦的转告英国政府的电文中，陆奥说：

> ……朝鲜国王委托大院君（国王之父，前摄政王）全权领导管理和改革……我们所希望的朝鲜改革，终于要根据国王的意愿付诸实现了。不必顾及朝鲜独立问题，目前也无需考虑与中国政治上、经济上的平等问题，因为我们可以直接与朝鲜进行协调。所以，日本政府不必再等待中国的许可。

[1]《英国外交文件》,《中国近代史资料丛刊续编·中日战争》第11册，第89页。

[2]《天津访事人函述中日近事》,《申报》，1894年8月3日。

[3] 同[1]。

> 日本政府得到可靠消息，中国派出大批军队向我们示威，并已于本月25日越过朝鲜边界。中国表面上听从外国的建议，实际上是为准备战争赢得时间。最近传来日本军舰遭袭击的消息，进一步证明了这一点。在这种情况下，日本政府不得不收回在各国劝说下向中国提出的意见。由于中国不讲道理的顽固立场，日本被迫把各友好国家的调解推向失败，日本政府对此深表遗憾。当然，日本一向是倾向和平的。在适当时候，他们愿意听取一切符合事态发展、无损日本帝国荣誉和尊严的和平建议。[1]

当日，俄国驻东京公使希特罗渥也向圣彼得堡外交部发去了急电，报告其半夜接获日外务大臣照会，称“中国军舰在牙山附近轰击日军，在这些情况下，日本政府不得不撤销其在诸友邦影响下对中国提出的建议……”等等。[2]

这一系列外交动作，都是在日本已完全得知高升号事件的情况下进行的，但日本政府对此依然进行了高度的保密，同时积极进行高升号事件调查和统一口径。

陆奥在回忆录里记载：“当时不但伦敦尚未得到详报，即东京也未得到确实详细报告，因此我认为不论所谓对英国‘必须立即给予能使其十分满意的表示’的主张，也不论如青木公使所建议的‘请在英国政府提出要求以前，由我主动提出予以相当赔偿’，今日不免尚嫌过早，且当我接到这个意外报告时，曾邀驻东京英国临时代办会晤，并向他表示‘关于此次令人遗憾之事件，一俟经过充分调查以后，如果不幸发现帝国军舰的行为有失当之处，帝国政府即当给予适当的赔偿’；并请该公使即时转达本国政府。

[1]《英国外交文件》，《中国近代史资料丛刊续编·中日战争》第11册，第94页。《日本外交文件》，《中国近代史资料丛刊续编·中日战争》第9册，第331页。

[2] 红档中有关中日战争文件，《中国近代史资料丛刊·中日战争》第7册，第271页。

所以现在只是希望能早日获得详细的报告。”[1]

高升号事件就这样在日、英外交机构的“慎重”下，有意无意地被搁置了几天，尽管中国政府天天在等待着英国出面向日本兴师问罪的好消息。

此时，靠近前线的英国驻朝鲜和中国的领事们，则做出了更为实际的反应，除了进行深入的情况摸底之外，他们还为避免发生更多的类似高升号的悲剧而采取了一些紧急措施。

目睹高升号悲剧的飞鲸号船长，向英国驻天津总领事宝士德请示，说中国方面要求其再载运更多的部队去牙山，询问是否还会得到英国国旗的保护。宝士德回答说：“鉴于所发生的事情，不能否认中日已成敌国，高升、爱仁、飞鲸第一次赴牙山受过这种保护，那时尚无战事，但现在战争已经爆发，形势完全变了，如果运载中国军队和军需，将会成为敌人合法的战利品。因而，如果决意渡海运送任何军队或战争物资，后果自负。”7月28日，宝士德将此涉及英国船只与中日军队行动的重要决定报告了欧格讷，后者又向伦敦做了汇报。[2]

身处冲突第一线的英国驻仁川副总领事务谨顺，7月30日向刚进港的英国拖轮白河号发出紧急命令，告知日本舰队奉命拦截各国商船，要求该船长在被拦截时一定要查验登船之日本军官的书面命令，然后向其提出书面抗议，指出其行为有悖于文明国家的惯例，并且说明自己“只是因为未获授权抵抗才从命”，先服从日本军官命令，一俟抵达有英国领事馆的港口，立刻正式提出抗议。[3]

仁川此时还发生一件令务谨顺十分气郁的事情。7月27日这

[1]《蹇蹇录》，第72页。

[2]《英国外交文件》，《中国近代史资料丛刊续编·中日战争》第11册，第330页。

[3] 同[2]，第385页。

天，中国租用了一艘德国轮船潮州府号（Chowchowfoo），用于撤离中国商人和平民，不知是日本海军有意刁难，还是事先没有协调好核查计划，该船在海上遭到日本不同军舰的多次拦截检查，甚至试图将船上的乘客赶回岸上，强行征用作为马夫。德国船长当场就向日本海军提出了愤怒抗议，日军终于作罢。[1]

此后，日本驻仁川总领事能势居然亲自写信给该船代理人吕尔斯（Luhrs）道歉，这大大刺激了大英帝国外交官的自尊心。

务谨顺得悉后，大为不满，在7月31日提交给欧格讷的报告中抱怨道：

> 在我看来，能势先生主动写这封信，实际上是承认他有责任就日本海军当局的举动向有关船只驻此间的代表做出名义上的解释（需要的话就道歉）。但是，潮州府号只是被耽误了半个小时左右的航程，如果对这件事可以这么做，那么为什么对导致其船员和乘客丧生大海的英国轮船高升号一事就不管不问呢？如果说能势先生写信的目的只是为了驳斥关于潮州府号被捕获的谣言，那么为什么不能写信给我，以驳斥高升号上的英国人全部丧生这种更加邪乎的谣言呢？
>
> 到目前为止，只是一名日本海军军官告诉我这些不幸的人全都安然无恙，但我不敢肯定，因为日本舰队司令对罗杰斯舰长提出的关于引渡那些据称被日军小船救起的英国船员的要求尚未给予任何答复。[2]

编故事的特长被日本人再次发挥

就在7月31日这天，日本人结束了在仁川及各地对高升号

---

[1] *The Lull Before the Storm, The North-China Herald*, Aug 3, 1894, pg 191.

[2]《英国外交文件》,《中国近代史资料丛刊续编·中日战争》第11册，第383页。

事件的装聋作哑，同时在东京和伦敦向英国政府通报了高升号情况。陆奥宗光召见了英国驻东京公使巴健特，递交了一份关于7月25日丰岛海战的报告，并保证，如果经过调查，确实是日本军舰错打了英国船，日本将赔偿全部损失。[1]

英国驻日本临时公使巴健特

但在丰岛海战的细节上，日本人开始了篡改，编造了济远舰利用遭遇高升号的机会向浪速舰突发鱼雷而首先开火。在陆奥宗光发给青木转交英国政府的文件中说："（双方舰队相遇）中国军舰未向日舰致意，反做交战准备，态度极不友好。济远舰在浪速舰后面不远处，浪速舰突然冲向济远舰。济远舰后退，并升起白旗。浪速舰于是暂不开火。这时，运兵船从浪速舰一侧通过，浪速舰又发空炮，示意其停船抛锚。运兵船照办了。同时，济远舰接近了浪速舰尾部，在距离约三百米处向浪速舰发射了鱼雷，但未命中。浪速舰遂向济远舰开火，吉野舰也一起开火……运兵船船长表示投降，同船士兵拒绝投降并进行了抵抗，浪速舰遂将其击沉……事后发现，被击沉的运兵船是隶属印华轮船公司的英国船只，被中国租用运送军队和战备物资。我已将上述情况通报了英国代办，告诉他尚未有此案的确切细节，并向他保证，如果查明我方做错，日本政府将赔偿全部损失。请将此通报英国政府。"[2]

中国随即得到了该消息。中国驻英国公使龚照瑗急电李鸿章："倭据其兵官言告英：'高升船主降，华兵不降，故击沉，沉后知

[1]《英国外交文件》,《中国近代史资料丛刊续编·中日战争》第11册，第99、第212页。
[2] 同[1]，第95页。

误击英旗。’狡极。”[1]

日本不仅向英国通报了篡改后的事件过程，而且向列强均发出了同样信息。俄国驻东京公使希特罗渥向圣彼得堡的外交部报告了日本的说辞：“关于海战的消息业已证实。根据日本方面的说法，七月二十五日在丰岛附近，中国战舰不回答日本战舰的招呼，即行开火。日军击沉载有士兵一千五百名的运输船一艘，俘获操江号炮舰一艘，枪三千支，炮二十门，船员八十二人，内有外国人三名。另有中国护送船两艘脱逃。”[2]

同时，日本开始了猛烈的舆论攻势，不断地向上海、伦敦等地的媒体提供资料。英国驻上海总领事韩能也注意到日本领事馆在总领事大越带领下给当地报纸提供了很多材料，令“这里迄今收到的报道非常矛盾，因而几乎不可能得到确切的事实”。[3]

英国外交部成了“太极”高手

7月31日，英国外交部启动了官方程序，正式致函司法局，通告了高升号事件，强调“被击沉的那艘英国船，可能还悬挂着英国国旗，是向朝鲜运送中国军队的，目的很明显，是应朝鲜国王邀请前往恢复秩序的。日本方面却宣称，该船运兵的目的是要把日本军队赶出朝鲜，而且出发前完全知道，日本已经警告中国停止增兵”，“这次海战前后，尽管朝鲜王宫卫队曾与日本军队在汉城附近发生过冲突，中日两国却从未宣战”，希望司法局的法官们从国际法的角度就英国政府是否有权向日本索取赔偿提供专业意见。[4]

---

[1] 光绪二十年七月初四日（8月4日）到电报档，《清光绪朝中日交涉史料》No.1305，《中国近代史资料丛刊·中日战争》第3册，第20页。

[2] 红档中有关中日战争文件，《中国近代史资料丛刊·中日战争》第7册，第275页。

[3]《英国外交文件》，《中国近代史资料丛刊续编·中日战争》第11册，第265页。

[4] 同[3]，第101页。

北京的欧格讷也在这一天向伦敦发出了高升号事件的有关文件，回答了英国政府最关心的高升号所悬挂旗帜的问题，说明“高升进入牙山口处时悬挂英国国旗似无疑问，该船出租进行合法贸易时，中日之间尚未宣战或直接发生战事，更毋庸置疑，故船长不会认为日本人有可能没收及摧毁他的船只。很难理解日本人何以能为击沉一艘无防卫能力的非武装船只辩护，该船悬挂着英国国旗，载有数名英国军官，在船长心目中只要在宣战或实际发生中断中日关系的公开敌对行动之前，该船的使用方式是完全合法的”。[1]

印华轮船公司也在次日（8 月 1 日）向外交部长金伯利报告，引用路透社的电文，“基本可以肯定”高升号遭袭击时悬挂着英国国旗，并提交了汉纳根的证词。[2]

官方证实了高升号遇难的消息后，英国的媒体开了锅，舆论除了愤怒地谴责日本的暴行外，更强烈地要求政府对这种侮辱和蔑视英国国旗的行为进行报复。德国在伦敦的观察员注意到，“此事件给英国报纸提供了大量责难日本的材料。该国报纸不断建议政府，要求日本对英国国旗施加的横暴行为，给以赔偿”。[3]法国报刊在转述英国媒体时，也指出，英国媒体普遍认为，中日战争主要的起因就是日本的野心，日本对高升号的攻击践踏了人类准则和英国国旗。[4]青木也在 8 月 1 日紧急致电陆奥，说伦敦的“所有报纸皆载有此事，并唱反对我国之说”[5]。中国海关派驻伦敦的办事处主任、英国人金登干向他的上司、海关总税务司赫德说，

[1]《英国外交文件》,《中国近代史资料丛刊续编 · 中日战争》第 11 册，第 321 页。

[2] 同 [1]，第 104 页。

[3] 1895 年 3 月出版的《柏林府海事通览》，转自日本海军军令部《廿七八年海战史》,《中国近代史资料丛刊续编 · 中日战争》第 7 册，第 380 页。

[4] *The French Mail Papers*, *The North-China Herald*, Sep 14，1894，pg.437.

[5]《日本外交文件》,《中国近代史资料丛刊续编 · 中日战争》第 9 册，第 348 页。

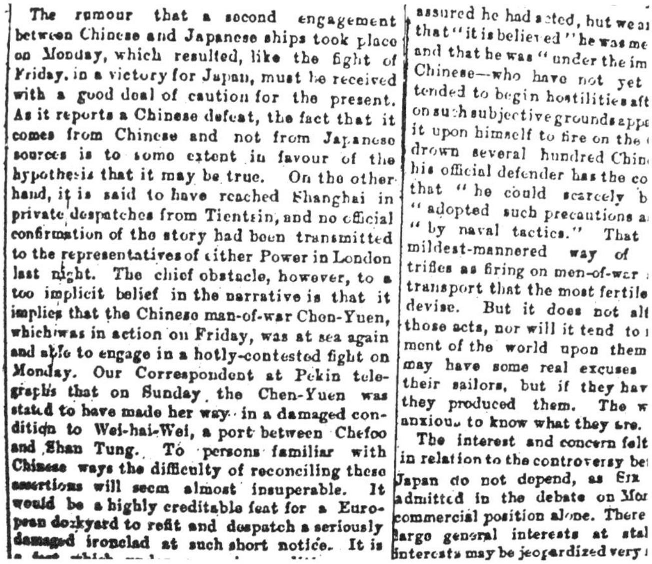

The rumour that a second engagement between Chinese and Japanese ships took place on Monday, which resulted, like the fight of Friday, in a victory for Japan, must be received with a good deal of caution for the present. As it reports a Chinese defeat, the fact that it comes from Chinese and not from Japanese sources is to some extent in favour of the hypothesis that it may be true. On the other hand, it is said to have reached Shanghai in private despatches from Tientsin, and no official confirmation of the story had been transmitted to the representatives of either Power in London last night. The chief obstacle, however, to a too implicit belief in the narrative is that it implies that the Chinese man-of-war Chen-Yuen, which was in action on Friday, was at sea again and able to engage in a hotly-contested fight on Monday. Our Correspondent at Pekin telegraphs that on Sunday the Chen-Yuen was stated to have made her way in a damaged condition to Wei-hai-Wei, a port between Chefoo and Shan Tung. To persons familiar with Chinese ways the difficulty of reconciling these assertions will seem almost insuperable. It would be a highly creditable feat for a European dockyard to refit and despatch a seriously damaged ironclad at such short notice. It is

assured he had acted, but we a
that "it is believed" he was me
and that he was "under the im
Chinese—who have not yet
tended to begin hostilities aft
on such subjective grounds appe
it upon himself to fire on the
drown several hundred Chin
his official defender has the co
that "he could scarcely b
"adopted such precautions a
"by naval tactics." That
mildest-mannered way of
trifles as firing on men-of-war
transport that the most fertile
devise. But it does not al
those acts, nor will it tend to
ment of the world upon them
may have some real excuses
their sailors, but if they hav
they produced them. The w
anxious to know what they are.
The interest and concern felt
in relation to the controversy be
Japan do not depend, as Sir
admitted in the debate on Mo
commercial position alone. There
large general interests at sta
interests may be jeopardized very

英国《泰晤士报》1894 年 8 月 1 日报道中日冲突

英国报界几乎是一边倒地支持中国，尖刻地抨击日本，他甚至认为如果英国政府将已经签订的英日条约内容公布的话，会引起民众“愤怒的反对”。[1]

对于日本方面的初步辩解，《泰晤士报》指出：“对于日本政府所发布的有关高升号事件的说明，需根据幸存者的证词进行调整。击沉高升号，与任何海军行动没有关系，因为高升号没有军舰护航，而仅仅依靠自己的英国国旗保护。可以肯定，浪速舰舰长在击沉高升号后下令屠杀落水者。法国军舰 Lion、德国军舰 Iltis、英国鱼雷艇 Porpoise，共救起了大约二百四十名中国人呢，但日本军舰却并未拯救任何中国人。在华的各国外交官，普遍将高升号事件看作是对英国国旗的暴行，以及对中国人的非人性对待。”[2]

媒体上充满对日本的质疑。

[1] 金登干致赫德信，1894 年 8 月 3 日，《中国海关密档》第 6 卷，第 98 页。

[2] *The Times*, August 22，1894，pg.3.

《北华捷报》的一篇报道，在开篇就说："最近几天发生的事，暴露了日本人的真实天性，他们再也不能伪装自己是文明人了。人们之前与他们打交道，对他们自称的文明并无信心，但现在，他们已经公开表明了自己是野蛮人。日本军舰进行的这场屠杀，或者说海盗行为，证实了针对他们的任何严厉指责。"[1]

另一篇评论也指出："日本人最为擅长一件事，那就是花言巧语地撒谎，以至于别国的外交官们在很长时间都信以为真，但现在他们发现，自己不过是被日本人愚弄而已。最初，日本假装接受欧洲的调停，假装他们到朝鲜仅仅是为了保护自己的侨民。每个人现在都看清了，日本人所需要的，无非是争取时间以便做好更为充分的准备。他现在扔掉了面具，露出了真面目，向全世界展示了一个国家也能够伪装文明，令我们想起历史上最为黑暗的时代。"日本人甚至在其占领的汉城，也相当孤立，"外国人对于高升号事件感觉非常厌恶和愤怒，日本人在汉城除了一个被他们收买当间谍的美国人之外，一个朋友也没有"。[2]

《北华捷报》另一篇评论认为："对日本人来说，要证明自己的行动并非出于野心，相当困难。他们曾对朝鲜王宫发起攻击，杀了不少朝鲜士兵，这令他们很难解释自己是被朝鲜国王和人民邀请而来的。日本人期望解决他们的国内难题，展示他们新陆军和新海军的力量，以证明他们才是东方的有领导能力的民族。"[3]

在华的英国人，也试图对英国政府施加舆论压力。《北华捷报》一篇署名"海员"（Mariner）的来信，尖锐地提出了七个问题：

一、在高升号离开上海之前，其船东或代理商是否知道其将用于军事运输？他们是否将这些告知船员，并给予船员自由选择离开的权利？

---

[1] *News from Chemulpor, The North-China Herald*, Aug 10, 1894, pg.235.

[2] *Corea, The North-China Herald*, Aug 17, 1894, pg.263.

[3] *the War*, *The North-China Herald*, Aug 3, 1894, pg.189.

二、高升号到达大沽时，英国领事馆是否已经采取措施，告知船员们他们将面临的风险？

三、高升号的船员们前往朝鲜水域是否存在被误导的情况，如果是，谁应承担责任？

四、附近的英国军舰是否曾阻止悲剧的发生？

五、为什么在附近没有英国军舰？

六、在上海与天津之间的航道上，英国的货物运输量十分巨大，为什么只有一支小舰队予以护航？

七、考虑到中国局势如此不稳定，为什么英国海军和主力舰队停留在九百英里之外的日本北部沿海？[1]

其实，英国主要防范的重点是俄国，因此将远东舰队的主力全力对付北方，的确没有考虑到英国商船会在中日附近海域遭受攻击。

中国驻英国公使龚照瑗则提醒李鸿章，目前事件的解释多出自日本人之口，中国应加强在海外的舆论宣传，并请李鸿章将汉纳根供词急电伦敦公使馆，“俾各国知”。[2]中日两国在英国及欧洲展开了一场激烈的舆论争夺战。

日本政府开始将末松谦澄所获得并精心整理筛选过的有关资料，连续地通报给青木转交英国政府。在其描述中，浪速舰第二次派小艇去高升号，其目的成了“想在开火前带走船上的欧洲人”，但“遭到中国人的拒绝”。[3]发布如此信息的目的，很显然是在争取欧洲人的同情，表明自己的“无奈”和“委屈”。

在英国下院8月2日的质询会上，议员们发出了连珠炮般的

[1] *the Sinking of the Kowshing, The North-China Herald*, Aug 3，1894，pg.189.

[2] 光绪二十年七月初四日（8月4日）到电报档，《清光绪朝中日交涉史料》No.1305，《中国近代史资料丛刊·中日战争》第3册，第20页。

[3]《英国外交文件》，《中国近代史资料丛刊续编·中日战争》第11册，第109页。

询问：中日是否已经宣战？日本军舰是否击沉了高升号商船？高升号是否为英国船只？是否悬挂英国国旗？事件是否发生在中日宣战之前？如果上述情况属实，对这种侮辱英国的行为，政府打算采取什么措施？政府又将如何为在这次不寻常的海事中遇难者的家属争得充分的赔偿？

外交部答复说："中日已经宣战。但除了击沉高升号一战外，未收到任何军事行动的消息。高升号是英国船，隶属印华轮船公司，被中国租用运兵。"但外交部还是给自己留了很大的余地，表示说由于高升号事件众说纷纭，尚不能就赔偿问题发表意见，但强调说"日本政府已经主动提出，如果最后证明是日军的错误，他们将赔偿全部损失"。[1]《申报》摘译了外电对此次议会质询的报道，说"日人自知理屈愿意负荆矣"。[2]对于英国的沉默，国际社会也注意到了这一反常情况。8月4日，俄国驻东京公使希特罗渥给其外交部发电说："英国方面目前尚无官方正式表示。"[3]

8月2日，英国司法局终于做出了裁定，法官里格比（John Rigby）和里德（R. Rid）致函外交部："我们认为，英国政府有权要求日本政府对沉船及由此带来的英国公民的生命财产损失提供全部赔偿。"[4]，据此，英国外交大臣金伯利次日向日本公使发出正式照会，告知其"英国政府最后认为，由于日本海军的行为而使英国公民生命、财产所遭受的一切损失，日本政府必须完全负责。我满意地注意到，日本政府已经表示愿意为其指挥官的失误提供适当赔偿"。但在这份照会中，金伯利还是留了口子："一旦英国政府收到详细的情况报告而作出最后决定，我会

[1]《英国外交文件》，《中国近代史资料丛刊续编 · 中日战争》第11册，第109页。

[2]《英电译要》，《申报》，1894年8月5日。

[3] 红档中有关中日战争文件，《中国近代史资料丛刊 · 中日战争》第7册，第278页。

[4] 同[1]，第110页。

英国外交大臣金伯利（漫画）。刊于1869年7月16日英国 *Vanity Fair* 杂志

马上向你通报。”[1]

但在英国外交部发给印度支那致轮船公司的函件中，语气十分肯定：“女王政府根据贵公司提供的陈述和日本政府的来信，对事件详情进行了认真研究，得出结论：日本政府必须为其海军官员的行为引起的英国人身财产的损失承担责任。金伯利伯爵已将此告知这里的日本公使青木子爵，并向他表示，对他代表日本政府保证将为其官员的失误承担一定的赔偿表示满意。为使女王政府对应索的赔偿心中有数，请尽快将沉船后引起的人身财物损失详情禀报金伯利伯爵。”[2]印度支那致轮船公司立即回函对此表示满意，并提醒外交部，向日本索赔要“包括对生还人员的伤病所进行的治疗以及损失的财物”以及“按公司章程且受国旗保护的

[1]《英国外交文件》,《中国近代史资料丛刊续编·中日战争》第11册，第113页。参考《日本外交文件》,《中国近代史资料丛刊续编·中日战争》第9册，第359页。

[2]《英国外交文件》,《中国近代史资料丛刊续编·中日战争》第11册，第121页。

中国水手的权利”。[1]

中国驻英国公使龚照瑗电告李鸿章：“高升事，西人怒，言倭残酷。怡和以挂英旗，控英索赔人船；倭今遣使向英告罪，英查例办。”[2]

青木当然注意到了金伯利照会中的微妙措辞，在和国内进行了多日的探讨后，他于五天后（8月8日）回函，一方面继续信誓旦旦地承诺：“关于高升号不幸事件，我毫不犹豫地正式重申，日本政府已指示我以她的名义对这一事件的发生，表示非常遗憾。我能给予英国政府关于我们政府之忠实希望之保证：一旦证明日本海军军官之行动是违约的，日本政府将尽力给予一切赔偿。”；另一方面他顺着金伯利留好的口子说：“我满意地注意到，伯爵[3]期望在此问题上，保留贵方明确结论之进一步消息。我将像以前一样，不中断这种非官方的通信，以了解此事件之详情。我希望伯爵能把此行动看成是我方真诚愿望之进一步证明，以促成这一令人痛心的问题之充分谅解。我相信，更加精确和完善的报告，会使事实逐渐澄清，而且会有助于改变起初那些概要性的和片面的电报所带来的令人不快的印象。”[4]

青木一直强调的是“非官方的通信”，此前他所提交给英国政府的相关文件，多不是正式的照会，或是便函，或是将日本来的电报抄个副本给英国人，给自己留足后路，以防止他所谓的“概要性的和片面的电报所带来的令人不快的印象”。

[1]《英国外交文件》，《中国近代史资料丛刊续编·中日战争》第11册，第135页。

[2] 光绪二十年七月初四日（8月4日）到电报档，《清光绪朝中日交涉史料》No.1305，《中国近代史资料丛刊·中日战争》第3册，第20页。

[3] [雪珥注]：指金伯利。

[4]《日本外交文件》，《中国近代史资料丛刊续编·中日战争》第9册，第359页。参考[1]，第134页。

英国军方的激烈反应被压制

与外交机构的持重不同，英国军方的反应与舆论一样强烈。

《北华捷报》报道，驻扎在东亚海面的英国远东舰队副司令斐里曼特认为，对高升号的攻击，是对人类的暴行，也是对英国国旗的暴行，如果当时英国舰队在附近，一定会对日本的浪速舰及其舰长予以严厉的报复。[1]

上海出版的《字林沪报》援引外电的报道，斐里曼特奉命飞檄日本东京，诘问该国海军省，其略云："中日倘有战争之事，则当须先照会各国，然后各国按照万国公法不使商船载运中国兵马，今日本并无照会至英国，则英国之高升轮船自应载运中国兵马，并无丝毫背理之虑。日兵无端燃炮轰击以致全船覆没，船中司事均遭惨毙，是何理耶？明明见有英国旗号而肆无忌惮，一至如此，将与中国为难耶抑与英国为难耶？请明以告我。"《字林沪报》因此认为"日本无端已甚，得罪于天下，我中国当即檄告合地球大小各国，同心协力，一共击天下之罪人"。[2]

《字林沪报》是英文《字林西报》的中文版，其消息来源有一定的优势。但看此报道上说英国舰队司令去质问日本是想和中国为难还是和英国为难，颇有街头斗殴的口吻，当属中文编辑们添加了不少佐料。该细节后出现在《中倭战争始末记》中，并被后来的学者引用[3]，当属于抄自报端，引用当慎而又慎。

根据英国的外交文书记载，斐里曼特是从欧格讷那里得到高升号事件的消息，他在 8 月 4 日带领舰队到达仁川后得到更多的资料，并派军舰红雀舰（H.M.S.Linet）8 月 7 日前往出事地点再度搜索，但没有发现新的幸存者。

---

[1] *The Kowshing Inquiry*, *The North-China Herald*, Aug 31, 1894.

[2]《英廷问罪》,《字林沪报》, 1894 年 8 月 2 日。

[3] 戚其章:《甲午战争国际关系史》, 第 247 页。

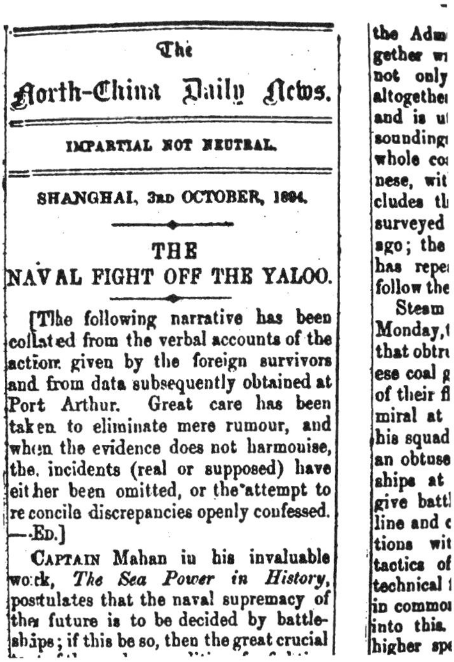

The North-China Daily News.

IMPARTIAL NOT NEUTRAL.

SHANGHAI, 3RD OCTOBER, 1894.

THE NAVAL FIGHT OFF THE YALOO.

[The following narrative has been collated from the verbal accounts of the action given by the foreign survivors and from data subsequently obtained at Port Arthur. Great care has been taken to eliminate mere rumour, and when the evidence does not harmonise, the incidents (real or supposed) have either been omitted, or the attempt to reconcile discrepancies openly confessed. —ED.]

CAPTAIN Mahan in his invaluable work, *The Sea Power in History*, postulates that the naval supremacy of the future is to be decided by battleships; if this be so, then the great crucial

1894年10月3日《字林西报》报道中日海战

斐里曼特对日本当局的沉默相当不满，并特别派遣射手舰前往搜寻日本舰队，要质问日本舰队司令，浪速舰是否奉命击沉“合法地运送中国军队”的高升号。

斐里曼特在发给伦敦海军部的电报中建议：“我方应要求立即罢免并拘捕浪速号舰长和那些在两国政府谈判期间指挥军舰卷入事件的高级官员。若不遵从，我应被授权实行报复。最重要的是，应当做些事情以弥补大英旗帜所遭受的侮辱。”[1]

陆奥宗光在他的回忆录中透露，英国在战前总是帮助中国，英国远东舰队时常尾随日本舰队，将所得情报通报给中国；斐里曼特本人在拂晓的大雾中遇见日本舰队故意鸣放礼炮，将日舰位置通知中国舰队等。[2]

英国外交部随后将相关意见通过致海军部发给了远东舰队副

[1]《英国外交文件》，《中国近代史资料丛刊续编 · 中日战争》第11册，第131页。

[2]《蹇蹇录》，第58页。

司令斐里曼特，婉转地提醒斐里曼特应该继续等待政府的详细材料[1]，海军部在向斐里曼特转达外交部意见的同时，也如同印华轮船公司那样没解读出外交部所留的口子，海军部的电文说："外交部已照会日本公使，日本政府须对英国人的生命财产损失承担责任。女王政府决定索赔数目之前等待着进一步的细节。如果你能弄清实情，请电告。"[2]

在8月10日英国下院的又一次质询会上，外交次长柏提在回答有关高升号事件的质询时，清晰地解释了外交部的"持重"政策："有关此事的报告仍然相互矛盾。高升号上获救者的完整证词正在途中，约9月24日方能收到。日本政府已被告知，考虑了他们提供的情况之后，英国政府必须追究他们对英国人生命财产所负有的责任。"[3]也就是说，在详细解读高升号上获救者的"完整证词"之前，还不会有最后的结论。

英国政府的"持重"，除了有外交利益方面综合考虑外，其时也有了在国际法方面的顾虑……

与作为当事人之一、在远东利益牵制很大的英国不同，也与在远东有重大企图的俄国不同，欧洲的另一新兴强国德国在高升号事件后的远东关系中，无事一身轻，并想利用此事积极拓展自己在远东的空间。

8月7日在柏林举办的外交使节招待会上，德国外长罗敦干男爵表示，正好借此机会向中日两国推销德国军火，"欧洲国家能从东方人相互间的战争里获得的唯一利益，就是向他们出售军火"。参加招待会的俄国代办事后向国内汇报说，已确定中国在柏林定购了两艘鱼雷艇。

[1]《英国外交文件》，《中国近代史资料丛刊续编·中日战争》第11册，第137页。

[2] 同[1]，第138页。

[3] 同[1]，第136页。

罗敦干男爵表示，从德国驻远东代表所发回的有关报告中，可以看到中国政府并不希望事件发展成为战争。李鸿章在军事上没有充分准备，战争已使中国人感到措手不及。而日本方面“早已”作战争准备。

对于中国虽在军事技术组织方面任用欧籍军官（包括德国人），但不会把军队的指挥权交给外国人一事，罗敦干男爵说：“这样更好，替我们解决了很多极端困难的中立问题。”

俄国代办发现德国舆论对朝鲜事件甚为冷淡，柏林股票交易所指数一直上升，而德国政府正积极谋求在远东充当更为积极的角色，而且，“德国对中国的态度似乎较对日本的态度为好”。[1]

---

[1] 红档中有关中日战争文件，《中国近代史资料丛刊·中日战争》第7册，第281页。

第九章

英国专家为日本呐喊

高升号事件，被媒体形容为“史上针对中立国船只最严重的暴行之一”[1]，为了挽回不利影响，日本在英国的舆论界和司法界下了很大的工夫，不断地为他们提供经过精心整理和修饰的高升号事件文件，甚至还准备了专门的经费。在驻英公使青木8月4日发给陆奥的电文中，得意地说：“《每日电讯报》、友好的《泰晤士报》和其他主要报纸，由于审慎地雇佣，均就上述消息改变了腔调。除路透社外，几家主要报纸和电讯报社都保证了合作。英国权威人士韦斯特莱克公开表示，根据国际法浪速舰是对的。在德国《科隆报》的政治通讯员、友好的《大陆报》也因此而受到影响。”随后，他提出：“你要提供我约一千英镑做特工经费。”[2]中国的不少学者据此认定日本收买了韦斯特莱克等英国国际法专家和媒体，但显然是证据不足的。

青木在9月份驻节柏林[3]时，曾公开抱怨，《标准报》（*Standard*）等相当多的英国报纸都倾向于中国一边，他认为这一倾向如果得到英国政府的认可，那将是危险的。在英国驻德国公使马来特（E Malet）为此发给外交部的密函中透露，青木扬言“假

[1] *The North-China Herald*, Aug 17, 1894, pg.211.

[2]《日本外交文件》,《中国近代史资料丛刊续编 · 中日战争》第9册，第357页。

[3]［雪珥注］：青木兼驻德公使。

如英国支持中国，为自卫计，日本就会倾向于同俄国结盟”，而只要英国不支持中国，“即令中国得到俄国的援助，日本对付他的巨大的敌手也还是绰绰有余的”。[1]日本这样的要挟，对汲汲于俄国威胁的英国而言，其影响力自然是不可小觑的。

应该说，相比较所谓的收买专家和媒体而言，日本的国际战略逼迫，是造成英国上下后来改变立场的重要因素。

国际法泰斗、英国剑桥大学教授韦斯特莱克。此为收藏于伦敦国立肖像美术馆（the National Portrait Gallery）的油画，作于1902年，画师为玛利安·斯托克

韦斯特莱克（John Westlake）是剑桥大学教授，他于8月3日在《泰晤士报》上刊文为日本辩护，认为日本击沉高升号是合理合法的行为。他的主要观点有三：一、高升号是为中国军方提供服务，这是一种敌对行为，不可以获得英国国旗和船籍的保护；二、不能因双方未宣战而禁止日本将高升号视为敌船，无论是否宣战，中日的敌对行动已经开始，高升号都是在从事敌对活动，这与英国的中立无关；三、日本能够证明高升号的清军是开赴朝鲜应对日本军队的，这毫无疑问是敌对行为，日本将其击沉的确有军事上的需要。[2]

随后，8月6日，《泰晤士报》又刊登了牛津大学教授胡兰德（Thomas Erskine Holland）同样论调的文章。胡兰德的观点对高升

[1]《英国外交文件》，《中国近代史资料丛刊续编·中日战争》第11册，第267页。

[2] John Westlake: *The Sinking of the Kowshing ——To the editor of the Times,The Times*，Aug 3rd，1894，pg.10.

Japan (to China): "Come on, John; let's show them that we're just as advanced Christians as they are." *Chicago Journal.* Reprinted from *Literary Digest,* August 1894.

日本告诉中国:"来吧，让他们看看我们也和那些发达的基督徒一样。" 刊于1894年8月美国《芝加哥导报》

号事件的国际司法认定起到了关键的影响。

他认为：日本军官用武力威胁高升号服从其命令，这一事实本身就是一个充分的战争行为；高升号也已充分了解到了战争的存在；况且，高升号从事的是地面作战部队的运送，这无疑是一种敌对行动，日本为了不使其到达目的地，有权使用一切必要的实力。因此，他认为日本不需要向英国道歉，也不需要向高升号的船东、或那些罹难的欧洲船员的亲属道歉或赔偿。

他同时认为：日本军队射杀落水的中国官兵的证据是不充分的，即使日本军队这样的行为成立了，也只是涉及敌对的中日双方，而不影响到与中立国之间的法律关系。他宣称自己只关心法律层面的问题，日本军官的行为就留待他人用骑士准则或人道精神进行判断。[1]

[1] Thomas Erskine Holland：*The Sinking of the Kowshing——To the editor of the Times*, *The Times*, Aug 7th ，1894.pg.3. 该文亦收入胡兰德著作 *Studies in International Law*（1898），以及 *Letters To "The Times" Upon War And Neutrality*，*Longmans Green and Co.* 第三版，1921年出版。同时亦可参阅 D. H. N. Johnson: *The English Tradition in International Law*，载于 *The International and Comparative Law Quarterly*，Vol. 11，No. 2（Apr.，1962），pp. 416-445.

其实，胡兰德观点的破绽是很明显的：如果单方的强制行为就可以构成法律意义上的战争状态，那国际法中的宣战义务将毫无意义。

胡兰德从骨子里尚不接受中国作为平等的“文明国”，这一点日本外相陆奥宗光看得很清楚。陆奥在自己的回忆录中，引用胡兰德对中日两国近年文明思想和改革事业的对比，胡兰德认为：“中国的法院及各种法典尚未达到可满足欧洲各国希望的程度，所以在该国内保留外国人的治外法权，尚不能不说是不当。然而欧洲各国对日本，已到了应该放弃治外法权的时候了。因此在中日战争开始时，即使吾人向世人宣布：‘日本经过实验，虽可允许加入文明国的行列，但中国只不过为其候补人而已’，恐亦决非失当。”[1]

必须说明的是，虽然中国的研究界近百年来指责或暗示胡兰德被日本收买，但胡兰德却在其著作《关于中日战争的国际公法》一书中，对甲午战争中的旅顺大屠杀进行了指责。日本外相陆奥宗光因此对这位从战争一开始“常常赞扬日本的行动”的“公正明确”、“洞若观火”的专家态度的改变，感到十分沮丧，认为他在旅顺大屠杀问题上的表态“过于夸张”。[2]

这两位专家的论调出来后，英国舆论一片哗然，指责他们是“卑怯的法学博士”或“不爱惜自己的荣誉、不顾耻辱和轻蔑的不守本分的法学家”，“时英国一般的议论似乎认为：中日两国在未宣战以前，日本海军的这种暴行，显然是非法的”。[3]陆奥事后盛赞胡兰德“实在不愧为国际公法的巨擘，其论点的公正明确，

[1]《蹇蹇录》，第 99 页。

[2] 同 [1]，第 64、75 页。

[3] 同 [1]，第 74 页。 另见 Sakuye Takahashi（高桥作卫）：*Cases on International Law During the Chino-Japanese War*（London: C.J.CLAY and SONS, Cambridge University Press Warehouse），1899, pg.37. 再可见：高桥作卫《英船高升号之击沉》（日文版），转自戚其章：《国际法视野下的甲午战争》第 300 页。

1894 年 11 月 17 日，日军攻占旅顺，展开血腥大屠杀，震惊世界。图为日军进入旅顺港，刊于 1895 年美国《图片报》（*The Graphic*）

真是洞若观火。”[1] 多年后，日本天皇向韦斯特莱克、胡兰德颁授二等旭日勋章，以表彰他们在高升号事件中对日本的支持。[2]

韦斯特莱克、胡兰德之外，格林威治海军大学教授劳伦斯（T. J. Lawrence）也在《泰晤士报》上发表文章，提出不同看法。

在 8 月 24 日发表的第一篇文章中，劳伦斯认为：在高升号事件事前，中日两国并没有进入交战状态，也没有相互之间正式宣战，或向各中立国家宣布。这场战争是通过对中立国的人员和财产发动攻击而开始的——即，他认为高升号事件是战争之始——这在战争史上很罕见，第一次引起了国际范围的讨论。原则上说，中立国有权力先得到交战国的交战通知，无论是通过外

[1]《蹇蹇录》，第 75 页。

[2] *The Manchester Guardian*，Feb 14，1903.

交渠道，还是通过敌对国之间的交战行为——他的意思是，战争不能从攻击中立国的财产开始。但是，在高升号事件中，高升号船长所收到的唯一通知和警告，却是对他的船只采取军事行动，这实际上就等于没有通知和警告。

对于韦斯特莱克教授认为高升号既然为中国运兵，日本就有权攻击的看法，劳伦斯并不认同。他强调，“除非并且直到”（unless and until）战争真正开始，第三国完全可以与平时一样做任何合法的事情，“我认为这个原则，对于英国这类伟大的贸易国家来说，更应该坚定地奉行”。

对于胡兰德教授认为高升号事件之前战争状态已经实际存在并且高升号应该了解此点的看法，他也表示不认同。他说，日本人不能通过攻击中立国的高升号，而将高升号变成敌对方。战争状态是否存在，必须看此前是否已经开战，而不是通过即时开战本身来证明战争状态已经存在。

他也承认，对于日舰指挥官来说，当时的确陷入困难抉择：应当阻止中国军队增援，但又要兼顾高升号的英国船籍。至于高升号的船东们，则应该知道战争会随时爆发，因此这次冒险的航行应能获得巨额的利润。

劳伦斯的结论是，日本人“毫无疑问”是应该承担责任，并正式向英国表示道歉的；同时，中国人也应该承担与日本人同样的责任，因为造成悲剧的原因之一，是高升号上的中国官兵拒绝服从船长的指令，将船开往日本人指定的地方。如果在非战争状态下，中国军队就是英国商船的乘客，中国的军官就无权干预船长的航行，一旦船长将船开往这次航行目的地之外的地方，中国政府就可以向船方索赔；但是，在这次事件中，当中国军队控制了船长和船员，并在他们落水后向他们开枪，中方也就与日本人一样，需对高升号的损失承担责任。[1]

五天后，韦斯特莱克在《泰晤士报》上，对劳伦斯进行了公开回应。

他同意劳伦斯说的，“除非并且直到（unless and until）”战争真正开始，第三国都可以与平时一样做任何合法的事情，但是，他也举例说：如果英国政府为中国派出军事顾问，战争来临时，英国政府应当立即召回这些顾问。而如果这些军官在收到召回命令之前，发现自己厕身于对日战争时，他们就应该立即退出这些行动。高升号没有退出，它就该承担相应的后果。

他提出，高升号虽然是“英国的船只”（British ship），但已经成为“中国的交通工具”（Chinese transport），是中国海军舰队的一部分。他举例说，上个世纪，德国人常常使用雇佣兵对付英国，当那些被雇佣的法国人、美国人在战场上与我们相遇时，能因为他们的国籍不属于交战国德国而被当作是中立国国民并享有中立权利吗？

对于劳伦斯提出的，在高升号事件事前，中日两国并没有进入交战状态，他坚持认为：即便高升号事件前，中日双方都没有开火，中国军队的调遣本身也是一种敌对行动。他再度举例：如果一支外国舰队满载军队，开往亚历山大港，其目的是消灭在埃及的英国军队，那么，英国在地中海的舰队当然要攻击它，“究竟哪一方先采取了敌对行动？难道不是那个试图获取更大优势将我们赶出埃及的国家，即便它事先小心翼翼地雇佣了第三国的船只充当运兵的交通工具？”[2]

[1] T. J. Lawrence: *The Case of the Kowshing——To the editor of the Times,The Times*, August 24, 1894.pg.4.

[2] John Westlake: *The Case of the Kowshing——To the editor of the Times,The Times*, August 29, 1894.pg.9.

9月13日，韦斯特莱克又在《泰晤士报》上发表了对劳伦斯的第二篇回应文章。

他提出，运送部队这样的军事航行，其性质究竟如何判断，在船东或者其律师（他们往往更为熟悉的是国际法的商事方面内容）看来，会着重于租赁的商业因素。如果说日本无权对高升号采取敌对行动，只能是两个原因：高升号的航行，并非是一次敌对的航行；或者，是否已经宣战，将影响日本处置交战国及被交战国所租赁的中立国财产的合法性。

他认为，无论从哪个角度看，高升号的运兵都是一次敌对行动。关键在于第二点。他将高升号的身份，按照所有权和使用权进行了分割，认为此时的高升号，并非“英国交通工具”（British transport），而是中国的。

他举例说，1807年，一艘名为友谊号（Friendship）的美国船，运送八十名法国官兵回法国，英国将领 Sir W.Scott 认为，这艘船充当了敌方军事行动的交通工具，被敌方的政府雇佣于运送敌方的军队，因此，不再是一艘中立船只，而应被当作敌人。韦斯特莱克承认，高升号事件与此不同，因为中日两国尚未宣战，不过，同样是英国政府，此前在实战中也并未将正式宣战作为必要的法律手续，“未经宣战的敌对行动”（hostilities without declaration of war）本身就是战争。

他总结说，中立国船只的确可以自由地采取那些符合中立立场的行动，直到宣战。但是，如同在宣战之后一样，即便在尚未宣战之前，中立船只也不可以卷入任何敌对的而非中立的行动。为了使其能确保享有中立权，其绝不可卷入任何敌对行动以至于丧失了中立的特点。[1]

《泰晤士报》随即刊登了劳伦斯的答复。

[1] John Westlake: *The Case of the Kowshing. The Times*，September 13，1894.pg.8.

对于韦斯特莱克认为高升号因接受中国运兵业务、前往可能爆发冲突的朝鲜，而因此丧失中立身份的观点，劳伦斯再度进行反驳。他指出：如果高升号因此就丧失了其英国籍特性，并令自己被看作是中国海军的一部分，那么毫无疑问，日本其实就可以通过攻击任何船只以开始合法的战争。他认为，当高升号与中国订立租船协议时，其行为完全合法，英国国籍所赋予它的法律地位并未改变，它绝非因此而成为中国军事力量的一部分，日本对中国可以发动不宣而战的战争，但这第一枪绝不可以落到高升号身上。

对于韦斯特莱克所举的美国商船友谊号的例子，劳伦斯认为，这并不能说明中立国船只因卷入某一服务就令自己也成为交战方的一部分。为此，他列举了国际法实践中的更多案例，认为中立国船只的某些“航运服务”或许破坏了中立，但并不意味着这些船只本身成为交战方的财产。

劳伦斯认为：1. 高升号的航运服务并非敌对行动；2. 只有当日本已经宣战，或者日本虽未宣战但已经对中国军队发动攻击后，高升号为中国运兵才能算是敌对行动；3. 高升号悲剧发生前，日本既未宣战、亦未攻击中国军队，因此其拦截和击沉高升号的行为，是完全非法的暴行，对此，英国政府应追究日本的责任。劳伦斯总结说：战争可以通过战争实际行为开始，也就是未必正式宣战，但是，这种战争实际行为绝不可以针对中立国为目标；如果战争实际行为已经开始，中立国试图继续进行其未完成的相关行动，则可以对其进行捕获。

对于韦斯特莱克假设的敌国借中立国船只攻击埃及的情况，劳伦斯认为，即便如此，英国也不可以直接攻击这些中立国船只，而是应当首先告知中立国或者通过攻击敌对国的军事目标先打响战争。战争开始后，这些船只如果继续其航行，则可以俘获它。

至于日本人的责任，劳伦斯强调说，虽然中日两国对高升号悲剧都有责任，但绝不能因中国的责任——即中国军队限制英国船长、船长自由——而抹去了日本应负的责任。[1]

值得注意的是，日本的国际法学家们积极吸收和消化英国专家们的意见并进行提升，进一步在国际法学界发出了更大的声音。1896 年，政尾藤吉（Tokichi Masao）在《耶鲁法学刊》（*The Yale Law Journal*）上发表《国际法聚光下的高升号》（*The Kowshing, in the Light of International Law*）[2]，系统整理总结了日本关于高升号事件的国际法解读。而另一国际法专家高桥作卫（Sakuye Takahashi），则在 1899 年出版了英文专著《清日战争中的国际法案例》（*Cases on International Law during the chino-Japanese War*），出版者是著名的剑桥大学出版社[3]，这本书成为日本"总结经验"、宣扬自己的很好工具。相比之下，中国的声音则几乎很少被国际听到，尤其很少被国际法学界听到。

舆论的转变似乎非常迅速。

9 月份，中日海军在黄海大东沟进行了人类军事史上第一场铁甲舰大战，双方各有胜负，但北洋舰队却从此斗志全消，"避战保船"，将制海权拱手让与日本，令日本在战略态势上提前意外获胜。大东沟海战后，陆奥宗光便敏锐地感觉到，"英国人民在牙山战役前对我国所怀的感情，现在已是如何的大为改观"。《泰晤士报》甚至说："日本的军功不愧享受战胜者的荣誉，吾人今后不能不承认日本为东方一个方兴未艾的势力，英国人对于这个彼此利害大体相同而且早晚要密切相交的新兴岛国人民不可丝毫怀

[1] T. J. Lawrence: *The Case of the Kowshing——To the editor of the Times*, *The Times*, September 20, 1894.pg.8.

[2] *The Yale Law Journal*, Vol. 5, No. 6 (Jun., 1896), pp. 247-266.

[3] Sakuye Takahashi: *Cases on International Law During the Chino-Japanese War* (London: C.J.CLAY and SONS, Cambridge University Press Warehouse), 1899.

有嫉妒之意。”《帕尔美尔报》则表示：“往日是英国教导日本，现在应该是日本教导英国的时候了。”对此陆奥感慨道：“见到炮火相接，胜败之局已定，骤然褒扬战胜者，贬责战败者，实在是人性的弱点。”[1]

也有德国人效忠日本

与德国人汉纳根竭力效忠中国一样，也有德国人在全力帮助日本。

在力图以专家来扭转舆论的同时，日本也加强了对英国政府的游说。除了老资格的青木之外，日本驻英国公使馆所聘请的一名德国顾问西尔伯特（Baron Von Siebold）也立功卓著。

西尔伯特十分擅长从英国的利益入手来说服英国，早在开战前的6月29日，他就向英国外交部提交了一份《在朝中日争端备忘录》，赤裸裸地说：“驻北京的英国外交家们不难理解，英日两国的利益是一致的。在关系到双方利益的时刻，应该把相互对立的问题或历史问题放在次要的位置。”[2]

日本政府正式向英国政府通告高升号事件之后，在英国政府承受着国内巨大的反日压力时，西尔伯特与英国外交次长柏提在8月7日有一次激烈的交锋。英日两国的外交文件都详细记录了这次谈话的细节。

会谈开始后，西尔伯特表示，高升号事件的发生当然是很不幸的，他个人对受害者深表同情，但从军事观点特别从国际法的观点来看，对受害者则不能表示同情。

柏提认为，这个问题其实很简单，事实就是一艘日本军舰击

[1]《蹇蹇录》，第88页。

[2]《英国外交文件》，《中国近代史资料丛刊续编·中日战争》第11册，第32页。

沉了载着中国军队的英国船只，“朝鲜是中国根据 1885 年条约完全有权利派遣军队的地方，日本无权阻止这艘船，或者说无权阻止中国派兵。”

西尔伯特道：“好极了！但你忘记了一件事情：英国在东京的代办通知日本政府，中国政府在呈递为调停这个悬而未决的分歧所提出的最后建议时声称，日本如果同意此建议，要在 7 月 20 日前声明。因为在那天或自那天开始，中国政府要往朝鲜派出军队。在这种情况下，这不是最后通牒，这不是一个压制手段，或者说从那天开始便声明开始了敌对行动，这又是什么呢？”

柏提说：“也许是。日本在其最后的反提案中，也仅给中国五天多的时间去决定。这样，最后通牒还是在日方。”

西尔伯特狡辩道：“哪一方提出最后通牒都一样。我要证明的是，哪一方提出最后通牒，条款在此时就无效，并可以预料在那里要有敌对行动。”

柏提反驳说：“但当时并没有真正的战争声明。”

西尔伯特答：“我承认这点。但现代国际法之权威特别是美国之权威，都表示不要求什么正式的声明，仅仅表示他们有采取非常手段之意图就行了。柏提先生还记得法国代办 1870 年在柏林就开始德法战争写给卑斯麦的信吧，信中仅仅表示了法国政府在认为必要时将采取保护他们权力之步骤。日本政府较之上述事情走远了一点，它要求英国公使通知中国，日本认为中国更多地派兵是一个威胁。这就清楚地意味着，他们把派兵看成是敌对行动。”

柏提说：“但战争实际上没有真正打起来。“

西尔伯特道：“是的。在高升号被阻拦时是那样，但几分钟后却不是了。因为济远舰向浪速舰发射了鱼雷。我想鱼雷的发射就意味着敌对行动。”

这其实正是日本政府篡改了事件过程的关键，从前文我们引用的大量材料可以看出，在浪速舰迫停高升号时，济远舰正带伤远逃，根本不可能在高升号现场附近向浪速舰发射鱼雷。在英国驻长崎领事馆组织的海事法庭对高惠悌等进行听证后，英国驻日本公使巴健特也发现了此点，并提请外交部注意。[1]

柏提显然也注意到了这点，他说："当然！但这些不能被证明。"

西尔伯特继续纠缠这个话题："我相信在浪速舰开始阻拦之后，是中国军舰开了第一炮。这是毫无疑义的，因为济远舰升起了停战旗。济远舰在升起了白旗的情况下，还向它的敌人靠近，这就很像是一个骗局。"

柏提道："中国军舰开火是因为浪速舰阻拦这一轮船。"

西尔伯特道："不是英国的船就是中国的船。如果是英国的船，正如你说的那样，中国军人就无权干涉，因为这是英国军人的事。如果是中国的船，中国军人则有权干涉。要是那样的话，英国政府现在则毫无理由去抱怨了。船不是英国的就是中国的。它不可能同时属于两国。假设是英国的，中国军人则无开火之借口。"

柏提接口道："船是英国的，正如你说的，中国军人不能将高升号被阻当作开火之理由。浪速舰也抓住了这一点。"

西尔伯特道："是的。如果按时间顺序考虑此事，你可以看到浪速舰是完全对的。但济远舰之行动，使中国和日本之敌对行动已开始了，战争法已开始实行了。根据战争法，交战一方有权阻止中立船只载运战争禁运品。我想你会承认军队和弹药是禁运品的。"

柏提只好回答："当然。但无须击沉船、溺死人。"

西尔伯特道："这便是下一个问题了。敌对行动已经开始，浪速舰派一小船去命令高升号跟随它。换句话说，它捕获了这条船。它这样做是符合国际法的。"

柏提强调："但不应击沉它。"

---

[1]《英国外交文件》，《中国近代史资料丛刊续编·中日战争》第11册，第345-358页。

西尔伯特道："这又是下一步了。当浪速舰舰长命令高升号跟随时，其船长却遭到了拒绝投降的中国人之阻止。证人冯·汉纳根、高惠悌船长及浪速舰舰长可以作证。高升号船长已不再担任指挥，他已是中国人手中之囚犯。他们威胁他的生命，不让他放下小船。从法律上说，他们已占据了这条船。因此船尽管还挂着英国旗，但已不为英国人所有。所谓其代表——船长已不自由而成为一个犯人。他们这样做，如果不是船上中国军队的自愿行动，便是中国将领下达命令。在第一种情况下，从法律上说船已经落入海盗之手；而在第二种情况下，则是中国军队在敌对行动开始后占领了船。这样，浪速舰完全有理由采取这样的军事措施。作为控制船上配备的武装和采取敌对行动的船员之反抗是完全必要的。"

柏提再度强调："但不必击沉它。"

西尔伯特辩道："在这一点上，我们务必要分清感情和公法间的区别。如果浪速舰毫无其他办法可行，其在法律上是有理由的。正像我认为的那样，应不失时机。因为浪速舰的小船跟在中国船后面跑，在任何时候都可能遭到中国强大海军力量的攻击。派小船跟踪它，是浪速舰的责任。此外，浪速舰也近乎掌握在中国军人手中并有被击沉的危险，因为一旦炮弹进入机房并引起爆炸，它也就完蛋了。"

柏提问："那么关于开枪射击落水的人呢？"

西尔伯特道："下述消息便可清楚此事。汉纳根先生最后的声明，是日本军舰开炮击沉了船。但为什么呢？由船长的声明你便可以知道，这只是因为中国军人射击水中的欧洲人。日本人只是保护这些欧洲人免于被激怒的中国人的枪击。遗憾的是英国公众因错误的和有倾向性的电报，误解了此事。这些电报自称是来自上海和天津，但很多是在英国捏造的。因为我很清楚。如第一个消息说，在水中的欧洲人都遭到了射击。然后又说，人们普遍在水中挣扎。而现在又说，往正在下沉的船里开枪。所有这些都自相矛盾。此外，我还不能接受被中国雇佣的汉纳根所提供的供词。我们必须等待船长和大副的声明，但有些恶作剧的报纸，已宣称他们的声明是迫于压力，而且英船其他高级船员均已被日本当局作为囚犯收留起来。这是一派谎言！这些人被带到最近的佐世保港，经过几天的休息后被送到长崎。但那里的英国舰队司令本无必要要求他们投降，正如其报纸所说的那样。”[1]

柏提说：“关于这一点，我从来没有听说过。”

西尔伯特道：“大概是没听说过。但这仅是有目的地激起公民舆论来反对日本诸实例之一。我只希望这种情况下的声明，不会失掉他冷静的判断。”

柏提道：“我想，在我们收到详细情况之前，我们什么也不会做了。但我们坚持浪速舰无权阻止英船。你记得给美国带来战争的特兰特事件吗？”

西尔伯特道：“特兰特事件和这不同。因为美国军人阻止了一条英国邮船，并且带走南方的外交使节，现在看来这是荒唐的行为。美国居然宣称外交官或使节都是战争禁运品，因此，美国不得不接受挑战。”

柏提说：“我可以私下告诉你，击沉英船不仅很恶劣，而且很愚蠢。”

西尔伯特道：“我也与你同样感到遗憾，但我仍然坚持那是对的。如果英国政府由于某个军官之行为而改变其对日本之友好态度，那就更令人遗憾了。”[2]

柏提在备忘录上记录整理了和西尔伯特的对话后，梳理了日

[1] [雪珥注]：原文如此。根据史料判断，估计是指英国远东舰队司令斐里曼特建议高惠悌等投降，而日本人却在口头上并不把他们当做战俘，而只当作获救者。

[2]《日本外交文件》，《中国近代史资料丛刊续编·中日战争》第9册，第360-364页；《英国外交文件》，《中国近代史资料丛刊续编·中日战争》第11册，第133页。

本方面的论点：

> 中国人要求日本战舰不得进入中国港口，而且还说，除非在7月20前缔结协议，否则将把一万二千人的中国军队派往仁川，这表明了中国人对日本的敌意。
>
> 日本政府曾在7月19日表示，他们准备考虑中国人提出的某些经过修改的反建议，但若中方的反建议在5天之内即7月24日以前未能通过适当的途径送到的话，日本政府就不予以考虑。同时，中国的任何增兵计划都将被视作对日本的威胁。在这份通告发出之后，中国派遣军队就被看成了对日本怀有敌意的回答。
>
> 7月25日，是中国开了第一枪。中国军舰发射了一枚鱼雷，继之以火炮击中日本军舰。英国运输船高升号成为敌对的中国远征队的一个部分，失去其中立立场。船主、货运商及船长肯定知道远征的目的及所冒的风险。高升号被击沉时并未处在英国船长和水手的掌管之下，中国人控制该船，从而使其带上了海盗的特征。
>
> 并未宣战即开始了战争状态。战争状态至少在7月25日已经形成。

柏提总结道："上述辩解是否属实，多半要取决于日本对情况说明的准确性。但英国海军由自己同胞处得到的证词和函电表明日本政府所述是不准确的。"[1]

中国一些史学家认为，柏提的备忘录已经能看出英国淡化高升号事件的趋势[2]，美国的史学家也认为这是英国政府开始转变

[1]《英国外交文件》，《中国近代史资料丛刊续编·中日战争》第11册，第133页。

[2] 戚其章：《甲午战争国际关系史》第251页。

方向的第一个信号。[1]

有问题的合同

英日双方对高升号租赁合同都给予了极大的关注。

事件发生不久，英国驻天津总领事宝士德即将合同全部调取出来，并在7月31日同时送交北京的欧格讷及伦敦外交部。宝士德专门强调了合同的特别条款，特别条款一共是两条，其中第十七款是："租用者可在船上指定一代理人，此人可住头等舱，并可与船长或高级船员共餐。"该条估计是用于安排汉纳根这样的重要客人或带队将官的，与高升号事件意义不大。

另一条第二十五款则是关键："如中日之间发生战争，双方一致完全同意该船立即驶往上海并在上海终止该合同，其条件是租用方还可以十九万墨西哥元买下该船，并在终止合同后一个月内于天津或上海付清。"[2]

这一条款实际上是明确了一旦战争爆发，对该船及其可能的损失的处理办法。

日本人很快开始注意到了这一条款的价值。8月6日，日本驻上海总领事大越报告外务省："清国政府于该船起航前，向天津之香港上海银行[3]预交英币约四万镑。万一于宣战前后能通过时，可将该款支付印华轮船公司。本官正为使其自天津寄来上述合同抄件而尽力中。"[4]

而在末松谦澄8月10日所完成的报告中，专门用一个章节提到了该合同："高升号船主与中国政府的关系不详。但是，下官

[1] Douglas Howland：*The Sinking of the S.S.Kowshing: International Law、Diplomacy,and the Sino-Japanese War*、*Modern Asian Studies*, Vol. 42, No. 4（Jul., 2008）, pp. 673-703, 注解32。

[2]《英国外交文件》,《中国近代史资料丛刊续编 · 中日战争》第11册，第367-372页。

[3]［雪珥注］：即汇丰银行。

[4]《日本外交文件》,《中国近代史资料丛刊续编 · 中日战争》第9册，第357页。

根据各种情况考察，有理由相信，他们绝非一般的航运业务关系。船长以书面形式回答了下官的询问，由此可知，在租赁合同中规定，该船由中国政府租用，于开战的同时，应把该船交给中国政府，外国船员全部离船。”在他所引用的船长高惠悌的证词中，高惠悌说：“我知道船舶租用合同约定，在中国与日本之间开战以后，应把高升号交给中国政府，欧洲籍船员离船。”[1]如此一来，清军官兵对欧洲船员的限制行为，则显然是违反了合同的约定。

陆奥得知此事，如获至宝，立即于8月14日致电青木告知此事。[2]

这一合同条款后来果然被英国作为向中国索赔的依据。

长崎：第一次海事审判

高惠悌等被日本政府释放后到达长崎，8月6日他请求英国驻长崎领事馆成立一海事法庭以调查并确定其船只沉没原因。英国驻长崎领事奎因担心成立法庭是否适当，遂以密电请示伦敦威尔金森（Wilkinson）法官，法官当晚即答复可以。[3]

8月7日，英国驻长崎领事馆就高升号事件组织了海事法庭进行调查和审理。这次海事法庭的组成人员，除了总领事奎因之外，还有约克号（Cape York）船长米切尔（John Mitchell），及强美兰号（Drumeltan）船长考威尔（Thomas E. Cowell）。[4]

法庭审理后得出以下结论：“该船极适合航海，一切必备条件情况良好；到沉船时及在此之前，船长和船员的行为是令人满意

[1] 末松向外务大臣提交的调查始末书，《中国近代史资料丛刊续编·中日战争》第8册，第4-18页。

[2]《日本外交文件》，《中国近代史资料丛刊续编·中日战争》第9册，第367页。

[3]《英国外交文件》，《中国近代史资料丛刊续编·中日战争》第11册，第360页。

[4] *Loss of the Kowshing*, *The North-China Herald*, Aug 24, 1894, pg.326.

和无可指责的；该船沉没是由于遭到日本军舰浪速的反复炮击；船长和船员们无力避免这场灾难；本法庭认为，船长高惠悌及其他官员或船员不承担任何责任。”[1]

随后，英国驻日本公使巴健特向金伯利报告此事。[2]

日本人对长崎审判十分关注，外相陆奥8月10日电请长崎县知事大保森务将该审判案卷搞到手。[3]8月12日，长崎县知事大保森告知陆奥：“总算获得该地英国领事馆关于高升号船长之海事裁判宣判书，并以附件原文抄送。”[4]。可见，英国并未积极主动地向日本方面提供该次审判文书。

英国方面针对高惠悌等在海事法庭上的证词，与此前日本政府精心修改过的事件报告进行了对比，英国驻日本公使巴健特提请外交部注意陆奥报告与证词之间有两个主要异点：

> 第一，高惠悌船长宣称，高升号是单独航行，并无中国军舰相随，而日本方面则说，它由操江号护航。高升号只是在日本军舰出现前才见到一艘中国船。[5]第二，日本方面明确宣称，当浪速接近高升号并与它交换信号时，中国军舰济远舰开过来，在三百米处从舰尾向日舰发射一枚鱼雷，因此浪速才向济远开火。高升号船长在其证词中全然没有提及这一事实，很难想象是被忽视了。[6]

应该说，巴健特的确发现了日本方面对事件经过的最大篡改

[1]《日本外交文件》，《中国近代史资料丛刊续编 · 中日战争》第9册，第365页；《英国外交文件》，《中国近代史资料丛刊续编 · 中日战争》第11册，第360页；*The Times*, Oct 15，1894,pg. 8. 以及 *Loss of the Kowshing*, *The North-China Herald*，Aug 24，1894，pg.326.

[2]《英国外交文件》，《中国近代史资料丛刊续编 · 中日战争》第11册，第360页。

[3]《日本外交文件》，《中国近代史资料丛刊续编 · 中日战争》第11册，第358页。

[4] 同[3]，第365页。

[5][雪珥注]：指济远舰。

[6] 同[2]，第345-358页。

之处，只要此处落实，日本在国际法方面的理论基础就被极大地动摇了。

日本的反应非常地迅速。他们几乎是立即放弃了对济远舰突然发射鱼雷的说法，而坚持并强化了中国军队事实上占领高升号的说法。长崎审判后 3 天，日本方面的末松调查也已完成，并迅速地发给了日本驻主要国家的公使。[1]

如果说，此前日本人的策略是采取守势，低调顺应，从长崎审判和末松调查完成后，他们就开始采取一种攻势了。除了凭借对其十分有利的末松调查报告外，日本政府甚至对英国军方的敌意采取了还击的态度。

前文叙过，英国远东舰队副司令斐里曼特对高升号事件极为愤怒，除了派遣射手舰寻找日本舰队司令问罪外，还致电伦敦要求逮捕肇事者，否则授权给他进行军事报复，“以弥补大英旗帜所遭受的侮辱”。[2]

8 月 12 日斐里曼特向海军部发出了急电，通报日本联合舰队司令伊东佑亨对其质问的答复，伊东说“浪速号舰长当时并未接到命令，只是凭一时冲动行事，但事实证明他的行动是有道理的”。斐里曼特表示自己“已通知英国商船船长不会受到干扰，我们的巡洋舰已接到命令保护他们”。海军部将此电迅速转交外交部。[3]

次日（8 月 13 日），斐里曼特再度致电海军部，通报自己对有关高升号事件通报材料的看法。他认为：“据高升号船长、大副及汉纳根先生的证词，高升号并未被护航。如果高升号上这些人的证词是真实的话，在高升号到达以前，那里并没发生海上战

[1]《日本外交文件》，《中国近代史资料丛刊续编 · 中日战争》第 9 册，第 367 页。

[2]《英国外交文件》，《中国近代史资料丛刊续编 · 中日战争》第 11 册，第 131 页。

[3] 同 [2]，第 139 页。

事。日本人相反的解释，部分地证实了中国的报告。”他在分析了材料后，认为“济远舰不可能像日方所说的那样发射鱼雷，或是竟欲向每艘装备都比其优良的三艘日舰吉野、浪速和秋津洲号挑衅”。对于浪速舰没有及时救援落水的中国士兵，斐里曼特依然表示极大的愤怒，他说：“日本人没救任何一个中国士兵和水手。要是英国军官如此对待敌人，我会希望看到他以谋杀罪受审。”[1]

与此同时，斐里曼特向日本舰队要求，必须停止对英国商船行使搜查权，确保英国商船“在任何情况下都不应受到骚扰”。日本政府对此反应强烈，陆奥指示青木立即向英国提出抗议。[2]

8 月 14 日下午，青木紧急约见金伯利，对斐里曼特的要求表示抗议，认为这种要求不仅与他们的权利相抵，而且与英国政府中立声明中的条款不符。这些条款要求英国国民严守中立，并尊重交战各方的权益。青木受命要求英国政府下令撤回这一要求。

金伯利对青木解释说，斐里曼特可能有一些误会，他本人已经向英国政府报告了该要求，英国政府也已命令他：英国军舰不应干扰在女王管辖领地之外被任一交战国俘获的英国商船的释放工作，因为这违反了中立国的义务。[3]

英国的态度其实在陆奥的预料之中，他在自己的回忆录中说：“当朝鲜事件的初期，英国的举动总似对中国表示同情，因此自不免为我国人民所厌恶。然而，如果详细观察其内情，实因英国看到远东两大国即将发生战争，其结果对于本国在政略上和贸易上的利害关系，必将发生巨大影响；且因从来的历史关系，不能不产生重视中国的倾向，这也是很自然的。加之英国也自始和其他采取旁观态度的国家一样，推测最后胜利必属中国。因此，在中日开战的前后，英国远东舰队司令斐里曼特的举动，往往有很

[1]《英国外交文件》，《中国近代史资料丛刊续编 · 中日战争》第 11 册，第 141 页。

[2]《日本外交文件》，《中国近代史资料丛刊续编 · 中日战争》第 9 册，第 367 页。

[3] 同[1]，第 142 页；参考同[2]，第 367 页。

多地方令人感到奇怪，即在今日也难辨明当时他的行动是否出于有意。不过仅仅以此即断定英国对我国抱有恶感敌意，又不免过虑。总之，不问其原因如何，英国始终总是希望东亚和平不致破坏。”[1]

上海：第二次海事审判

不知道是确实改变了自己的想法，还是受到了政治压力，斐里曼特在英国驻沪领事馆组织了对高升号事件的第二次海事审判后态度彻底改变。

长崎审判后，高惠悌等随即于8月10日乘武拉提未号(Vladimir)轮船返回上海[2]，次日的《申报》对此有简单报道，并说高惠悌等甫一下船即至怡和洋行，领事馆可能还将进行一次讯问。[3]

离开时，日本政府给了高惠悌船长两千元，田泼林一千五百元，舵手八百元，作为他们的路费。[4]丹麦人弥伦斯也拿到了二百五十元。[5]

英国驻沪领事馆组织的第二次海事审判安排在8月17日。《北华捷报》刊登了其全文，《字林沪报》和《申报》均有报道，《申报》

[1]《蹇蹇录》，第41页；《中国近代史资料丛刊·中日战争》第7册，第149页。

[2] *The North-China Herald*, Aug 17, 1894, pg.211.

[3] *Naval Court of enquiry, The North-China Herald*, Aug 24, 1894, pg.324.《船主回沪》，《申报》，1894年8月11日。

[4] *The North-China Herald*,Aug 17, 1894, pg.275.

[5] *Arrival of Mr. Muhlensteth in Shanghai : speclal interview, The North-China Herald*, Aug 17, 1894, pg.259.

的报道则十分详尽。[1]

据报道，英国总领事韩能本人并未主持这次海事审判，法庭由英国副领事霍伦(William. Holland)[2]、英国军舰红雀舰[3]舰长毕礼格拉夫（John Bearcroft）[4]、副舰长巴勒（G.A.Ballard）、英商船苏拉号（Surat）船长（J.F.Jephson）四人组成，印华轮船公司代表汉森（J.C.Hanson）旁听。[5]

审理还是从高惠悌开始，其回答与此前的证词无异。此时有个插曲，怡和洋行所请律师高易请求裁判官是否可问一两句。红雀舰舰长毕礼格拉夫说:“你要问的问题先写出来我看，由我来问，你不能问。”

于是律师准备了几个问题，红雀舰舰长看了看说:“你写的没有一条可以问。”

律师急了:“高升号告诉日舰说想回大沽，这话难道不可问吗？”

舰长说:“不能，我们这次只问高升号如何失事，与别事无干。”

律师又问:“日舰索要高升号执照等查看，这也不可问吗？”

舰长干脆说:“此事我已问过。”

在高惠悌回答了红雀舰舰长几个问题后，副舰长巴勒问高惠悌:“浪速舰扯旗命令你们离船，究竟是令大家都离船还是只叫你一人离船？”

高惠悌说:“不知道，但见旗号令离船，不知令何人离船。”

副舰长再问:“派小艇救你时，日本人是否另设法救别人？”

---

[1]《会讯高升被害事》,《字林沪报》，1894年8月17日;《查问高升号轮船失事情形》,《申报》，1894年8月18日。

[2]［雪珥注］:《字林沪报》作哲美生，应是误译。

[3]［雪珥注］:《字林沪报》译为凌纳脱。

[4]［雪珥注］:《字林沪报》译为来克乐夫脱。

[5] *Naval Court of enquiry*, *The North-China Herald*, Aug 24，1894，pg.324.

高惠悌答："未救别人，只救我一人。但当我被救上小艇时，见我船上一水手已被救起。"

再问："在救你时，中国士兵放枪，是打日舰还是别的什么？"

高惠悌答："他们开枪打什么，我没看见，我在水中时，看见开枪的是打水中之人。"

问："那你知道他们为何开枪打水中之人？"

答："不知，在水中时，转面看见大约有七八人放枪。"

高惠悌之后，便是询问大副田泼林，回答亦与此前相同。红雀舰舰长特意问其在开船前是否已至英国领事馆领取执照，回答是已领。而船上英国人共有五人遇难，两人为副手，三人为管机器者。

下午，又问被法国军舰所救的舵工欧利爱脱、锅炉工钟阿诚[1]、厨师王荣舟。

红雀舰副舰长问舰长，是否还要等汉纳根供词，估计次日就可以到达。舰长回答说："不必，这里这些人都做了证词，已可作准。"于是，法庭作出判决，认为高升号被日本军舰击沉之事，船长等没有任何责任，在危急关头，高升号上的诸人表现没有不合适的。[2]

这一审判结果与长崎的完全一样，排除了高升号船员们的任何责任。

审判后，斐里曼特完全改变了自己的态度，日本递信省在获得了消息后，于8月19日急电国内："为了日本之利益，英国海

[1]［雪珥注］:《申报》译为陈阿仁。

[2] *Naval Court of enquiry*, *The North-China Herald*, Aug 24, 1894, pg.324.《会讯高升被害事》,《字林沪报》, 1894年8月17日;《查问高升号轮船失事情形》,《申报》, 1894年8月18日。

军提督提出报告，认为击沉该船乃正当之举，并劝告政府不作任何要求。”[1]8月20日，陆奥便将这一消息转告伦敦的青木及驻俄、美等公使：“据可靠消息报道，上海英国海事裁判所审理的有关高升号一事，有利于日本。据了解，英国海军司令报告说，他考虑到船的被击沉是有理由的。并建议英国政府不要提出要求。”[2]德国的军事观察家也注意到了这一点，虽然“英国报纸不断建议政府，要求日本对英国国旗施加的横暴行为，给予赔偿。但英国政府遵照派遣到东洋的水师提督等的忠告，没有为此次事件和日本进行交涉”。[3]

太平洋上，风向开始转了……

[1]《日本外交文件》，《中国近代史资料丛刊续编·中日战争》第9册，第365页。

[2] 同[1]，第368页。

[3] 1895年3月出版的《柏林府海事通览》，转自日本海军军令部《廿七八年海战史》，《中国近代史资料丛刊续编·中日战争》第7册，第380页。

第十章

皇家法院激烈争论

英国在法律难题和现实利益前，开始大幅度修正它对高升号事件的态度。

先是外交次长柏提在提交其与日本驻英国公使馆的德籍顾问西尔伯特谈话时，似乎被日本的论点所说服。然后是一贯高调的远东舰队副司令斐里曼特改口支持日本击沉高升号是合理合法的。

接下来，外交部便将这一难题交给了法官们。法官们却分成了两个阵营，里格比和里德两位法官认为，应该向日本索取赔偿。但也有人认为：拦截和袭击高升号时两国事实上已处于交战状态。法官们虽然都根据合同达成了中国应给予赔偿的共识，但在日本是否应当负责赔偿的问题上，他们没有达成一致意见。里德认为日本也应当赔偿，而洛克伍德（F Lockwood）等却认为日本有权击沉高升号不用赔偿。[1] 在 9 月 28 日英国司法部发布的一份完全自相矛盾的法律意见书上，公开了两位法官之间的这种分歧。[2]

---

[1]《英国外交文件》,《中国近代史资料丛刊续编 · 中日战争》第 11 册。

[2] Douglas Howland : *The Sinking of the S.S.Kowshing: International Law, Diplomacy,and the Sino-Japanese War*, *Modern Asian Studies*, Vol. 42, No. 4（Jul., 2008）, pp. 673-703

终于到了11月10日，大法官（Lord Chancellor）赫思齐爵士（Lord Herschell）签署的备忘录中，正式改变了英国对高升号事件的态度。

赫思齐爵士（1837—1899）是英国著名法学家，年轻时曾在英国驻上海总领事馆供职，后担任皇家御用律师（Queen's Counsel），并被选为众议员。1893年6月他被选为伦敦大学的名誉校长。1897年他代表英国参加了委内瑞拉边界委员会，随后又参加了英国、加拿大共同组成的一方与美国的划界委员会，与美国人相处得不错。1899年2月，他在华盛顿街上摔断了髋部，两周后便死于心脏病。美国总统、副总统、内阁成员、国会议员都出席了他的葬礼，其遗体随后被英国军舰运回伦敦，并在威斯敏斯特大教堂（Westminster Abbey）举行了第二次葬礼。

与最初的裁定认为日本军舰蓄意击沉中立国英国的商船截然不同，这次裁定认为在日舰击沉高升号是战争状态已经存在，并认为即使没有正式宣战，从常识来看，该区域内的所有船只和人员都应了解战争在此一触即发，而高升号为交战一方的中国运送军队，这就给了日本军队以扣押或击沉它的充分理由。因此，英国应完全认同日本军舰在击沉高升号事件中具有完全的合法性。[1]

12月4日，皇家法官再度向外交部提交报告，明确指出："中国有责任赔偿因此事件而给英国臣民和财产造成的损失。"

1895年1月25日，英国外交次长柏提回函询问其"是否认为英国政府有理由根据当时的情况向中国政府提出索赔要求或支持印华轮船公司向中国政府提出合理的索赔要求"。[2]

1月29日，皇家法院再度致函外交部，重申"根据国际法，

[1] Douglas Howland : *The Sinking of the S.S.Kowshing: International Law, Diplomacy,and the Sino-Japanese War*, *Modern Asian Studies*, Vol. 42, No. 4 (Jul., 2008), pp. 673-703.

[2]《英国外交文件》,《中国近代史资料丛刊续编 · 中日战争》第11册，第528页。

英国政府有理由就因高升号被击沉而造成的损失向中国政府提出索赔要求或是支持印华轮船公司向中国政府提出任何合理的索赔要求”。[1]

美国历史学家赫兰德认为，在最终这个“奇怪”的裁定背后，充满了矛盾：在中日两国正式宣战前夕的7月31日，英国殖民部还声明，由于中日两国并未宣战，因此英国并没有宣布任何中立；在中日两国正式宣战的当天，英国外交大臣金伯利还致信日本外相陆奥，希望日本尽量通过外交手段解决与中国的问题。而在英国政府发出上述两份文件前，都已经收到了中日两军7月29日已在汉城以南爆发激战的报告。显然，英国政府中的不少官员，并没有将正式宣战前的武装冲突看作法律意义上的战争行为。赫兰德指出，令人吃惊的是，在这么一个涉及中国切身利益的事件审理过程中，根本就没有中国的参加。[2]

甲午战争期间调入北京保卫教堂和侨民的法国德卡尔特分队合影

[1]《英国外交文件》,《中国近代史资料丛刊续编 · 中日战争》第11册，第536页。

[2] Douglas Howland : *The Sinking of the S.S.Kowshing: International Law*, *Diplomacy,and the Sino-Japanese War*, *Modern Asian Studies*, Vol. 42, No. 4 (Jul., 2008), pp. 673-703.

日本所绘制的日英同盟宣传画

就在英国将高升号的一切责任都归咎到中国头上后，其对日本却进行了进一步的笼络。外交大臣金伯利在1895年4月18日会见新任日本公使加藤的时候，专门与其探讨了如何改善两国舆论对对方国家的敌意。他说："我对日本人对我国所持的不友好态度表示了遗憾。我听说，在日本的公众当中，这种态度在某种程度上占着上风。据称，其原因主要是由于在横滨出版的几种英文报纸对日本表现出敌意。我讲，不能认为那些英文报纸代表了我国的意见。我提醒加藤先生，那些报纸曾激烈抨击英国政府同日本缔结新条约的政策，而该政策受到了此间[1]报刊的普遍赞同。加藤先生说，他感到十分遗憾。为消除我所指的那几家报纸造成的错误印象，他曾不时地从一些主要的英国报刊上选取各类文章传回日本。"

加藤表示，日本政府很容易地采取一些措施，来阻止类似那

[1]［雪珥注］：指伦敦。

些引起诸多敌意的文章发表，金伯利赶紧阻止说，那只能加剧有关报纸的敌对情绪，他只希望日本政府多散播一些“更加真实的看法”，让日本公众知道“英国国民对日本的占优势的态度是什么”。

双方会见期间，还专门提到了日本报界对已经转变了对日态度的远东舰队副司令斐里曼特的认可，金伯利对此表示非常满意。加藤则说，高升号被击沉后斐里曼特的剧烈反应，引起了日本的强烈不满，后来他态度转变了，日本政府对其早已毫无指责。[1]

英国启动向中国索赔

1895年1月4日，一直等不到任何音讯的印华轮船公司致函外交大臣金伯利，希望外交部对该公司“所提出的赔偿沉船损失、遇难者生命损失及幸存者伤难和财产损失的要求及早做出一明确答复。政府虑及此事为时已久，此事不仅涉及国家，于本公司亦深具深义，望及早决断”，并请求外交大臣能接见公司派出的三位董事进行商讨。[2]

早在上一年8月，英国司法部就确定应当由日本赔偿高升号损失。印华轮船公司在得到外交部的相应通知后，就赔偿事项和金额开列了清单。在其1894年9月19日写给外交部的报告中，就呈交了索赔共八万英镑的报告。其中，高升号损失，包括根据租船契约应得租金、船上燃料、备用品等，计六万英镑；对七名英籍高级船员（其中两人生还，五人丧生）及家属的赔偿，包括他们的财物损失，以及对四名马尼拉船员和数十名中国籍船员（已知仅五名中国人生还）及家属的赔偿，计两万英镑。公司董事会在报告中说：“已掌握向日本政府提出大致索赔数目报告的足

[1]《英国外交文件》，《中国近代史资料丛刊续编·中日战争》第11册，第775页。

[2] 同[1]，第477页。

够材料…… 真诚希望女王陛下的政府将给予强有力的支持，以迫使唯一负有赔偿责任的日本政府接受我们的索赔要求。”[1]

在印华轮船公司的催促下，英国外交部于2月5日回信，详细阐述了为什么要转向中国索赔的理由：

> 必须对自我部去年8月6日致函贵公司以来所得到的一切有关高升号被击沉的情报进行审查和考虑。
>
> 日本政府于8月1日宣布中日两国处于交战状态，但事实上，在浪速舰拦截并登上高升号之前，两国海军即已于7月25日实际发生敌对行动，因为在高升号被拦截前数小时，一艘中国军舰与一艘或多艘日舰就已发生交火…… 所以说，敌对状态已经开始。实际上人们也承认，国际法准则也不反对，无须任何正式宣战，战争即可开始，战争状态即可存在。
>
> 高升号所从事活动的性质尽管一开始可能是和平、合法的，但是，当战争爆发后，便使得日方有足够的理由对其行使交战国权；如果它想保持中立的话，就必须履行中立船只的义务。它是被雇来运送中国军队和战争物资到朝鲜的。日本有权拒绝允许这样做，并坚持不让该船继续驶往目的地。船长为了履行其中立义务，准备默然接受浪速舰舰长为达到上述目的而发出的命令，但是，高升号上的中国军官强行夺取了对该船的指挥权，并将此用于交战目的，准备积极与日舰进行对抗。高升号于是不再处在中立的英国船长的控制之下，事实上，它已经成为一艘交战船。
>
> 所以，获悉这一情况的浪速舰舰长有权将高升号作为一艘交战船对待，没有任何一条国际法准则可作为船主向日本政府提出赔偿要求的根据。
>
> 还必须记住，当7月17日高升号被租用时，曾预料到

[1]《英国外交文件》,《中国近代史资料丛刊续编 · 中日战争》第11册，第363页。

中日两国可能开战，因为在租船合同中曾特别规定，如果中日爆发战争，该船应立即改驶上海，租船合同届时将结束；另一种可供选择的办法是租赁者立即买下该船。

由于事实上高升号是在敌对行动实际开始后从事向作战地点运送中国军队的活动，而且高升号的英国船长已被剥夺对该船的指挥权，船上的中国军官已实际控制该船，所以英国政府被劝告，对英国臣民和财产因此而蒙受的损失进行赔偿的责任在中国，而且，正如诸位所可能期望的那样，支持贵公司向中国政府提出任何合理的赔偿要求，或是通过我国驻北京公使馆提出此类要求。

但是，在提出任何索赔要求之前，首先必须提供说明所受损失程度的有效证据。我建议，在计算船的价值时，应以租船合同上所写总额为基准；在对各个详细细节进行调查后，再对个人索赔额做出估计。[1]

有趣的是，在印华轮船公司 2 月 15 日的回函中，虽然表示向中国政府行使索赔权无甚异议，但同时也表示了不满："既然承认高升轮在起航时所从事的是一种完全合法的运营活动，则董事们不免表示失望，因为日本人在制造了这场野蛮屠杀，使如此多的英国臣民无辜丧生（这一暴行曾使举国震惊）以及对英国国旗表示不敬之后，竟能逃脱任何惩罚。"他们担心，"在时间过了这么久之后才第一次向中国政府提出赔偿要求，将使他们处于极其不利的地位，因为该政府目前遇到的财政困难使它无法像在几个月前那样轻易地付出赔款。考虑到种种情况，董事们认为，由本公司和怡和驻上海代理准备索赔计划要比在伦敦准备更好。所以他们打算请求阁下同意指示其上述代理人制定一个详细的索赔计划，并与我们驻华公使联系，争取由他提出索赔要求或取得他的

[1]《英国外交文件》，《中国近代史资料丛刊续编 · 中日战争》第 11 册，第 544 页。

支持，因为他们认为这是目前情况下所能找到的最佳办法”。[1]

对于要向中国而非日本索赔，该公司甚至在6月13日的董事会上，还有人不理解。这次会上，董事局主席指出：“大家都会认为，既然是日本人打沉了高升号，应该由日本赔偿，但英国政府并不这么认为。在我们的索赔过程中，将遵循英国外交部的建议和指导。金伯利爵士对此十分关注，他已经对这一事件进行了国际法角度的深入研究。”[2]

而在随后的2月27日的另一份函件中，印华轮船公司对金伯利要求先将索赔数额送给他审批的做法表示了不满，认为“这样做似乎会导致无限期的拖延”，他们认为有效的程序应当是将索赔书准备好后先上报欧格讷，如果他没有什么异议，再将索赔数额电告设在伦敦的印华轮船公司，再由公司呈报外交部。[3]

北京的欧格讷迟至1895年2月26日才得到政府有关高升号事件最后处理意见的全部文件。

金伯利在这天发给他的函中也不厌其烦地解释了英国的基本观点，一是认为高升号事件前几小时已经开战，“敌对状态就此开始。战争可以是不宣而战并从此进入战争状态，这一点不但在实践中被公认，而且也不违背国际法原则”；二是认为“中国军官怀着交战意图强行夺取了对该船的指挥权，企图与日舰进行积极的对抗。高升轮从此不再有中立的英国船长控制，它实际上已经变成了交战一方”；三是认为浪速舰“有权将其作为交战方的船只对待，而且没有一条国际法规可以作为高升轮船主向日本政府提出索赔要求的依据”；四是认为“高升号所从事的是在战争

[1]《英国外交文件》，《中国近代史资料丛刊续编·中日战争》第11册，第569页。

[2] *The Indo-China Steam Navigation Company , Limited, The North-China Herald*, Aug 23,1895,pg.319.

[3] 同[1]，第600页。

美国漫画："如果李鸿章再打败仗会发生什么？"画中邮差拿着"禁止李鸿章穿 ×××"的通知，李鸿章的衣服几乎被剥尽。刊于 1894 年 10 月美国《纽约世界报》

已实际开始后向战场运送中国军队的业务，而且在英国船长被剥夺了对该船的指挥权之后，它实际上已落入船上的中国军官手中，因此，根据这些事实，我国政府认为，对英国臣民及其财产所遭受损失进行赔偿的责任，应由中国承担"。

随后，他就将协助怡和洋行及印华轮船公司索赔的任务交给了欧格讷。[1]

英国公使拒绝出面索赔

尽管印华轮船公司在文件中一再表达对日本的愤怒和对中国的同情，但这并不妨碍它提出高额的索赔。

3 月 12 日，该公司从香港给欧格讷发函，函中索赔总额为三十万美元，该函中还分析，"中国政府极有可能会反对给予船上

[1]《英国外交文件》,《中国近代史资料丛刊续编 · 中日战争》第 11 册，第 599 页。

的中国士兵以任何赔偿，但如果仅仅牵涉到他们自己的士兵，我们无话可说，因为我们不是为他们提出索赔，而是为那些替本公司干活的中国人，他们同外国船员和技师一样，在离开大沽港时丝毫未料到会卷入一场危难之中”。[1]

但到了5月2日，距上次报告提出还不足两个月，该轮船公司又修正了该索赔数据，在其正式提交给欧格讷的报告中，索赔金额上涨到了四十八万六千八百五十美元。[2]

欧格讷对此很有异议。他在收到该公司3月12日函件后，就写信向金伯利抱怨：“我注意到，他们打算代表被敌人打死打伤的中国臣民向其自己的政府提出总额达十一万二千美元（包括利息）之多的索赔要求。其中近四万美元用以赔偿那些不在船员雇用条例之列的中国人。我还注意到，他们似乎没有理会柏提先生2月5日在给该公司总裁信中的指示，即提供受损程度的证据以及经详细调查后再对个人索赔额做出评价。他们似乎只是给个人索赔额定了一个二十五万美元的主观数字，并按人数分摊，而不是按明确无疑的个人受损情况确定索赔总额，而且他们对受损财产的性质和价值以及幸存者的受伤情况都没有提供证据。总之，该公司在香港的代理人显然没有等候关于索赔方式的指令，所以我想没有必要对他们的信再做进一步评论。”[3]

显然，欧格讷已经十分恼怒，他本人其实十分不愿意接受必须向中国索赔的转变。在5月6日发给金伯利的另一份电文中，他说出了自己的心声：“高升号提出索赔将损害英国的利益。高升号的沉没是战争留下的最大创伤，被认为是一次背叛行为。英国

[1]《英国外交文件》,《中国近代史资料丛刊续编·中日战争》第11册，第916-927页；欧格讷外交报告第125号,《中国近代史资料丛刊续编·中日战争》第6册，第648页。

[2]《英国外交文件》,《中国近代史资料丛刊续编·中日战争》第11册，第927页；欧格讷外交报告第125号,《中国近代史资料丛刊续编·中日战争》第6册，第649页。

[3]《英国外交文件》,《中国近代史资料丛刊续编·中日战争》第11册，第916-927页；欧格讷外交报告第125号,《中国近代史资料丛刊续编·中日战争》第6册，第646页。

迟迟不想限制日本，使自己背上了‘亲日’的重大嫌疑。一旦发现英国又想在中国身上捞取补偿，将会极大地伤害中国人的感情，并造成极坏的影响。由于拒绝支持逼迫日本让步，将会中断友好关系，使接管重组海军的希望化为泡影，并将失去一大堆政治及其他方面的利益。”他推脱道：“若在伦敦提出索赔并建议交付仲裁，将会减轻摩擦。”[1]

5月9日，他又补充道：“若要求中国为自己遭受的莫大损害作出赔偿，将会引起强烈的愤懑。我无意从法律的角度判断是非，因孰是孰非无关紧要。问题是索赔会影响我们在中国的利益。根本无法使中国人明白国际法中的罚款是怎么回事。即使我们的法官费数月之工认真研究，作出无可置疑的正确结论，他们还是不会满意。遗憾的是，这一案件引起了广泛的关注，人们普遍相信，日本是肇事者，中国和英国是受害者，英国应予以报复。”他继续建议道：“我相信，没有严厉的制裁，中国政府是不会完全接受索赔的。唯一和平解决的办法，是希望他们能够同意服从仲裁。如有外国政府及法官的支持，我们作为索赔人就会少遭非议。”[2]

欧格讷对于向中国索赔的消极态度导致他没有向中国提交任何索赔书，而印华轮船公司的桀骜和漫天开价，也令英国外交部厌烦。外交部的主要官员们于6月份分别在相应的备忘录中作了如下批注：“看来唯一可行的办法是将欧格讷先生的报告内容通报给印华轮船公司，征求他们对此报告的意见并告诉他们必须满足我们在2月5日函中提出的条件。”；“虽然我事先未看过本案的后期文件，但我仍然注意到我们2月5日函中规定的条件未得到遵守；而且正如欧格讷先生指出的那样，有些索赔项目明显站不

[1]《英国外交文件》，转引自戚其章：《甲午战争国际关系史》第256页。

[2] 同[1]。

Philadelphia Press. Reprinted from *Literary Digest*, April 1895.

描绘日本掠夺中国的漫画。画中中国人为李鸿章形象，日本人身披龙袍，扛着钱袋，手里拿着《致中国的胜利契约》。刊于.1895 年 4 月美国《费城报》(*Philadelphia Press*)

住脚，其他的也不够具体。”[1]

6 月 12 日，外交部正式发函给印华轮船公司，转达了欧格讷的意见后，特别声明，在该公司的索赔满足外交部此前提出的各项要求之前，英国政府将不向中国政府提出索赔要求。[2] 等于把索赔事情搁置起来。

印华轮船公司随即回电，口头上虽然表示要满足外交部的要求，但却强硬地建议外交部“训令欧格讷爵士立即就无可争议的项目向中国政府提出索赔要求”，这些“无可争议的项目”包括“租船契约注明的轮船价值十九万美元、一个月的租金九千美元以及相应的利息”，并要求欧格讷和怡和公司在中国就地解决索赔一事，这样“可能会比我们在伦敦更容易，结果也更令人满意，董事会准备批准他们相互达成的任何协议。如果您也同意将此事交由欧格讷先生全权处理，此事肯定会迅速得以解决”。[3]

[1]《英国外交文件》,《中国近代史资料丛刊续编 · 中日战争》第 11 册，第 927 页。

[2] 同 [1]，第 979 页。

[3] 同 [1]，第 985 页。

不过，印华轮船公司对索赔的漫长有着充分的心理准备。在6月13日于伦敦召开的董事会上。其董事局主席（Chairman of the Board of Directors）麦肯德雷（James Macandrew）告诫董事们做好心理准备："你们知道，无论是外交部，还是中国政府，效率都很低。"[1]

1895年9月6日，英国外交部将印华轮船公司的详细索赔清单送交中国公使龚照瑗，索赔英金四万六千一百九十六点九英镑（约四十六万美元），依然包括了欧格讷要求缓办的个人索赔。

中国政府对此表示了坚决的反对，认为"日本尚未宣战，首先开炮击毁英船，应向该国索赔，坚拒不许"[2]。一场长达八年的索赔与反索赔斗争在中英之间开始了……

---

[1] *The Indo-China Steam Navigation Company , Limited*, *The North-China Herald,Aug* 23, 1895,pg.319.

[2] 外务部为高升轮案现拟通融商结事奏折稿，中国第一历史档案馆：《光绪年间中英"高升"轮索赔交涉案》，《历史档案》2002年第2期。

第十一章

中国的“英国通”在伦敦顽强抵抗

1896 年 4 月 27 日，索赔谈判正式开始。此时，在英国政界很有影响力的中国协会（The China Association），成立于 1889 年，其主席、后成为国会议员的克斯威克（William Keswick）就是怡和公司的合伙人，给政府施加巨大压力，要求以外交手段推动其在华的商业目的，而为高升号索赔之事首当其冲。[1]

但当年发生的另一件大事却打乱了两国外交机构的正常对话。

这一年的 10 月 11 日，龚照瑗奉命秘密抓捕了流亡伦敦的孙中山，但孙中山说服了使馆的英国仆人通知英国当局。在英国的巨大压力下，龚照瑗只好放人，自己不方便出面，便由在使馆内任参赞的侄子龚心湛替代。英政府对此相当恼怒，要求中国政府不可再犯，并召回相关外交人员。11 月 23 日，龚照瑗被撤，不久后回国。但美国历史学家赫兰德却认为龚照瑗是在 8 月份突然中风后不得不撤换，可惜赫兰德对此未提供任何证据或解释。[2]

龚照瑗是李鸿章的姻亲，[3] 在 1893 年出任外交官前，担任的

[1] Douglas Howland : *The Sinking of the S.S.Kowshing: International Law*, *Diplomacy,and the Sino-Japanese War*, *Modern Asian Studies*, Vol. 42, No. 4 (Jul., 2008) , pp. 673-703.

[2] 同 [1]。

[3] 费行简:《近代名人小传》,《清代传记丛刊》第 202 册，台北：明文书局，1985 年，第 482 页，转引自戴东阳:《晚清驻外使臣与政治派系》,《史林》2004 年第 6 期。

是四川布政司，并无外交经验，不通英法语言，为使臣中最受非议的人物之一。

甲午战争前，因其兼驻法、比等国公使，主要逗留法国，英国事务依赖英籍雇员马格里探报来判断形势。同样地，中国驻俄公使许景澄从1892年后就主要致力于中俄边界问题谈判交涉，未能深入研究俄国对东亚的政策。因此，派驻两大强国的外交官均难以发挥重要的耳目作用。龚照瑗如此，而李鸿章、庆亲王等外交决策人更是从未跨出国门半步，而日本方面无论外交官员还是军事将领，如伊藤博文、山县有朋、陆奥宗光、川上操六等，大多有海外留学经验，眼界宽，思想活。

龚照瑗的家族是合肥望族，在“龚张李段”四大家族中居首，超过李（李鸿章）、段（段祺瑞）家族，概因龚氏人才更为整齐、福祚绵长。龚照瑗、龚心铭、龚心钊是两代三进士（翰林），后辈也文士、高官不断。那位出面释放孙中山的龚心湛，此后一直活跃在外交和财经界，1919年秋在财政总长任上代理国务总理三个月。后代中的龚家姐妹龚普生（中国第二位女大使）、龚澎（中国外交部第一位女司长）同为中国知名女外交家。龚家女婿亦群星灿烂，包括前国民党高级将领孙立人、外交部副部长章汉夫和乔冠华等。

与龚照瑗是个“土鳖”不同，出身于福建闽县望族的罗丰禄是中国最早的地地道道的“海龟”，祖辈靠军功已得三品顶戴，由他这一辈开始成为“外交世家”，后世子孙多活跃于华人外交舞台。

1867年（同治六年），罗丰禄考入福建船政“求是堂艺局”，经甄别遴选，入后为学堂第一届驾驶班学英文、驾驶专业，1874年3月以大考第一名成绩毕业，被船政大臣沈葆桢破格升任教习。

1877年3月，罗丰禄以候选主事、翻译身份获选第一届赴欧留学生，带十二名学生前往英国海军军官的摇篮——格林威治皇家海军学院(GreenWich College)。他们在英国时曾有一照片合集，至今仍被收藏在解放军海军司令部，十三人中多为甲午战争的主要参与者：

黄建勋：甲午时任超勇舰管带，在大东沟战役中牺牲；

林永升：甲午时任经远舰管带，在大东沟战役中“突中炮弹，脑裂死亡”；

林泰曾：甲午时任镇远舰管带，在大东沟作战勇猛获封“巴图鲁”，后因镇远入港时不慎擦伤难以出海任战，忧愤之下服毒自杀；

刘步蟾：甲午时任定远舰管带、北洋海军右翼总兵，加头品顶戴、在大东沟作战有功升记名提督，威海卫军港陷落后自杀殉国；

方伯谦：甲午时任济远舰管带，因大东沟战役“临阵退缩”被杀，后多有人为其辩诬；

叶祖珪：甲午时任靖远舰管带，北洋水师覆灭后被革职。1899年，被起用，与萨镇冰一起重振北洋水师。后出任广东水师提督，南北方海军统一后出任总理南北洋海军兼广东水师提督。1905年夏，因劳累过度又染伤寒，逝于军中，“将吏皆哭失声，有越千里来送葬者”。叶祖珪终其一生怀念靖远舰，始终携带着靖远舰专用茶匙，铸有英文“大清帝国海军——靖远”，现该茶匙收藏在中国人民革命军事博物馆；

萨镇冰：甲午时奉命率部守卫刘公岛炮台，亲冒矢石与日军作战，战后历任北洋水师帮统、广东水师提督，随载洵同往英、美、德、法、日、俄等国考察，回国后任海军提督。民国后任海军临时总司令、海军总长、代国务院总理、福建省长。抗日战争中赴南洋宣传抗日。后定居福州。1949年出席中国人民政治协商会议第一届全体会议，是参加开国大典的最年长者（九十一岁）。著名作家冰心之父亲即为其老部下，冰心写过一篇感人的《记萨镇冰先生》，内称“萨镇冰先生，永远是我崇拜的对象……每一想到他，就保留了我对人类的信心，鼓励了我向上生活的勇气”。

林颖启：甲午时任威远舰管带，北洋水师覆没后，被革职查办，后任海天舰舰长。不久，调守大沽。1911 年，南京临时政府成立，孙中山以刘冠雄为海军总长。时林颖启正省墓在家，乃起为福州船政局副局长，未到职又改任福建海关监督。1914 年，调任为海军军港司令。是时军港尚未兴办，林颖启即病故。

其余四人严复、蒋超英、何心川、江懋祉未直接参加甲午战争。其中严复回国后因不受重用，转而为文，成为著名的启蒙思想家。学业最优的蒋超英回国后被留在南洋水师，先后任扬武、镇东、澄庆等舰管带，曾参与中法马江海战。甲午时任江南水师学堂会办、总教习兼提调，1905 年 3 月，升任南京江南水师学堂总办兼监督。

中国驻英国公使罗丰禄

罗丰禄则入英国伦敦琴士官学（King's College，皇家理论学院）学习气学、化学、格致，受教于著名化学家《化学鉴原续编》与《补编》的原作者 C.L.Bloxam，同时兼任英、德使馆等翻译。1880 年 2 月，学满回国被李鸿章延揽进入其幕府，与伍廷芳、马建忠被合称为“李鸿章幕府中三个重要的‘海归派’”。[1]

在英期间，罗丰禄曾与同样留英的伊藤博文交好，伊藤赠给他直径约六厘米的象牙碗和一本火柴盒大小的英语字典。后中国

[1] K.E. 福尔索姆：《朋友 · 客人 · 同事——晚清的幕府制度》（刘悦斌、刘兰芝译），北京：中国社会科学出版社，2002 年。

近代著名造船专家魏瀚的孙子、原深圳大学校长魏佑海教授还专程投书报章，提及这两件文物。据说，罗丰禄获准能陪李鸿章参加马关谈判，也估计与此段旧交有关。[1]其实，这是记者们附会而已，日本方面在乎的只是李鸿章主持谈判。如像派遣张荫桓那样派遣罗丰禄全权谈判，也是一样不会被日本接受的。

罗丰禄被李鸿章延揽入幕，一方面固然因为其本身的才干，另一方面也是当时李鸿章以权势压迫南洋方面，将留英海军学生几乎悉数收归北洋，而罗丰禄某种程度一直是这群学生的“辅导员”，便于沟通。

李鸿章对罗丰禄关照有加，视为心腹。据说甲午年报刊政论家、上海格致书院院长王韬为孙中山修改《上李鸿章书》后，曾修书罗丰禄大作介绍，期望罗能为孙引见，可见罗的地位。

罗丰禄一开始在北洋水师营务处工作，并兼任李鸿章的英文秘书、外交顾问兼翻译，同年4月任天津大沽船坞总办，建成北洋海军基地雏形。1881年2月，经李鸿章奏请由候选主事升同知，赏加四品衔。1883年5月，罗丰禄调升水师营务处道员。1885年，升任天津水师学堂会办。1888年5月，奉命协同北洋水师提督丁汝昌及林泰曾、刘步蟾等起草《北洋海军章程》。甲午战前，高升号等英国商船的租用就是罗丰禄主持谈判的。战败后，罗丰禄又全程陪同李鸿章参加了马关谈判。1896年初再陪同李鸿章周游欧美列国，全程担任翻译。在英国时，李鸿章在维多利亚女王留言簿上留了杜甫的诗句“西望瑶池降王母，东来紫气满函关”，罗丰禄居然以莎士比亚风格译成英文，获得了女王的极大赞赏，亲赐爵位“罗稷臣丰禄爵士”。后来，他出任驻英公使后，英国伯明翰造币有限公司特制了“罗丰禄纪念章”，银、铜、铅三种质地。[2]正面中央铸罗丰禄半侧面头像，短髭，罗衫小帽；外沿

[1]《福州晚报》，2004年2月2日。

[2] 黄柽、罗孝逵:《清末使才罗丰禄》,《福州晚报》，2003年11月16日。

英国造币厂1900年制造的“罗丰禄纪念章”

英文，上方为“罗丰禄阁下”，下方为“中国大臣”。纪念章背面也是英文，中间有“中国大臣阁下对伯明翰造币有限公司的访问”等字样，外沿上方是“为纪念”，下方则是“1900年1月”，现已成为罕见的收藏珍品。

罗丰禄由幕后的幕僚转而为台前的公使，据后来出任巴黎和会中国全权代表的施肇基透露，还是托了伊藤博文的福。罗丰禄、伍廷芳等随李鸿章赴日谈判马关条约，伊藤博文和李谈起此二人是他昔日留学英国时的同学，均为一时俊彦。如今伊藤已为内阁总理，而伍、罗两人还屈居幕僚。李鸿章闻之，颇有感触，不久后便分别保举他们为出使英国大臣和出使美国大臣。[1]

罗氏官声及才干，比前人龚照瑗要好得多，后世多评价其为有为外交家，当然也有所谤，他陪同李鸿章出使俄国时，就被与“以贪婪出名”的李经方并列为“同样贪婪的李鸿章的亲信译员”。[2]美国哈佛大学费正清研究中心研究员孔祥吉曾以“心理史学”方式，研究了罗氏在甲午战争期间的家书，从家书中的眷眷之情，推断出“先想到的是个人及其家庭，或者是自己所属的那个小集团的私利”，认为这样的“心态”是造成甲午战败的原因

[1] 施肇基:《施肇基早年回忆录》，台北：传记文学出版社，1967年，第28页；转引自戴东阳：《晚清驻外使臣与政治派系》，《史林》2004年第6期。

[2] [俄] 罗曼诺夫:《俄国在满洲：1892-1906》，第99-101页。

之一[1]。我虽难苟同此类“心理史学”的推断方式和内在逻辑，甚至认为罗氏家书中的眷眷深情亦不失为忠勇者的衷肠，但“心态分析”之类亦不失为一家之言。

英国首相兼外交大臣沙里斯伯利

罗氏身后还有一段逸事。当时朝士依然鄙言洋务，出使外国，几为朝官所不齿。罗丰禄虽在洋务外交界颇负盛名，但其丧归故里，湖广总督卞宝第佯语藩县司道，问“罗丰禄何如人”，群臣知卞意，答以不知，所以阖城文武不许往吊。因此，民国时黄濬在《花随人圣庵摭忆》感慨道：“弱国议和负命之使，往往易遭诟责，非独晚清而然。盖忠直之士，深忧国运，一腔怨愤，无处发泄，遂不免移咎执事之辈。如曾文正晚岁钦使津门，怨谤交至，清议喧腾。彼岂有罪，此尤无过。自古钱粮、财利、刑名、外交之任，皆非清选，以士夫爱护声名如惜羽毛耳，此尤今世奔趋利禄之徒所难知者也。”果然是一针见血。但此位看透晚清的作者黄濬，身为国民政府行政院兼任高级机要秘书，却暗通日本，泄露军情，于 1937 年 8 月 26 日被枪决，成为第一批被处决的汉奸。十年后，陈寅恪偶读《花随人圣庵摭忆》，写下七律一首，吊曰：世乱佳人还作贼，劫终残帙幸余灰。

言归正传。

1896 年，罗丰禄获赏四品京卿，升任太仆寺卿（从三品），以二品顶戴记名海关道，出任驻英、意、比三国钦差大臣（公使），重点就是和大英帝国周旋。

[1] 孔祥吉：《罗丰禄家书解读——甲午战争中北洋水师上层人物的心态》，《近代史研究》，2000 年第 6 期。

1897年罗丰禄到任后，奉总理衙门指示，对英国的索赔依然坚拒不许[1]。深谙洋务的罗丰禄，在高升号事件处理中，一出手就给英国一记猛拳：根据国际海事法律，索赔要求必须在损坏事实发生后的五天内提出，而印华轮船公司在事件发生后近两年才主张权利，早已过了主张期限。

根据英国的史料记载，当时英国首相兼外交大臣沙利斯伯利（Lord Salisbury）的高级助手桑德森（Thomas Sanderson）就为此沮丧不已，因为这正是英国的索赔要求在法律要件上的重大缺憾。沙利斯伯利是在1895年当选首相的，并亲自兼任外交大臣，他在任期间一直推行强势而冒险的边缘政策（brinkmanship）。

1898年8月22日，罗丰禄向沙利斯伯利提交了一份照会，驳斥了英国学者以及司法部的全部观点。他指出：高升号上的中国军队，是应朝鲜国王的邀请协助平叛，并不是针对日本的。其次，多日在海上航行的高升号，不可能得知在它遭遇日舰之前的数小时，中日军舰之间发生了冲突，既然高升号从未收到任何交战方的正式宣战通知，强加在高升号头上的所谓中立的义务就不存在。罗丰禄在此引用了国际法条文以及此前英法冲突中西班牙船只被非法搜查之案例，证明除非中立国通过外交渠道收到正式的交战通知，否则交战国无权检查中立国船只，交战方不能期望中立方简单地将冲突当做战争从而宣布自己的中立立场，而且，中立国船只绝不可以被当做宣战时的作战目标。因此，他指出，日本军舰唯一能做的合法行为，就是让高升号返回出发港口——实际上，从各方当事人的证词看，当时高升号船长也是如此与日本军舰交涉的，但被日军拒绝。

罗丰禄说，日本和英国的说法中，高升号的唯一“罪名”，就是它反抗了日军的强制行为，但在未得到“任何交战方通知”

[1] 外务部为高升轮案现拟通融商结事奏折稿，中国第一历史档案馆:《光绪年间中英“高升”轮索赔交涉案》,《历史档案》2002年第2期。

的情况下，高升号当然可以反抗，而英国政府却说日本人因此有权将其击沉，这是十分荒谬的。

这位中国公使，对日本行为的合法性以及英国向中国索赔的合法性，都予以了坚决的否认。

1899年4月，中国公使和英国外交部继续舌战，但英国拒绝接受中国的观点。罗丰禄则继续指责英国立场充满矛盾：如果当时中日已经处于战争状态，则高升号的确可以被日军作为战利品，但正如英国学者胡兰德分析的，如此一来，则高升号的船东无权为其因参战而损失的船只索赔；如果当时中日还未处于战争状态，则日本必须为其非法搜查和破坏高升号承担全责。英国政府在此事件上出现明显矛盾，就只能有一个解释：为了政治和外交利益，英国选择了偏袒日本。

“有理有法”抵不上“有力有利”

国际法自第二次鸦片战争后传入中国，美国人亨利·惠顿（Henry Wheaton）所著的《万国公法》（Elements of International Law），由美国传教士、京师同文馆教习丁韪良（William Alexander Martin）翻译后于1864年出版，中国的外交理念逐渐步入了近代化。

当年4月，普鲁士与丹麦在中国领海的一次冲突，成为中国对国际法的第一次演习运用。

事情起因是普鲁士公使李福斯（M. von Rehfues）乘坐本国军舰羚羊舰（Gazele）到达中国，停在大沽口，准备进京与总理衙门接洽。在逗留期间，发现大沽口拦江沙外有三艘丹麦商船。当时丹麦正在与普鲁士交战。李福斯立即指示军舰追赶并扣押了三艘商船。

中国随即根据国际法向普鲁士抗议力争，遍查中普、中丹条约，均无一方发生战争时，签约另一方应予协助的同盟规定，而且在普丹开战后，中国亦未声明或在实际上协助某一方，因此按照国际公法，中国属于中立国，而交战国是不得在中立国领海行使拿捕敌船的权力。

中国方面据此严斥李福斯侵犯中国领海主权和中立权，并指责这位老资格外交官不懂公法。几番辩论后，李福斯才发现中国对于国际法所知甚深。最后，在中国主持下，普鲁士被迫释放丹麦商船并进行赔款。这一事件史称“大沽口船舶事件”，是中国第一次在国际事件中“依法办事”并获胜。

十一年后，1875 年 3 月，在处理马嘉理案时，李鸿章也根据国际法认为马嘉理未经中国地方官同意，擅自带领武装探路队深入中国内地，“不独有违条约，亦显悖万国公法。……中国自主之国，岂容他国无故调兵入境？”[1]

此后，中国官方尤其是洋务和外务部门，官员们多对国际法比较熟谙及至迷信，以为“各国互峙争雄，而公法行乎其间”。中国最早的外交家郭嵩焘认为：“夫能以诚信待人，人亦必以诚信应之；以猜疑待人，人亦即以猜疑应之，此理无或爽者。”[2]王韬主张处今日之势，“唯有开诚布公，讲信修睦”。[3]在甲午战前的交涉中，李鸿章还一直认为“两国交涉，全论理之曲直，非恃强所能了事”[4]，“日虽竭力预备战守，我不先与开仗，彼谅不动手，此万国公例，谁先开战即谁理屈”。[5]

---

[1]《李鸿章全集 · 朋僚函稿》卷 15，海口：海南出版社，1997 年，第 10-11 页。

[2]《郭侍郎奏疏》（近代中国史料丛刊第 16 辑），台北：台湾文海出版社，1967 年，第 1260-1261 页。

[3] 王韬：《弢园录外编》，北京：中华书局，1959 年，第 30 页。

[4]《寄朝鲜成欢交叶提督》，《李文忠公全集》，《中国近代史资料丛刊 · 中日战争》第 4 册，第 261 页。

[5]《覆叶提督函》，《李文忠公全集》，《中国近代史资料丛刊 · 中日战争》第 4 册，第 264 页。

中日大战朝鲜图。日本东阳堂发行的《日清战争图绘》（1894 年 9 月 25 日）

与执掌外交国柄的官员们不同，中国一些学者也清醒地看到了国际法的局限。他们认为，“所以用公法之柄，仍隐隐以强弱为衡”。[1]“交涉之道，始以并吞相尚而不明，继以谲辩相欺而复失，终以均势相维而信未孚，徒恃此载在盟府一二无足重轻之虚文，安足以修和于罔替！”[2]，并提出“国强则公法我得而废之，亦得而兴之；国弱则我欲用公法，而公法不为我用……不可恃此区区之约，庆相安于目前也”[3]，“唯有发愤自强，方可得公法之

[1]《薛福成选集》，上海：上海人民出版社，1987 年，第 414 页，转引自蔡永明：《论晚清洋务思想家的近代外交观》，《厦门大学学报》哲社版，2000 年第 4 期。

[2] 马建忠，《适可斋记言》，北京：中华书局，1960 年，第 35-36 页；蔡永明：《论晚清洋务思想家的近代外交观》，《厦门大学学报》哲社版，2000 年第 4 期。

[3] 王韬，《弢园录外编》，北京：中华书局，1959 年，第 33 页、第 128-129 页，转引自蔡永明：《论晚清洋务思想家的近代外交观》，《厦门大学学报》哲社版，2000 年第 4 期。

益。倘积弱不振，虽有百公法何补哉”。[1]

日本人也差不多在同时期接受了国际法，但却比中国更清醒地看到了国际法在国际角逐中的局限性，从而娴熟地将其作为包装手段进行运用。时任日本参谋本部陆军部第二局局长小川又次大佐在其1887年写成的《清国征讨方略》中，深刻地指出："今日乃豺狼世界，完全不能以道理、信义交往。最紧要者，莫过于研究断然进取方略，谋求国运隆盛。"[2]"兵力不整之时，万国公法亦绝不可信……既不足恃，亦不足守"[3]，真是一语中的。

两国的认识差距，在1876年李鸿章与日本使臣森有礼的谈话中充分显示出来：李说"两国和好，全凭条约"，"恃强违约，万国公法所不许"；而森却称"和约没甚用处"，"国家举事，只看谁强，不必尽依着条约"，"万国公法亦可不用"[4]。李鸿章直到最后才认识到："国际上没有外交，全在自己立地，譬如交友，彼此皆有相当的资格，我要联络他，他也要联络我，然后够得上交字，若自己一无地位，专欲仰仗他人帮忙，即有七口八舌，亦复无济于事。"[5]可惜为时已晚。

在讲究实力的国际舞台，国际法的确只是个辅助手段和包装工具，是强者的游戏和弱者的无奈，某种程度上也符合"枪杆子里才出法理"，强者以枪杆子做法理，无理也是理；弱者将法理当枪杆子用，有理亦无理。大沽口船舶事件只是个例外，是当

---

[1]《郑观应集》，上海：上海人民出版社，1982年，第389页，转引自蔡永明：《论晚清洋务思想家的近代外交观》，《厦门大学学报》（哲社版），2000年第4期。

[2] 转引自戚其章：《国际法视角下的甲午战争》，第162页。

[3]［日］芝原拓自等编：《日本近代思想大系 · 对外观》，东京：岩波书店，1988年，第467页，转引自李少军：《论甲午战争前夕中日统治者对形势的认识和判断》，《武汉大学学报》哲社版，1994年第5期。

[4]《李文忠公全书 · 译署函稿》卷4，第34页，转引自李少军：《论甲午战争前夕中日统治者对形势的认识和判断》，《武汉大学学报》哲社版，1994年第5期。

[5] 转引自刘虹、叶自成：《试论李鸿章的对日外交思想》，《中州学刊》，2003年第2期。

时忙于统一德国的普鲁士无暇东顾。此后，但凡没能利用列强间的势力制衡，中国就难以在国际法方面获得胜利，包括1919年巴黎和会上，中国作为战胜国居然也无法收回德国强占的胶东半岛。

中英邀请美国人仲裁

中英双方的谈判有点陷入了僵局。

对此，印华轮船公司及英国议会的一些议员相当不满，向英国政府频频施压。

1898年11月，中国协会上海分会邀请到访中国的退役将军贝思福爵士（Lord Charles Beresford），参加其年会，并作为嘉宾演讲了一个小时。这位即将结束在中国的深度考察（包括检阅袁世凯军队）的高级将领，提到了高升号的索赔，认为高升号索赔迟迟不决，类似拖延绝不会发生在美国人或者德国人身上，他回国后将会立即对此进行调查。[1]言外之意，英国对于中国太软弱了。

次年4月21日，贝思福爵士果然在众议院向英国外交部提出质询，质问对华索赔究竟何时能完成。外交部回答说，仍在等待中国政府的答复，“若在合理的时间内仍未得到合适的答复，英国政府将被迫考虑采取其他措施”。贝思福爵士追问，究竟什么是“合适的时间”，以及究竟会采取什么样的“其他措施”，并再度指出，如果换了是俄国和德国，早就对中国采取该采取的措施了。[2]

[1] *The Annual Dinner of The Shanghai Branch of the China Association*, *The North-China Herald*, Nov 21, 1898, pg.963.

[2] *The North-China Herald*, Jun 5, 1899, pg.999.

为了打破僵局，1899年3月18日，英国外交部提出以仲裁（Arbitration）方式解决。英国给中国提供了三种仲裁选择：一是海牙国际法庭；二是英国法院；三是选一位有声望和权威的第三国仲裁员。

罗丰禄于7月18日向总理衙门请示，同时，英国驻中国代办艾伦赛也在北京拜会总理衙门，提出此建议。总理衙门查了高升号的租赁合同，内有将来租主船东如意见不合，互相辩论，两家共请公正人判断等语。于是通知罗丰禄与英国外交部就此展开磋商。[1]

其实，高升号的租约中，所约定的是"双方对本租约字句含义有所异议，不论是原则问题还是细节问题，均应在上海提交两位有能力之人进行仲裁，其中双方各选定一人，并有权邀请第三者仲裁"。[2]地点是严格限定在上海的，如果依据英国建议在伦敦进行仲裁，这本身已经超出了合同约定的范围。但中国同意仲裁，不失为摆脱僵局的好办法，一则多少与合同约定相符合，二则也是对国际法的尊重，三则也顺应了英国的要求。但是，英国本身提出仲裁建议，并非为了弄清是非，而是为了尽早索赔了结此案。

北京于12月10日正式表示同意仲裁并选择了第三种方式。美国历史学家赫兰德认为，做出这一选择，"中国掉到了陷阱里"，因为，它最后导致英国人可以在法律程序上动摇中国的地位：英国人认为，既然中国人不选择海牙国际法庭，就无权在仲裁过程中引用国际法观点为自己辩护。[3]其实，赫兰德是将因果倒置了，英国拒绝在仲裁中采用国际法，是既定方针，并非针对某种仲裁方式。英国人的想法，最后导致双方难以达成一致，仲裁流产。

[1] 外务部为高升轮案现拟通融商结事奏折稿，中国第一历史档案馆:《光绪年间中英"高升"轮索赔交涉案》,《历史档案》2002年第2期。

[2]《英国外交文件》,《中国近代史资料丛刊续编 · 中日战争》第11册，第367-372页。

[3] Douglas Howland：*The Sinking of the S.S.Kowshing: International Law, Diplomacy,and the Sino-Japanese War*, *Modern Asian Studies*, Vol. 42, No. 4（Jul., 2008）, pp. 673-703.

双方在对提交仲裁的文书草案进行拟订时，又发生了激烈的争论。英国坚持认为日本并非参与仲裁的当事人，其与中英之间所需要仲裁解决的分歧没有任何关系，因此不能将日本的责任写进草案；而中国方面则认为，日本的责任问题恰恰是中英分歧的焦点和寻求仲裁的原因，需要的话，甚至应当将日本也追加为仲裁当事人。[1]

根据史料记载，中国的观点被英国粗暴地驳回了。1901 年 1 月 18 日，英国政府就仲裁事宜，单方面在《泰晤士报》刊登公告，表明仲裁目的只是证明中国是否有错，以确保中国对英国予以赔偿。在英国官方看来，仲裁只是判定中国赔偿的时间和数额而已[2]。

1901 年 2 月 27 日，罗丰禄向英国外交部发出照会，对英国政府不同意追加日本为当事人表示强烈不满，并据理力争。罗丰禄认为，“查浪速所为是否合理，实为此案关键”，这是中英两国政府几年来的争论焦点，也是仲裁的基本前提，并坚决要求在仲裁文件的案引中加入“日本浪速战船所为，中国以为有违公法”的字句。他还说，英国政府本身也曾说海事审判时因日本人的缺席，导致有关浪速舰行为是否合法一节并未能在海事审判时查明。[3]

4 月 1 日，英国外交大臣兰斯多恩（Lansdowne）回复照会，认为中国的意见“无非要将浪速船所为，按照公法而论是否合理一层在仲裁时反复辩论而已耳。此实万难允从也”。[4]

---

[1] Douglas Howland：*The Sinking of the S.S.Kowshing: International Law*，*Diplomacy,and the Sino-Japanese War*，*Modern Asian Studies*, Vol. 42, No. 4（Jul., 2008）, pp. 673-703.

[2] 同[1]。

[3] 中国驻英公使馆为议改高升轮案公断专款条文事致英外交部照会译文，中国第一历史档案馆:《光绪年间中英“高升”轮索赔交涉案》，《历史档案》2002 年第 2 期。

[4] 英国外交部大臣侯爵兰斯多恩为中方拟改公断专款事致中国驻英公使馆照会译文，中国第一历史档案馆:《光绪年间中英“高升”轮索赔交涉案》，《历史档案》2002 年第 2 期。

罗丰禄于5月2日再次照会英国外交部，重申："浪速船所为是否合理，乃关系公法最要之处，且系贵律官先行据以辩难。数年以来，为此一案，两国政府往返辩论不休，其所争者亦唯此一着。今以之添入专款第一款内，盖欲使公正人于判断时，不忘公法一层而已耳。"他说，浪速所为是否合理，本身就是英国政府据以判断责任的前提，此前英国政府的来函中，认为根据国际法浪速舰行为并无不合理之处，但中国政府对此点不赞同，所以英国首相兼外交大臣沙利斯伯利才提议两国将此事提交仲裁，包括可以选择海牙国际法庭。此次仲裁，就"必须将浪速所为有无违悖公法一节彻底根究"。如果撇开这一点，但依据合同来判断高升号的责任归属，则根本就不需要这么多年来动用"熟谙航海条例之律学大名家"，而早已了结此案了。[1]

应该说，罗丰禄的辩驳十分精彩在理，他在5月17日发给总理衙门的函中，向同僚们阐述了自己的思路："高升船案关键我中国所必争者，在于浪速击沉高升是否合理，有无违悖公法一节。必须先请公正人判断曲直，然后再议孰任赔偿……因思此案若舍公法判断曲直，则中国必任赔偿，爰即谨遵电意，拟成照会握定，仍请公正人判断曲直，再议孰任赔偿，逐一驳诘，据理力争。"他十分精辟而无奈地指出，英国政府对此问题已经采取"不论理之曲直，只论款之赔否"的态度，认为这是"歧视中国"，"万难迁就"。[2]

双方又一次"彼此相持，迄未定议"。

中英双方选择当时美国驻英国大使涂德（Joseph Hodges Choate）作为仲裁者。1902年2月7日，总理衙门就此向美国驻

[1] 中国驻英公使馆为高升轮案公断专款事致英外交部照会译文，中国第一历史档案馆：《光绪年间中英"高升"轮索赔交涉案》，《历史档案》2002年第2期。

[2] 中国驻英大臣罗丰禄为高升轮案抄录中英两国往来照会译文事致总理衙门刘宇泰等函，中国第一历史档案馆：《光绪年间中英"高升"轮索赔交涉案》，《历史档案》2002年第2期。

中国公使康格发出照会，请美国政府同意涂德出任仲裁人。[1] 美国政府很快批准。罗丰禄立即要求他聘请的律师顾问团中的比利时律师媚斯德，草拟了仲裁章程（*Draft Protocol*）共七条，并商同英国两律师斟酌妥善，备文照会英国外交部，俟其批复后即可实施。[2]

律师们所草拟的仲裁章程开宗明义表示，中英双方对于高升号事件之责任是否专归日本，以及究竟谁该承担失船之责意见不合，因此约定由美国驻英公使涂德进行仲裁。仲裁内容是："一、浪速所为是否合理、有悖公法；二、雇船之中国国家与受雇之轮船公司孰应担当失船之责。"

律师要求，自该仲裁章程签字画押之日起一个月内，英国政府应提交详细的高升号事件案卷及其要求何人赔偿的文件，送交仲裁人涂德及中国公使。中国公使应收到英国政府的文件之日起一个月内，将辩护文件等送交涂德及英国外交大臣。如英国外交大臣不赞同中国公使的辩护意见，则可另行申诉一次，中国公使亦可再行申驳一次，均以十四日为限，自第二次申诉申驳之后，非经仲裁人函询，双方不得再有申辩。仲裁人于收到第二次申驳文件后，应在三十天内裁定，同时告知中国公使和英国外交大臣。此案一经仲裁裁定，即为定案，两国政府均应速照办理，不得再有翻异。[3]

英国坚持不能将日本的责任列入仲裁，这导致仲裁难以推进。

1902 年 4 月 8 日，英国向中国提出做"一笔交易"，英国外

[1] 总理衙门为拟请美驻英公使涂德为高升轮案公证人事致美驻华公使照会稿，《光绪年间中英"高升"轮索赔交涉案》外务部文件，中国第一历史档案馆，《历史档案》2002 年第 2 期；另参阅 *The North-China Herald*，Feb 17，1901，pg.376 之短讯。

[2] 中国驻英大臣罗丰禄为索要高升轮案卷宗事致总理衙门舒文等函，中国第一历史档案馆:《光绪年间中英"高升"轮索赔交涉案》，《历史档案》2002 年第 2 期。

[3] 中英两国为高升轮案聘请公正人判断章程，中国第一历史档案馆:《光绪年间中英"高升"轮索赔交涉案》，《历史档案》2002 年第 2 期。

交部向罗丰禄提交了一份新的仲裁文件，即：中国放弃对日本的所有指控，则英国同意放弃对中国的所有指控。美国历史学家赫兰德认为英国执笔的这份文件“十分可笑，它只证明：一、中国租赁了高升号；二、日本又将船打沉了。如果以此份草案送交仲裁，则中国的希望很可能实现”。

但此时，双方却突然取消了仲裁安排。

赔款改“慈善”，大清国终于挣回点面子

此时的形势已经发生了巨大的变化。清廷还没有从义和团动乱和八国联军入侵的打击中缓过劲儿来，在这场震惊世界的动乱中，英国作为八国联军的核心，出兵占领了北京和天津等地，并强迫中国签订了《辛丑条约》。

与镇压义和团相比，高升号事件对于英国来说，实在是一件小事，但现在大事底定，可以腾出手来处理“小事”了。同时，经历了痛苦而惊心的庚子事变，中国的抵抗意志大大削弱。而印华轮船公司，在他们的政界朋友的支持下，给英国政府开始施加新的巨大压力。[1]议员不断地就高升号索赔问题，向政府施加压力。[2]

英国为此开始了“私人外交”。[3]1902年5月，英国政府通过其驻北京公使萨道义与外务部[4]大臣庆亲王奕劻、新任驻英公使张德彝等直接举行私人会谈，并递交了高升号事件新的赔款清

[1] *The Sinking of the S.S.Kowshing: International Law, Diplomacy, and the Sino-Japanese War*, Douglas Howland，pg.27.

[2] [雪珥注]：这一时期的英国议会报道中，频繁出现对于高升号索赔的质询。参阅议会记录，或《泰晤士报》(*The Times*)等。

[3] Douglas Howland：*The Sinking of the S.S.Kowshing: International Law, Diplomacy,and the Sino-Japanese War*, *Modern Asian Studies*, Vol. 42, No. 4 (Jul., 2008), pp. 673-703.

[4] [雪珥注]：庚子事变后，列强要改革中国的外交体制，根据《辛丑条约》，总理衙门更名为外务部。

单，总额高达六万多英镑（约六十多万美元）。印华轮船公司的董事局主席麦肯德雷在5月23日的董事会上，就相当有信心地表示："我们账本上的这笔扎眼的烂账，将会很快消失。"[1]

按照奕劻等的说法，他们对此严词驳斥，认为一方面中国原无认赔之理，另一方面赔款数额也太大了，万难允准，但英国公使萨道义"坚执前说，且设词恫吓"。[2]

按照萨道义的说法，则是奕劻等主动提出给高升号船东们一笔"慈善性的款项"："为什么让这么件小事影响我们之间的友谊呢？"但萨道义转告印华轮船公司后，却遭到后者的拒绝。几经周折，该公司董事会终于同意中国提出了赔偿一半的要求。[3]

而奕劻在事后呈交给光绪皇帝的报告中声称，当年11月份，萨道义在回国前告知中国外务部，"中英睦谊方敦，此事英国亦愿速结，现拟核减赔款数目，以三万三千余镑作为了结，请中国从速付款"等。奕劻认为，"高升船案事阅多年，彼此辩论几于笔秃唇焦，而英政府命意始终不移。若日久不决，诚恐在彼借为口实，转致别生枝节，计不如就此和商了结，尚不失两害取轻之意"，建议接受此条件，但先告知英国这一赔款数额虽经核减，唯中国财力一时难以筹措，尚需从长计议。

1902年12月11日，英国代办焘讷理照会中国外务部，称其已经接获伦敦指示，赔款减半的条件是必须立即支付，如中国不能在一两个月内支付，则不可减半。

外务部诸臣商议后，认为"英政府既执意开除浪速船有悖公

[1] *Indo-China Steam Navigation Co.*, *Ld*, *The North-China Herald*, July 9, 1902, pg.77.

[2] 外务部为高升轮案现拟通融商结事奏折稿，中国第一历史档案馆：《光绪年间中英"高升"轮索赔交涉案》，《历史档案》2002年第2期。

[3] Douglas Howland：*The Sinking of the S.S.Kowshing: International Law*, *Diplomacy,and the Sino-Japanese War*, *Modern Asian Studies*, Vol. 42, No. 4（Jul., 2008）, pp. 673-703.

日本举国欢庆胜利。日本东阳堂发行的《风俗画报》增刊《日清战争图绘》（1895年7月25日）

法一节，专断租船之国是否应出偿款，诚恐既断之后，仍归中国认赔。按照西例，一经断定，彼此即应遵办，恐中国亏损愈多，届时更难改议，似不如通融商结，尚可稍省财力”。应该说，这一顾虑是恰当的，无谓地守着国际法，等待英国讲道理、辨是非，对中国没有任何意义，因为正如罗丰禄所言，在高升赔偿事件上，英国是霸王硬上弓了。

奕劻等外务部臣僚遂给光绪皇帝上了《为高升轮案现拟通融商结事奏折》，恭请圣裁。皇帝朱批四字：“依议。钦此！”[1]在坚守了多年后，中国决定接受赔款要求。

[1] 外务部为高升轮案现拟通融商结事奏折稿，中国第一历史档案馆：《光绪年间中英“高升”轮索赔交涉案》，《历史档案》2002年第2期。

日本举国搭设凯旋门欢迎日军凯旋。日本东阳堂发行的《风俗画报》增刊《日清战争图绘》（1895年5月25日）

1903年1月16日，外务部向户部送交了请求拨款的咨文，户部随即进行了筹款，赔款总额为三万三千四百一十一英镑，按当时市价，合规平银三十一万二千九百二十二两，库平银二十八万五千五百一十三两，电告两江总督魏光焘由宁（南京）、苏（苏州）两属应缴中央的款项下提款解沪拨还。

5月12日，英国代办焘讷理照会外务部，款项已收。5月14日，外务部通知美国公使康格，高升号事件已经了结，涂德的仲裁工作不再需要，并表示感谢。[1]次年（1904年）11月6日，驻英公使张德彝向外务部报告，已从高升号专项法律费用中，向所聘请的英、德、比等律师结清费用，余款根据指示转为英国公使馆经费。中国政府在英国准备的高升号专项法律费用库平银一万

[1] 外务部为高升轮案现拟通融商结事奏折稿，中国第一历史档案馆:《光绪年间中英“高升”轮索赔交涉案》，《历史档案》2002年第2期。

八千两，还结余一万五千三百零一两，其间因英镑兑白银的兑换率变化，专项费用折合成英镑价值，居然在事件处理前后相差无几。[1]。

一场轰轰烈烈的国际事件，最后却以民事事件收尾，正如美国历史学家说的，“英国政府始而动用公法继而诉诸私法的行为，就好像日本人从未打沉过高升号一样”。

[1] 驻英大臣张德彝为律师夏务德等经手高升轮案讼费清单事致外务部咨文，外务部为高升轮案现拟通融商结事奏折稿，中国第一历史档案馆：《光绪年间中英“高升”轮索赔交涉案》，《历史档案》2002年第2期。另参见 *The North-China Herald*, Feb 25, 1903, pg.261；Mar 5, 1903, pg.458；May 14, 1903, pg.917 等相关报道。

第十二章

为高升报仇：重庆号事件

与高升号事件同时还发生了几件中、英舰船冲突的事件，这就是重庆号、巴山号事件，但无论情形如何，最后都如同高升号事件一样，以中国赔款而告终。而同时期日本所发生的同类事件，最典型的就是其搜查英国商船盖尔人号所引发的日英争论，居然最后都是以英国满足日本条件而放手告终。两相对比，国际法的无力和国际准则的伪善是显而易见的。

这几个事件，英国外交部在整理汇编外交文书时，专门在《备忘录》中进行了强调。中、日、英三国的政府档案中，记载着三个事件的基本情况。

重庆号事件具有相当的戏剧性，并与高升号直接相关。

高升号事件后，中日两国于 8 月 1 日宣战，日本公使小村寿太郎、驻津领事荒川已次同日分别下旗离开京、津。

荒川已次携眷从塘沽登上英商中国航运公司轮船重庆号（Chung king），但并未按照外交惯例通知中国政府。

当晚下雨[1]，重庆号装客后还停泊在塘沽矿务局码头。午夜

[1] 1895 年 1 月 13 日黄道台致宝士德函，《英国外交文件》，《中国近代史资料丛刊续编 · 中日战争》第 11 册，第 649 页。

0时30分左右，船员与乘客均在休息，约三四十名中国士兵突然全副武装闯到船上。带队军官宣布奉总督李鸿章之命令逮捕所有日本乘客。随后，清军持枪搜查每一间舱房。他们将日本领事夫人的两名女佣拖出来，用绳子捆住手脚。同时也捆绑了一名叫阿原的日本留学生。据外电报道，清军将捆绑后的人从六英尺高的舷梯上直接抛到码头上。他们从下甲板又抓出八名日本妇女，有的人被扯着头发拖到码头上。

船长休斯报告说，这些日本人被绑着躺在码头上足足两个小时，随后，另一名清军军官来到，检查一番后下令松绑。凌晨四时左右，这些人被中国士兵带到另一个与海关住处相邻的煤棚中。随后，中国士兵开列了一张日本乘客的个人行李单，命令船员将这些行李集中到前舱。

5时左右，日本人被中国士兵押送回船。船长休斯说，所有日本女人的戒指和发夹都被抢走，日本领事夫人丢失了二百五十元，也有些其他日本人及欧洲人有财物损失。[1]

搭乘该船的还有法国驻华使馆武官裴理博上尉夫妇，裴理博上尉听到动静后，发现中国军人正在砸各舱室的门，就守在自己的门前，亮明身份，阻止中国士兵进入。中国军官告诉他："噢，我们不想打扰法国人和英国人，我们为日本人而来，我们要杀死他们。"他说看到中国士兵将日本妇女强拖出舱，有的妇女拉住西方人请求保护，但士兵用枪托狠砸她们的手臂，再将她们手脚紧紧捆上，绳子都勒进了皮肉，"像猪一样被扔上了栈桥"。

裴理博上尉随后向法国领事卡恩（Kahn）写信报告此事，后者立即将此信转给英国驻天津总领事宝士德。宝士德在转述了情况后，说："现驻扎大沽的部队是不久前从北塘开来的，他们是高升号上牺牲者的战友，他们发誓要为高升号和操江号的死难者报

[1] 8月2日休斯船长致宝士德函，《英国外交文件》，《中国近代史资料丛刊续编·中日战争》第11册，第379页。

仇。我无法断定此间的日本人能否安全脱身。……目前的事态仍使人们忧虑。大沽的驻军情绪激动，几近失控。在天津，暴怒的人们指控法国政府帮助日本人，已开始威胁法国人驻地。有必要在英国租界增加巡捕以防止动乱。毫无疑问，急需派遣外国军舰来此。”[1]

日本著名间谍宗方小太郎事发时在烟台，他在8月4日的日记中记录，当日天津领事荒川已次以及日本在烟台的侨民，从烟台续搭重庆号回日本。乘重庆号到达烟台的日本人报告说，在大沽时“中国兵枪上刺刀，闯入轮船，拘引日本的妇女数名及领事之子至兵营，备加凌虐，捆缚殴打无所不至，且劫去日本人所携带之银钱数百日元之多。堤大尉致井上少佐之密函亦被抢去”。重庆号带着日本侨民离开烟台后，烟台只留下宗方小太郎一人。[2]《申报》也报道了日本人从烟台的撤离：“重庆轮船由天津启行，道出烟台时，寓烟日人均乘该轮船来沪，目下烟台地方已无日人之迹矣。”[3]但显然，一个著名的间谍从这里更深地潜伏下来。而宗方所提到的被中国士兵在大沽搜走的密函，就是日本驻天津领事馆武官泷川具和大尉（化名堤虎吉）发给日本驻华武官井上敏夫的信，中国政府后来根据此信，一举破获涉及高升号事件的石川间谍案，这是闯上重庆号的清军们（后来中国说那是乱民而已）所绝对没想到的意外收获。

船长也于当日（8月2日）即向英国驻天津总领事宝士德报告了事件经过。当晚8时，宝士德紧急求见直隶总督李鸿章。他提前到了总督府，与罗丰禄先聊了一会儿，李鸿章走进来时，显

[1] 8月2日宝士德致欧格讷函，《英国外交文件》，《中国近代史资料丛刊续编·中日战争》第11册，第375页。

[2] 宗方小太郎日记，《中国近代史资料丛刊续编·中日战争》第6册，第113页。

[3]《束装回国》，《申报》，1894年8月8日。

清军在朝鲜前线炮击日军。西方画师根据历史记录所绘

得十分疲倦。宝士德将重庆号船长所报告事情叙述了一遍，李鸿章说："噢，登船的不是军人，他们是一群无赖，为高升事件所激，听说船上有日本人，便进行了攻击。"他称已经命令手下展开调查。

宝士德表示感谢后坚持认为这些人的确是军人，且有军官带队，但此点可容后调查，关键是此事严重侮辱了英国国旗，消息传到英国后，一定会产生恶劣影响。因此，最好是中国政府在发布此事件消息时同时发布道歉声明。李鸿章说："袭击乃无知苦力所为，他们对国旗毫无所知。我已经下令要将所有嫌疑人都予以惩处。"

宝士德认为李鸿章实际上并没接受英国的抗议，便争辩说，那些相信在英国国旗下能得到保护的乘客，被中国人拖下船去。因此，中国最好能给予书面道歉，对英国国旗表达一些敬意，这样效果好，而且对总督大人亦毫无损害。

李鸿章道："我已经说过我感到抱歉，这还不够吗？我将根据中国法律惩处罪犯，我本人和我的国家并未侮辱英国国旗。登船袭击日本人的是一群为高升号事件所激的无知臣民，他们将受到中国法律的惩处。"

宝士德再三解释，甚至对李鸿章轻视此事表示遗憾，警告说事态可能会比较严重的。李鸿章始终不为所动。宝士德事后回忆说："在整个会晤期间，我发现与他争论毫无用处。他用时而怀疑、时而生气的目光看着我，像背书似地再三重复同一个句子。我印象特别深的是'根据中国法律'那句话。"

最后，李鸿章喃喃地自语："区区小事，何需劳神！"宝士德认为多谈也无益，便起身告辞。李鸿章将他送出门，说："此事与高升一案不同，高升事件是日本军官侮辱英国国旗，同时有日军统帅在场。此事则仅是一小撮无赖瞒过衙门登船滋事。"

宝士德于次日（8月3日）即向欧格讷发去报告，报告中还以加密方式提到了罗丰禄对李鸿章处理问题方式的惊讶态度。[1]

他同时也给李鸿章发去了紧急函件，强调了事态的严重，并希望得到处理结果。[2]

欧格讷在接获报告后，立即向伦敦转报，并建议"不必要求补偿，但我建议及早向总理衙门表明此举给中国造成的损害"。[3]

正当中国在进行重庆号事件调查时，受中日两国委托在对方国家里保护侨民利益的美国又横插一杠。

8月13日，美国驻天津领事李德向李鸿章提交了一份文件，

[1] 8月3日宝士德致欧格讷函，《英国外交文件》，《中国近代史资料丛刊续编·中日战争》第11册，第377页。

[2] 同[1]，第380页。

[3] 8月6日欧格讷致金伯利函，《英国外交文件》，《中国近代史资料丛刊续编·中日战争》第11册，第375页。

转达美国驻华公使田贝关于中国应对日本领事夫人在重庆号事件中的损失进行加倍赔偿的要求。

在李鸿章的授意下，津海关道盛宣怀于次日（8 月 14 日）受命答复李德，对美国的要求进行了雄辩的反驳。盛宣怀首先指出，日本渝盟肇衅，该国驻津领事在宣战之后不向中国政府声明即自行离开，不在保护之列，所失物件中国本不应赔偿。但考虑到重庆号系英国旗号，“匪徒不应冒充官兵擅行登船搜查。是以北洋大臣一闻此事，即饬地方文武访拿为首之人，照例惩办。务请船上搭客所失物件追还。将来获犯，如果原物毁弃无存，亦必追赔原价。”所以，美国要求的将日本领事失去各物，由中国按倍价赔补，“北洋大臣无不可以允准”。

盛宣怀而后话锋一转：“但高升轮船亦系悬挂英旗，日本于未经宣战之先，用炮击沉，伤毙中国千余人，并失去银物等项，按照公法理应分别恤偿。查高升沉没在重庆失物以先，总须日本将高升伤毙人命遗失财物恤偿之后，中国方能将重庆失物一案按照实价赔补。”这是将高升号与重庆号两事件的情况进行了对比，伤亡如此惨重的高升号尚且没有任何赔偿，重庆号事件相比之下又算什么呢？这封函其实道出了李鸿章面对列强那种势利、伪善的无奈和愤懑。[1]

中英双方随后达成了一项妥协，即由中国方面象征性地向英国国旗道歉致敬。1894 年 11 月 14 日早上 8 时 30 分，重庆号高悬英国国旗及英国皇家海军军旗，驶进大沽，两岸的中国炮台升起中国的黄龙旗和将军旗，以及英国海军旗，并鸣放二十一响礼炮向它致敬。英国驻天津总领事宝士德、英国海军红雀舰舰长毕礼格拉夫（John Bearcroft）参加了仪式，认为十分精彩，中国方

[1] 津海关道盛宣怀致美李领事函稿，朝鲜档，《中国近代史资料丛刊续编·中日战争》第 5 册，第 62-63 页。

面没有敷衍了事。[1]

就在中国政府向重庆号以军礼致敬道歉之前4天，上海的英文报纸《字林西报》（The North China Daily News）于1894年11月10日刊登了一则震撼性的新闻，内容是英国公使欧格讷奉命向中国提交最后通牒，如果7日内中国不就重庆号事件做出适当补偿，英国舰队将进行报复。补充条款为：赔偿数额应超出最初要求；大沽炮台鸣礼炮二十一响向重庆号致敬；立即罢免盛宣怀，并同意英国派六千名印度士兵来华保护通商口岸的英国侨民。[2]

《字林西报》是英国人在中国出版的历史最久的英文报纸，自称其编辑方针是“公正而不中立”，得到英国租界当局的支持与赞助，是英国在华利益的代言人和工部局的喉舌，它在全国各大城市派有记者和通讯员，拥有庞大的由西方在华政界、宗教界和商界的知名人士组成的撰稿人队伍，主要发行对象是外国在中国外交官员、传教士和商人。最早为《北华捷报》周刊，由英国商人奚安门1850年8月3日在上海创办，主要刊载中国沿海城市的商情、一周新闻及司法、领事公报。1856年起，增出《航运日报》和《航运与商业日报》副刊。至1864年，《航运与商业日报》扩大业务，改名《字林西报》，独立发行。而《北华捷报》作为《字林西报》所属周刊，继续刊行。《字林西报》曾先后出版中文报纸《上海新报》（1861 ~ 1872）和《字林沪报》（1882 ~ 1900）。该报一直到1951年3月31日因报道不实受到上海市军事管制委员会警告后方停刊。

《字林西报》的报道令欧格讷十分恼怒，他认为这样的“恶意曲解”一定是盛宣怀在背后捣鬼，目的是以“外侮牺牲品的形

[1] 1894年11月14日宝士德致欧格讷函，《英国外交文件》，《中国近代史资料丛刊续编·中日战争》第11册，第460页。

[2] 《英国外交文件》，《中国近代史资料丛刊续编·中日战争》第11册，第460页。

象赢得仇外者的同情”，以逃避长期所犯的经济罪行。[1]盛宣怀被人认为用假消息引导舆论，此后还有一次“大手笔”。庚子年义和团作乱，各国在华军队纷纷戒备，据说促成素来持重的慈禧太后一怒而向八国宣战的，就是她收到了一份各国的联合声明，要求她放弃权力，而据说这份子虚乌有的声明，就是主管电报的盛宣怀在李鸿章授意下编造的，在当时局势紧张通讯中断的情况下，以激化多为保守派的朝中掌权者们与西方之间的矛盾，为李鸿章甲午之后被赶下台报仇，并重回中枢。当然，这一故事仅见于英人“发现”的《景善日记》，严肃的史家对其真实性充满怀疑。

在中国以军礼方式向重庆号道歉致敬后，法国的裴理博上尉却依然不依不饶，要求惩罚他所指控的重庆号肇事者。他曾经在法国军舰利安门舰拯救高升号遇难者时在场，而被他指控的“重庆号暴行”的现场指挥者，就是高升号上的获救清军军官徐仁和。中国官方经过调查，否认了裴理博上尉的指控，理由一是徐仁和当晚一晚上都在指挥炮手们进行夜间涨潮时的射击训练，没有“作案时间”；二是裴理博说重庆号事件的指挥军官头佩白色顶珠，而徐仁和应佩的是蓝色顶珠；三是当晚有雨，辨认困难，裴理博认错人了。[2]

宝士德在将此信息报告给欧格讷时，认为那些闯上重庆号的士兵们“肯定是奉命行事，而且很可能是误解了上级部门的命令”。他担心英国进一步施加压力“只会导致无辜者受到惩罚，使其成为那些真正应该受到惩罚的人的替罪羊”。而要求中国政府赔礼道歉，向英国国旗致敬，就是“对中国官员脸面的猛击，

[1] 1894年11月21日欧格讷致金伯利函，《英国外交文件》，《中国近代史资料丛刊续编·中日战争》第11册，第459页。

[2] 1895年1月13日黄道台致宝士德函，《英国外交文件》，《中国近代史资料丛刊续编·中日战争》第11册，第649页。

他们觉得很丢面子，更重要的是，它会影响到那些真正负有责任的人”，这就够了。[1]

欧格讷赞同宝士德的意见，并认为“中国当局已经公开采取了明显的补救措施，此事可到此结束”。[2]

追拿重庆号事件肇事者的工作依然在进行，到了1896年9月份，清廷终于探得其中贾姓为首者在塘沽附近，立刻命令驻扎大沽的保定练军进行秘密缉拿，将其人抓获押送到天津。盛宣怀立即组织审讯，结果证实了李鸿章对宝士德所言的，这是民间为报复高升号而自发组织的一次鲁莽行动。

该肇事者贾长瑞为雄县[3]人，年仅二十一岁，尚未成家，其哥哥贾长和在北塘练军步队左营充当正兵，在高升号事件中罹难。八十一岁的祖母和四十六岁的母亲终日在家哭泣，并总认为贾长和仍在人世，贾长瑞便奉母命到处打听，并到部队营地将其所遗鞋帽腰刀等取回。8月1日这天，贾长瑞走到塘沽，听得街上人声鼎沸，说有东洋轮船装了许多东洋人来了，都是奸细。他就随着大家到矿务局码头。天黑下雨，看不清船只，也没见船上挂旗，更不知道是英国船。码头围观众人都在痛斥东洋人把高升号打沉，害了我们许多性命。大家说该拿东洋人报仇，而且拿住奸细送官有赏。贾长瑞本就报仇心切，就把他取回的哥哥的顶帽带上，冒充六品顶戴，挎上腰刀，和大家一拥而上，捆了十几个日本人下来。正想送官，不料官兵打着大灯笼赶来，呵斥大家说不要胡闹，否则也捉拿惩处，而且拿马棍乱打，大家一哄而散，贾长瑞便也跟着跑了。他再三供称自己只是报仇心切，非为图财。

[1] 1895年1月16日宝士德致欧格讷函，《英国外交文件》，《中国近代史资料丛刊续编·中日战争》第11册，第648页。

[2] 1895年1月22日欧格讷致金伯利函，《英国外交文件》，《中国近代史资料丛刊续编·中日战争》第11册，第647页。

[3] [雪珥注]：今属河北。

盛宣怀随即行文军方查访，贾长瑞之兄贾长和果然是练军步队左营六品军功正兵，死于高升号事件。而且，当日的确塘沽传言轮船上多是日本奸细，因此导致众怒，闯上船去要为同胞报仇。盛宣怀对贾长瑞充满同情，但考虑到贾长瑞冒充顶戴首先闯上重庆号，情节严重，虽然“深堪惋惜”，但也只好从重处罚，重枷枷号一个月，押赴塘沽码头事发现场示众，并在枷满后永远监禁，“以敦中英睦谊”。[1]

贾长瑞为兄报仇、随众闹事、并无血案，却落了个永远监禁，想来在欧格讷眼中想把自己打扮成“外侮牺牲品的形象赢得仇外者的同情”[2]的盛宣怀，在下达这样的判决时，内心一定是极其痛苦的。我在重温这段历史时，也为这热血少年而感慨，总希望在当时的民心之下，他的“永远监禁”只是官方走过场，枷号之后便能回家去陪伴那伤心的老祖母和母亲，可惜，他从此便消失在茫茫的史海之中了……

至于重庆号，它依然在远东经营着生意，见证着中日的战事发展。1895 年 3 月 18 日在由天津赴烟台的途中，在庙岛海面被日本军舰盘查将近两个小时，导致总税务司赫德下令今后不得由海路转运银两、军械等。[3]

逍遥的军火运输者：巴山号事件

巴山号事件是高升号事件后，又一牵涉中英日三国的军舰截

[1] 北洋大臣王文韶为拿获误上英船滋事之贾长瑞讯供按律惩办事咨《中国近代史资料丛刊续编 · 中日战争》第 5 册，第 536 页。

[2] 1894 年 11 月 21 日欧格讷致金伯利函，《英国外交文件》，《中国近代史资料丛刊续编·中日战争》第 11 册，第 459 页。

[3] 为英重庆轮由津赴烟曾遭日军盘查今后海运饷械恐有未妥发户部片，光绪二十一年二月二十九日（3 月 25 日）朝鲜档，《中国近代史资料丛刊续编 · 中日战争》第 5 册，第 336 页。

停商船事件。这次是中国军舰截停了这艘涉嫌为日本运送军火的英国商船，但结果却依然是中国赔款了事。

巴山号（Pathan）是在莫卧儿轮船公司（印度）注册的英国商船[1]，船主为古莱特利公司（Messrs，Gellatly，Hankey，Sewell and Co.），租给纽约的巴伯公司（Messrs，Barber and Co.）。从纽约前往亚丁、新加坡、香港、上海及日本。[2]

1894年9月12日，李鸿章电告台湾巡抚邵友濂，据中国驻新加坡总领事黄遵宪情报，“有英国船满载药弹，本日出口赴倭，就近设法截拿”。9月20日，光绪发布圣旨：“据刘坤一奏，英船济倭，饬令严密巡查。”

邵友濂随即命南琛舰及斯美官轮出洋，并请南洋大臣刘坤一派舰协助。

南琛舰是南洋海军的主力战舰，曾参加过当年4月李鸿章主持的北洋海军大检阅。其与南瑞舰均从德国伏尔铿造船厂定造。英国人和德国人在军舰设计理念上有很大的不同，德国人更注重军舰的装甲防护，航速只有区区十三节，但都是全钢体结构，排水量达到了近两千吨，在装甲防护上相当出色。南琛舰在中法战争中曾重创法军尼埃利舰队，在辛亥革命中率先响应，成为民国海军的主力。著名的民国海军将领汤芗铭就曾担任该舰的帮带（副舰长）。该舰直到民国5年（1916年）被拆解，卖得四十五万元用作永丰、通济等舰的修理费用。

斯美号则是一条商用快船，船身长二百五十尺，系纯钢制，航速高达十六节，光绪十二年（1886年）由台湾巡抚刘铭传集商股设招商局于新加坡后购买，同时还有一艘姊妹船名为“驾时”，

[1]《备忘录》，《英国外交文件》，《中国近代史资料丛刊续编·中日战争》第11册，第12页。

[2] 古莱特利公司致外交部函，《英国外交文件》，《中国近代史资料丛刊续编·中日战争》第11册，第419页。

两船往来上海、香港，远至新加坡、西贡、吕宋。后台湾航运业衰败，两船便专为官用。

9月20日当日下午3时，南琛舰在袁九皋舰长带领下，在福建白犬山左近洋面，发现一艘没有旗号的船只，这就是巴山号。南琛舰以旗语命令其停船。该船不听，南琛舰于是放空炮两响，该船依然不停，但马上挂出了英国旗号。南琛舰再放两响空炮，该船始停。

南琛舰由三副带队，乘舢板前往查问，并取回货单、船牌（执照），将货单送到随行的斯美号上，交洋船长马理士验看。马理士从货单查出有运往日本的手枪、枪弹等，而且，从斯美号上所备的上海新闻公告中，根本查不到该船航讯。

南琛舰随即命令巴山随行。晚上7时在东沙附近抛锚停泊，袁九皋再命帮带、三副等去巴山号，查验枪弹。

袁九皋在事后报告中详细记录了查验的情形。

一开始，巴山船长及大副等人矢口否认装载了该项军火，等到清军出示货单，他们却问："如果我们交出这些枪弹，是否就能放了我们？"

帮带等人认为巴山船长的态度十分可疑，遂令其一同开往台湾进行调查。

船长拒绝道："煤不够烧，不能驶往台湾。"

帮带说："你们船上的煤既然能保证开往上海和日本，这里到台湾只有三百多里，怎么到台湾反而不够烧呢？"

船长等无话可说，同意去台湾。

次日（9月21日，八月廿二）晨4时40分，三船一同出发，斯美号在前先行，南琛舰押着巴山号在后。下午4时，船到基隆，停于口外，报告邵友濂。[1]

---

[1] 南琛管驾袁九皋供词，朝鲜档，《中国近代史资料丛刊续编·中日战争》第5册，第111页。

邵友濂得讯后，立即电告淡水海关税务司马士（Hosea Ballou Morse），请其命令基隆海关的洋关员前往调查，最好马士本人亦能亲临。马士于9月22日回电，称已命令基隆海关办理，并建议邵友濂速将消息通知英国领事，邵友濂照办。

马士其人，是西方赫赫有名的汉学家，其著作《中华帝国对外关系史》（*The International Relations of the Chinese Empire*）及《中朝制度考》（*The Trade and Administration of the Chinese Empire*）等均为西方汉学经典。尤其在中国的经济研究中，马士有颇多建树，如其首先提出侨汇在中国财政金融体系中的重要作用，一举解决困扰经济学界多年的晚清国际收支平衡问题。

马士是美国人，这在当时为英国人把持的中国海关中比较少见。他从哈佛大学一毕业即考入中国海关，其时年仅十九岁。随后担任德璀琳的秘书，中法战争期间亲赴台湾交换战俘，有功获颁清廷的“三等第二宝星”勋章，深受李鸿章欣赏[1]。

1892年开始，他以副税务司衔署淡水关税务司，见证并参与了甲午战争在台湾的全过程，并对台湾被割让给日本后的抗日运动进行了详细的记录。甲午战后，台湾官民抵抗割让，成立了台湾民主国，奉巡抚唐景崧为总统。尽管与唐关系不错，但马士拒绝将大清的黄龙旗换成台湾民主国的虎旗，坚持到办理完交割手续。因此，中国不少研究者责其“媚日”，其实他恰恰是在严格遵守职业操守，履行中国政府办理割让手续的命令。马士前后写给赫德的书信，成为研究这段历史的重要文献。

清廷官员和在台外国人的最后撤离，还多亏了马士的斡旋。当时，日军已在基隆登陆，淡水成为撤退通道，拥挤在该地区的清军士兵，因不满于欠饷，炮击并封锁航道，将撤退西方人和中国官员的最后一艘英国商船雅打号（Arthur）困住。随船内渡的

[1]《中国近代史资料丛刊·中法战争》第6册，第512-513页。

海关银号人员，将所携带三万两现银交出，清军仍不放行。马士只好出面谈判，确定再加五千元“买路费”。他大胆决策，打破历来由海关银号而非税务司征税的惯例，靠向过往船只征税凑齐了该款。同时，为了确保清军炮台不“违约开炮”，他要求以该笔“买路费”换取所有大炮的撞针，终于掩护雅打号离台。但淡水炮台的大炮却因此而完全失去作用。[1] 1907 年，在上海担任造册处税务司的马士，接待了来访的美国陆军部长塔夫脱（W.H.Taft），两人建立了密切的关系。两年后塔夫脱获选总统，力邀马士出任驻华公使，被其以健康理由婉拒。[2]

9 月 23 日，马士致电邵友濂，表示如要查找军火，即不得不将货物逐件查验。但巴山号是满载之船，除了旧铁五千多担外，另有货物一万多件。发往日本的货才数百件，且因该船计划先到上海再到日本，因此发往日本的货都在舱底，如果要查，必须把上面发往上海的所有货物清卸干净。基隆码头太小，又没有足够的驳船和栈房，因此查验十分困难。该船的确舱深货重，口外风浪又大，搜查难以得手，查了三天了都没能检查完一个舱。

马士建议，应命船长写下保证，限两个月内在上海将货单上列明的军火交出，否则就罚银一千元。如果担心还有别的军火，可以派遣斯美官轮随行，并由海军人员在巴山号上监视，押送到上海。到沪后把货卸完，即可将运往日本的货物逐件检查。

马士认为不必在台湾长久扣留巴山号，以免其要求赔偿。而至于船上的铁路物料，因日本铁路为国有，此不算商家货物，可在船到上海后请律师查核后予以没收。

[1]《中国海关与中日战争》，北京：中华书局，1983 年，第 234-237 页。

[2] H.B.Morse: *Customs Commissioner and Historian of China*, The university Press Kentucky,1995,pp.186-189，转引自李爱丽《晚清美籍税务司研究》，天津：天津古籍出版社，2005 年，第 175 页。

日军在台北举行入城仪式（前二为近卫师团参谋长鲛岛，前三为近卫师团长北白川能久亲王）

同日，英国领事也会见了巴山船长，船长要求向中国方面转告：该船到上海已经延误，如不电告其船主，担心保险费会额外增加到四万英镑。该领事据此向中国施压，甚至表示担心船长会因情急而自尽。[1]

9月26日，傲慢的英国船长居然下令将舱门封闭，拒绝检查。邵友濂此时接到总理衙门指示，要求彻底查清巴山号是否另有军火[2]。于是，请英国领事将船长、大副等人带离该船，巴山号则开入港口。马士亦同意此措施，并表示："该船既有违禁之物，即应按照西方惯例派员审断，领事和税司一同观审。"但英国驻台湾

[1] 9月26日邵友濂致马税司电，朝鲜档，《中国近代史资料丛刊续编·中日战争》第5册，第115页。

[2] 9月27日邵友濂致金领事电，朝鲜档，《中国近代史资料丛刊续编·中日战争》第5册，第115页。

领事以英国公使已经下令取保赴沪为借口，坚决不予配合。

9月28日，总税务司赫德致电台湾，明确表示如查有违禁物，即应扣押船只，并要求将所有证词全部送交北京定夺。同日，英国领事也转交了英国公使的意见，将所获军火由中国没收，其余船货取保后驶往上海。此前一天，英国公使欧格讷则向伦敦报告："如确有违禁品，应允许其被查收。"[1]

而此时，江海关却来份莫名其妙的电报："该船无错，应速放行。"真不知这远在上海的江海关又是如何确定该船无错呢？

次日，总税务司再次致电台湾，明确提出只要查出有军火，无论多寡，应照中立条款进行惩罚，即中国没收船货，犯案的西方人则交由英国领事惩处。但英国外交部门再度要求取保后先开往上海。双方又陷入僵局。

英国人终于说服了北京。总税务司9月30日电令，只将"能看见的军火"扣留后，派人押送船只到上海后再查，并称总理衙门已经同意。但邵友濂反对，他说自己接到的总理衙门命令是"必须将能起之军火起出"，因此要求税司先行彻底搜查。

10月2日，邵友濂再度开舱搜查，英国领事却发出了"最后通牒"，要求在次日中午12时释放巴山号，并将所有执照、货单、货物一并发还，"免碍大局"，甚至发出了"不能再作合好之国办理"的威胁。邵友濂赶紧报告总理衙门，接到明确指示"枪弹扣留、船只释放"，已经同意欧格讷提出的船只开往上海的请求。

邵友濂于是停止搜查，将已经搜出的手枪两箱、子弹一箱扣留，其余起出之货，予以发还。马士亦同意，甚至表示不必派人押送上海。[2]

---

[1] 9月27日欧格讷致金伯利函，《英国外交文件》，《中国近代史资料丛刊续编·中日战争》第11册，第420页。

[2] 10月3日马税司致邵友濂电，朝鲜档，《中国近代史资料丛刊续编·中日战争》第5册，第120页。

10月5日，巴山号在海关两名扦子手[1]押送[2]下离开台湾。

邵友濂认为，巴山号运送违禁品是铁证，“英使设或偏听一面之词，前来饶舌，尚祈鼎力与之折辩。是为至祷！”请总理衙门要顶住压力。[3]

上海方面，江南苏松太道刘麒祥已经做好了充分准备，并行文英国总领事韩能，要求其派员一同查验。[4]他还担心税司洋员不可靠，请浙江臬台派人协助。[5]

刘麒祥此人，亦是李鸿章亲信，曾长期担任江南制造局总办，据说贪渎很重，担任总办期间直接控制采购权，“遂成大弊二端：一则局中需要最多之物料，率由总办先以廉价购入，而令别人出面以重价售诸局中一则凡欲售物于局中者，必先由其仆隶或司员引进，乃得与总办会晤，皆先议私费，而后及正价，凡仆隶司员皆有所沾润，而皆取偿于物价之中”[6]。但在巴山号事件中，其却也能坚守国家利权。

10月7日晚，巴山号抵达上海，因吃水过深，暂泊吴淞口，以驳船装卸。海关为“一昭慎重”，命令过驳时将其所有舱柜加贴封条，送达码头后统一开验。[7]

[1]［雪珥注］：Tidewaiter，旧时关卡上的检查员，因常用扦子查验货物，所以叫“扦子”，也叫“扦手”。

[2] 11月22日苏松太道刘麒祥收英领事照会，朝鲜档，《中国近代史资料丛刊续编·中日战争》第5册，第320页。

[3] 1894年10月21日台湾巡抚邵友濂为咨报搜查英巴山轮情形函，朝鲜档，《中国近代史资料丛刊续编·中日战争》第5册，第110页。

[4] 10月6日苏松太道刘麒祥发英总领事韩函，朝鲜档，《中国近代史资料丛刊续编·中日战争》第5册，第311页。

[5] 苏松太道刘麒祥发台湾驻沪转运局浙江臬台聂函，朝鲜档，《中国近代史资料丛刊续编·中日战争》第5册，第311页。

[6] 盛宣怀档案：《郑观应致盛宣怀函所附汉口股东意见书》，宣统二年八月十一日

[7] 10月8日苏松太道刘麒祥收贺税务司函，朝鲜档，《中国近代史资料丛刊续编·中日战争》第5册，第312页。

货物驳至招商局虹口码头，海关约请苏松太道于10月10日上午7时开始共同查验。[1]

10月9日，韩能照会刘麒祥，转达巴山号代理公司天祥行意见，其表示将一定向中国索赔，领事馆亦将“力助”。[2]刘麒祥在答复中断然予以拒绝，“本道不能认巴山轮船为中国违例扣留，中国亦不能担任该船东及船货因扣留查验以致现在或将来已受或将受亏损等情”。[3]

巴山号上舱运送到上海的货清卸完毕，发往日本的货物已经露了出来，但此时，江海关洋税司贺璧理（Alfred Edward Hippisley）却另生枝节。

贺璧理是英国人，1867年就进入中国海关，任职达四十年之久，是晚清有名的“业余外交家”之一，后来曾协助美国在对华战略上提出门户开放政策，《辛丑条约》谈判中也竭力斡旋削减中国的赔款。

贺璧理发文称，发往日本的货物只要查验在美国装船时填写的货单就可以了，因为该船在7月28日离开纽约时，中日尚未宣战，即使有军火，货单上也不会隐瞒。只查验货单，就可以加快进度，以免耽误时间长了导致索赔数量增加。[4]其实，既然如此，从台湾到上海又何必兴师动众地要查验货物等，货单早在南琛舰截停之时就已验看，正是因为有可疑之处才开始搜查。而且，尚未宣战并不意味着不会填写假货单，对日本人来说早已明白中日必有一战，为慎重起见亦完全可能提前准备。

[1] 10月9日苏松太道刘麒祥发贺税务司函，朝鲜档，《中国近代史资料丛刊续编·中日战争》第5册，第312、313页。

[2] 10月9日苏松太道刘麒祥收英领事韩照会，朝鲜档，《中国近代史资料丛刊续编·中日战争》第5册，第313页。

[3] 10月11日苏松太道刘麒祥发英领事韩照会，朝鲜档，《中国近代史资料丛刊续编·中日战争》第5册，第313页。

[4] 10月11日苏松太道刘麒祥收贺税务司函，朝鲜档，《中国近代史资料丛刊续编·中日战争》第5册，第314页。

刘麒祥回函表示仍要细细盘查。贺璧理说，总税务司也下令细查，但并没有说明是否“须将每包每件逐一开看”，所以要再请示。这几乎是在强词夺理了。[1]贺璧理另外找出一个新理由说，如果真有军火，那必然是直接运往日本，岂能先来中国。如果地方官一定要开验，必须有正式文件。[2]

经请示后，总税务司采纳了贺璧理的建议，只需英国领事馆出具保函，说明巴山号实无日本军火，就可以停验放行。英国总领事韩能则答复税司说，中国扣押该船本在情理之外，现在中国是否想放行，和总领事馆原没有任何关系，不应出具什么文书，但我们愿意就此了断此事，中国也应就该船被扣的损失进行赔偿。[3]

贺璧理见状，又推诿说此事归地方官处理。英国总领事馆大为不满，投诉到了总理衙门。总理衙门只好行文总税务司查问究竟。[4]

在中国衙门之间扯皮之际，10 月 26 日，巴山号在没有进行必要搜查的情况下，离开上海开往日本。

11 月 9 日，英国驻上海领事馆行文照会江南苏松太道刘麒祥，要求中国对巴山号“违例扣留”之事进行赔偿，并提出两个办法备选：一是给银三万两了事；二是将各项受损提请仲裁。[5]

---

[1] 10 月 13 日苏松太道刘麒祥收贺税务司函，朝鲜档，《中国近代史资料丛刊续编 · 中日战争》第 5 册，第 314 页。

[2] 10 月 17 日苏松太道刘麒祥收贺税务司函，朝鲜档，《中国近代史资料丛刊续编 · 中日战争》第 5 册，第 316 页。

[3] 10 月 18 日苏松太道刘麒祥收贺税务司函，朝鲜档，《中国近代史资料丛刊续编 · 中日战争》第 5 册，第 318 页。

[4] 10 月 20 日为英船巴山轮事致总税务司赫德函，朝鲜档，《中国近代史资料丛刊续编 · 中日战争》第 5 册，第 110 页。

[5] 11 月 9 日苏松太道刘麒祥收英总领事照会，朝鲜档，《中国近代史资料丛刊续编 · 中日战争》第 5 册，第 319 页。

刘麒祥回函反问这是根据什么公法。英国领事馆再来函，认为巴山号无端被扣，在基隆港又致搁浅，而且被扣十四天内货物被搜查翻乱，损失惨重，到上海后被迫进坞修理。所查出仅三小箱枪弹，“所值无多，何以指为军火？”。至于刘麒祥所问法律依据，英国反问既然是“中国首先干犯”，则中国应当首先提供法律依据。[1]

刘麒祥再回函催问公法依据，认为“中国究违何例，应由索偿人指证”。[2]

12 月 17 日，韩能照会刘麒祥，继续纠缠，甚至说被查获的手枪“专作玩具”，指责中国即使要扣押巴山号，也应该将其带往下一个目的地上海而非基隆。[3] 刘麒祥回信很干脆，认为这些都是“空言无本，牵引失当”，“所有一切责中国不能认受”。[4]

总理衙门在其 12 月 8 日发给欧格讷的照会中，也全面批驳了英国的要求：一，根据西方报纸报道，巴山号早已由英国出售给日本，并且支付了全价；二，中立船只应当提供没有任何济敌行为的证据；三，该船长居然拒绝提供货单、航海日记等；四，在货单之外查出了没有申报的炮弹；五，该船长见搜出炮弹后居然私下封闭舱门，不准查验。

总理衙门质问，这些情况，根据国际公法，中国究竟是否可以强行搜查？中国之所以没有追查到底，考虑的就是和英国的友好关系，毕竟该船还没有更换旗号。根据国际公法，只要查出有违禁品，可以将船货一同没收，希望英国“明达万国事理，必能

[1] 11 月 22 日苏松太道刘麒祥收英总领事照会，朝鲜档，《中国近代史资料丛刊续编 · 中日战争》第 5 册，第 319 页。

[2] 12 月 4 日苏松太道刘麒祥发英总领事照会，朝鲜档，《中国近代史资料丛刊续编 · 中日战争》第 5 册，第 320 页。

[3] 12 月 17 日江海关道刘麒祥收英总领事照会，朝鲜档，《中国近代史资料丛刊续编 · 中日战争》第 5 册，第 333 页。

[4] 1895 年 1 月 17 日江海关道刘麒祥发英总领事照会，朝鲜档，《中国近代史资料丛刊续编 · 中日战争》第 5 册，第 335 页。

持平不偏，不使中国于让权后更受亏损也”。理直而词卑，无奈至极。[1]

1895年1月1日，总理衙门又将邵友濂8月份关于巴山号事件的所有来电转给英国公使馆翻译朱尔典[2]，同时请赫德出面调停。

赫德告诉欧格讷，此事毕竟是巴山号有可疑情况，而且中国方面事后也没有彻底搜查便予释放，希望就此了结。但欧格讷却认为要严格按照国际公法执行，中国对可疑船只当然可以盘查，但巴山号上只有“手枪两箱，按章不得作为军火”，其被释放之故，在于查无军火，而不是中国的宽容，所以必须赔偿。[3]

英国政府向皇家法官咨询，1月30日皇家法官提出意见，表示虽然巴山号携带了违禁品，但因为“该船系被带往一不合理地偏离该船航线的港口，而且既没有起诉也没有打算到任何捕获法庭起诉便被扣留，没有经过任何审判程序”，所以，“英国政府可有理由支持船主一方提出一合理的赔偿要求”。[4]

对于总理衙门照会中的五条理由，英国公使馆逐条反驳道：一、以报纸所称巴山号已经售予日本为扣押理由，是不充分的，何况报纸的消息来源又是什么呢？二、关于中立船只应当提供没有任何济敌行为的证据，这是错误的，而应当是交战国发现中立船只具有济敌行为的证据后，才能扣押缉拿；三、货单、航海日记等在海上被拦截时就已经提供了；四、在货单之外查出了没有

[1] 12月8日为巴山船讨偿扣船伤货之款不能允办事致英使欧格讷照会，朝鲜档，《中国近代史资料丛刊续编·中日战争》第5册，第211页。

[2] 为录送台抚八月间辩论巴山船来电事致英国翻译朱尔典函，朝鲜档，《中国近代史资料丛刊续编·中日战争》第5册，第211页。

[3] 1895年1月20日总税务司赫德为巴山船讨偿事英使望在上海办结事函，朝鲜档，《中国近代史资料丛刊续编·中日战争》第5册，第264页。

[4] 皇家司法官致金伯利函，《英国外交文件》，《中国近代史资料丛刊续编·中日战争》第11册，第538页。

申报的炮弹，其实这些炮弹已经在货单上了，而且其价值很小；五、该船长见搜出炮弹后居然私下封闭舱门，不准查验，这是因为该船被扣的十多天里，兵丁很多，任意搜查，船长无奈才封闭舱门。[1]

根据英国外交部指令，3月9日，英国公使向中国提出了五千英镑的索赔要求。[2]

署理台湾巡抚唐景崧在3月13日，全面回顾了此前的交涉过程后。他认为，巴山号在台湾时，英国公使就请求将所查获枪弹扣留后取保前往上海，这就证明了稽查巴山号是完全合理的。中立国船只装载违禁品，无论多寡，交战国都有搜查的权力。唐景崧激愤地质问："若谓仅弹枪三箱，所值无多，何以指为军火？试问枪与弹不算军火，何物谓之军火？既可少载，岂不可以多载？当日南琛在洋面既见巴山军火，确凿有据，焉能不带至基隆听候查验？该船既无违禁之件，何以先不进口？何以一经查至下舱，即封闭不服查验？所称延误，乃其自取。至先后起验之货，不及一舱，何至受损？且受损者究系何物？当未放行之先，何以不指明请验？兹于放行之后，凭空称物受损，何足为凭？又该船进基隆口时众目所睹，绝无搁浅之事，该船船主[3]亦无搁浅之说，其因何入坞修理，与中国无涉。总之，此案考之公法，中国既有应查之权，即无违例之处，更无认偿之理也。"[4]

同日（3月13日），总理衙门回复英国公使，指出英国方面没有就去年12月8日中国政府的照会给予任何答复，还是建议由

[1] 英馆为驳辩巴山船案请仍饬上海道就近与沪领事妥商解决事来函，1895年3月9日英国公使欧格讷照会附件，朝鲜档，《中国近代史资料丛刊续编·中日战争》第5册，第302页。

[2] 1895年3月9日英国公使欧格讷照会，朝鲜档，《中国近代史资料丛刊续编·中日战争》第5册，第302页。

[3] [雪珥注]：指船长，清末文献多将船长称为船主，容易混淆。

[4] 1895年8月13日署理台湾巡抚唐景崧咨呈查验巴山船一案原委详情，朝鲜档，《中国近代史资料丛刊续编·中日战争》第5册，第309页。

英国驻上海总领事与上海道就近商谈“和平议结”巴山号事件。[1]

刘麒祥在3月22日向总理衙门报告说：“历来中外交涉，领事本以偏袒为能事，以期见好于商人。故遇事必多方辩难，迨知理屈，又以护前不肯自休。再与坚持，即上渎公使，以致每有寻常之事，亦复重烦钧署[2]。值此中国多事之际，不免更起要求。”他对总理衙门的两次照会表示支持，并表示既然交由自己与英国领事馆谈判，会更认真地研究国际公法，“设法因应，从容理论”。[3]

随后，刘麒祥质问韩能，为何索赔数额由三万两增加为五千英镑，韩能回复说因为中国方面没有答应三万两要求，所以已经作废。此次五千英镑仅是船东损失，不包括货主的损失在内。[4]刘麒祥愤怒地认为其“得步进步，情见乎词”。他与英国律师再三分析，认为错在巴山号，断无索赔之理，一边继续援引公法与英国领事周旋[5]，一边电请中国驻英公使龚照瑗与英国外交部协商。

刘麒祥继续对英国的要求提出反驳，这令欧格讷十分不满。他在4月27日照会总理衙门，以为总理衙门3月13日的照会乃是知会刘麒祥办理赔偿，而不是授权给他继续辩驳，刘麒祥“不承认中国有赔偿之责”，因此请总理衙门命令其“迅速与总领事

[1] 1895年3月13日为巴山船一案再饬江海关道与沪领妥商办结事照会英使欧格讷，朝鲜档，《中国近代史资料丛刊续编·中日战争》第5册，第321页。

[2] [雪珥注]：指总理衙门。

[3] 1895年3月22日，江海关道刘麒祥函述巴山船事与英领事交涉情形并呈往来照会信函查核，朝鲜档，《中国近代史资料丛刊续编·中日战争》第5册，第329页。

[4] 1895年3月23日，江海关道收英领事照会，朝鲜档，《中国近代史资料丛刊续编·中日战争》第5册，第366页。

[5] 1895年4月20日，江海关道发英领事照会，朝鲜档，《中国近代史资料丛刊续编·中日战争》第5册，第366页。

议结，切勿再事耽延”。[1]

总理衙门无奈，电商刘麒祥。[2]双方僵持不下。

8月1日，总理衙门向赫德求援。此时，轮船公司索赔额高达六千五百英镑，但中国驻英公使龚照瑗与英国外交部商定，四千英镑则可结案。英国司法部门还提出，这是意外事件，货商不能向中国索赔。总理衙门表示自己是希望“一了百了”，希望赫德能帮助参谋。[3]赫德提醒说，如果船东能索赔，货商也一定能同样索赔，而且美国驻上海总领事已经为美商提出了货物的索赔要求。[4]

总理衙门决意尽快了结此事，遂电告南洋大臣张之洞，将四千英镑的赔偿款（合规平银二万六千六百六十六两）通过汇丰银行汇给龚照瑗，8月10日龚照瑗即请该轮船公司收领。

但随后，美国、德国均就本国货商损失向中国提出索赔要求，并为达目的实行了多方威胁……

“日本人总是正确的”：盖尔人号事件

与中国在重庆号和巴山号事件上接连吃亏不同，日本人在其因强行搜查英国商船盖尔人号（Gaelic）而引起的国际纷争中，再次全身而退，如同高升号事件一般。

盖尔人号隶属于英国欧亚轮船公司，在旧金山和香港之间经

[1] 1895年4月27日，英使欧格讷为催询巴山轮船赔款事照会，朝鲜档，《中国近代史资料丛刊续编·中日战争》第5册，第360页。

[2] 1895年5月2日，为巴山船被扣案已电江海关速结事致英国公使欧格讷照会，朝鲜档，《中国近代史资料丛刊续编·中日战争》第5册，第365页。

[3] 1895年8月1日，为巴山轮索赔事如何办结致赫德函，朝鲜档，《中国近代史资料丛刊续编·中日战争》第5册，第422页。

[4] 1895年8月2日，总税务司赫德为巴山轮案仍以得知详细账目而后核赔事来函，朝鲜档，《中国近代史资料丛刊续编·中日战争》第5册，第365页。

营客货运输，途中经停日本港口。[1]该船从旧金山出发后，1894年11月2日到达横滨，两天后，尚在该港口停留的盖尔人号，被日本军舰一艘运输舰、两艘鱼雷艇所包围。[2]

次日上午6时30分，日本海军中佐竹井在其他海军军官、翻译、警察及海关官员陪同下登上盖尔人号，声称搜查战时违禁品，并提出底舱也应当卸货。盖尔人号船长皮尔尼（Pearne）以船上没有违禁品为理由提出抗议，并要求根据条约规定，搜查行为应先经过派驻该港口的轮船公司代理人及领事处。但迫于武力，他只好接受搜查，日本人一无所获。当日下午，日本海军通知盖尔人号可以起锚续航，但要求不许将此事写入航海日志，威胁说有可能再次进行类似搜查。[3]

其实，日本要搜查的不是违禁品，而是违禁人。

10月25日，日本驻美栗野公使致电东京："中国驻美公使馆某职员，与聘用的原英国海军上尉、现为美国籍的水雷制造者乔治卡美伦，以及在电力上有一种发明的美国人约翰维尔德两人，于10月16日同乘英国船盖尔人号由旧金山起航归国。"而此时日本驻墨西哥总领事岛村久亦搭该船回国，岛村也向日本外务省作了报告。

日本得到的情报显示，这两名美国人宣称可以不用船上枪炮，就能从陆地上击沉几里以外海面上的敌船。日本人认为这简直类似变戏法，根本不可能，而中国政府居然会异想天开至雇用这种投机骗子，"实在令人可怜又复可笑"。

但考虑到正在战时，日本还是决定逮捕这三人。高层分析下来，认为逮捕中国人没有问题，但在领事裁判权存在的前提下，

[1] 备忘录，《英国外交文件》，《中国近代史资料丛刊续编·中日战争》第11册，第13页。

[2] 盖尔人号航海日志，《英国外交文件》，《中国近代史资料丛刊续编·中日战争》第11册，第516页。

[3]《英国外交文件》，《中国近代史资料丛刊续编·中日战争》第11册，第478、516页。

用普通行政方式拘捕欧美人或者扣留船只，可能会引发某种纠纷，于是决定采取军事处分。日本外相陆奥宗光致电正在广岛的伊藤总理："大本营认为两名美国战时违禁人，实际上是类似变戏法的技术人员，即使放他们进入敌国，实际上也不会有任何危险，如有加以拘捕必要，不如以采取军事处分为宜。"

11 月 4 日，广岛大本营接受此建议，致电内务大臣野村："此三人为重要的战时违禁人，应立即从英船盖尔人号上加以拘捕。"[1]

但日本人却在盖尔人号上扑了个空。原来，就在此前的一天（11 月 3 日），目标已经转乘法国邮船西德尼号（Sydney）离开横滨了。日本人赶紧在西德尼号的下一站神户采取行动，命令停泊在神户港的军舰筑波舰立即检查该船，终于将三人连同合同一起搜获加以拘捕。

据西德尼号船长声称，根本不知此事，于是将该船放行。

两名美国人被拘捕到 11 月 11 日，在签下了保证书，保证"在中日两国恢复和平以前，决不到中国旅行，并且今后决不和中国政府订立任何合同"后，予以释放。中国人则被押往广岛关押。[2]

11 月 8 日，驻东京的英国公使楚恩迟照会陆奥宗光，大致是要求日本政府说明检查英国商船的理由，并说这只船系向中立国港口（香港）航行，日本政府检查该船是非法的行为。[3]

英国驻横滨领事特鲁普（Troup）从竹井中佐和皮尔尼船长的报告中发现，就搜查的细节陈述上双方有出入，而在港口搜查友好国家船只且该船只在该港口还有代理人，这与在公海上行使

[1]《蹇蹇录》，第 95-98 页。

[2] 1895 年 1 月 5 日外交部致皇家法官函，《英国外交文件》，《中国近代史资料丛刊续编·中日战争》第 11 册，第 479 页。

[3] 同 [1]。

搜查权是完全不同的。[1]

陆奥宗光和海军当局商议之后，向英国公使提出下述复照："盖尔人号从旧金山载一中国人及同行之二外国人驶入横滨，此三人有以日本为敌对目的而前往中国的嫌疑，该船又有载运属于他们所有的武器弹药等嫌疑，故日本海军对于该船加以检查；据来照声称，因盖尔人号从横滨启航后，向中立国港口航行，认为日本政府无权检查，此为帝国政府所不能接受。况该船所装货物，在上海卸载的也不少，故不能以该船目的地为中立地香港一事，影响帝国政府作为交战国所应享有的权利。"[2]

针对特鲁普发现的竹井中佐和皮尔尼船长在事实陈述方面的出入，陆奥宗光一方面表示将转给海军部处理，另一方面也表示相信"任何交战国一方的任何一名海军军官，都可以奉命进行这种交战国一方在敌对状态下被迫采取的搜查"。[3]

英国外交部循例向皇家法院提出了咨询，并提交了已担任驻上海皇家律师兼大英帝国对日法庭代理法官务谨顺（原驻仁川领事）有关此事的十条意见。务谨顺认为：根据条约，英国船只享有在日本水域不接受日本当局检查或搜查的豁免权，其不应因战争状态而取消；盖尔人号是从一个中立港到另一个中立港，所以即使此三人真是效力中国军方，日本也无权扣留该船或从船上抓人。他同时强调，这一事件的关键难点是：英国人是否承认日本人在其领海享有比公海更多的权利，是否承认日本可以享有欧洲国家在交战时的各项权利。外交部向皇家法院强调，该事件的重要意义在于，如果最终允许日本人在日本水域可以搜查英国船只，则"很难不给中国人以同样的待遇，不过这当然要有附加条件，

[1] 1894年12月1日特鲁普致楚恩迟函，《英国外交文件》，《中国近代史资料丛刊续编·中日战争》第11册，第515页。

[2]《蹇蹇录》，第95-98页。

[3] 1894年12月11日陆奥宗光致楚恩迟函，《英国外交文件》，《中国近代史资料丛刊续编·中日战争》第11册，第514页。

以便通过特殊誓约保证，决不可对这些受到怀疑的交战者有任何违背文明国家所公认的国际法惯例或人道主义惯例之举”。[1]

皇家法院在回函中认为，日本当局所采取的行动是正当的，尽管其炫耀武力可能超出当时的实际必要；英国的条约权利不能阻止日本人在战时为查明其是否违反中立义务而登上英国船只。中立国船只在两个中立港之间开行，但中途停靠日本港口，日本就有权检查和扣押船上涉嫌违反中立的人和货物。因此，“没有任何理由对日本当局采取的行动提出抗议”。对于外交部函中的其他问题，皇家法院没有任何回答。[2]

英国政府最后放弃了对此事的任何抗议。[3]

在与英国为此事大打笔墨战的同时，日本又和法国就此发生了纠纷。

法国人比英国人更早提出了抗议。11 月 5 日，法国驻东京公使阿尔曼到外务省要求和陆奥宗光会面，当时陆奥宗光正好往广岛旅行，因而会见外务次官林董。

林董事后回忆说，阿尔曼当时满面怒容，与他握手时，说此次握手或系最后一次，对日本政府大加责难，并要求解释。林董答称：“此事原出于军事处分，详细情况尚未得知，但为调查战时违禁人检查中立国船只，从交战国的权利上说毕竟是不得已的。”阿尔曼说将向巴黎报告此事。

为了争取主动，陆奥宗光立即电令日本驻法公使曾祢，要求其择机预先照会法国政府，说明：“日本政府所拘留的人员，是在

[1] 1895 年 1 月 5 日外交部致皇家法官函，《英国外交文件》，《中国近代史资料丛刊续编·中日战争》第 11 册，第 479-481 页。

[2] 1895 年 2 月 11 日皇家法官致外交部函，《英国外交文件》，《中国近代史资料丛刊续编·中日战争》第 11 册，第 567 页。

[3] 1895 年 3 月 8 日金伯利致楚恩迟函，《英国外交文件》，《中国近代史资料丛刊续编·中日战争》第 11 册，第 617 页。

军事上具有敌人身份的人，日本政府为自卫起见，行使交战国的权利，是不得已的。第一，中国雇用人的技术，系军事上的特别技术；第二，日本海军拘捕上述三人，其所乘船只是从一个交战国的海港（日本神户）向另一个交战国海港（中国上海）航行的途中；第三，拘捕上述三人是在交战国的港内执行的”，因此，“无疑地日本政府的措施是符合国际公法的”。

法国政府在征求了法律专家的意见后，“认为日本政府此次的处置是正当的”。因此，西德尼号所属的法国邮船公司此前通过法国领事的索赔要求，也就取消了。

因为被逮捕的有两位美国公民，美国政府也要求日本解释，在日本做了工作后，美国国务卿向日本驻美栗野公使表示：“日本政府的处置宽大公正，美国毫无异议。”[1]

一场涉及英、法、美的国际纠纷，又被日本化解了。

[1]《蹇蹇录》，第95-98页。

尾 声

高升号事件在国际军事史、国际关系史和国际司法史上留下了浓墨重彩的一笔。

千名精锐一朝覆没，江淮子弟漂尸黄海，直接影响牙山清军的力量配置及人心士气，在日军优势兵力进攻下，清军一败牙山，再败平壤，几乎逢战必败，其中原因固有很多，但高升号事件对士气所产生的巨大阴影不容忽视。

高升号事件及其随后的重庆号事件、巴山号事件等，给大清帝国那些刚刚笃信国际秩序和正义的“宋襄公”们，上了一

经甲午战争后，日本成为军事强国，更为积极地参与到掠夺和瓜分中国的行列中。图为1900年日军在紫禁城参加八国联军阅兵式

堂残酷而生动的社会达尔文主义实践课。美国历史学家赫兰德尖锐指出："高升号事件证明，所谓的国际法，就是强权的工具而已。"

围绕高升号事件而展开的争论，成为当时军事界与国际法界共同的大事，被列入了1895年的《海军年鉴》（The Naval Annual -Griffin）[1]。国际法学界"原则派"与"现实派"的争议，在十三年后也决出了分晓。1904年诺贝尔和平奖获得者、总部设在荷兰的国际法研究院（*The Institut de Droit International*），对有关国际间宣战的法律进行了认真研究，并在1906年的根特会议（Ghent Meeting）上提出了几条原则，为国际法的修改打下了基础。1907年，在日俄战争的刺激下，各国迫切希望补充和发展海战和陆战法规，第二次海牙和平会议（*The Hague Convention*）召开。会议对1899年的三项公约和一项宣言（即海牙第一公约）进行了修订，并新订了十项公约，总计十三项公约和一项宣言。英国根据国际法研究院在根特会议上提出的建议，提出制定《关于战争开始的公约》，并获大会通过，成为海牙第三公约。

针对日本人在中日甲午战争及日俄战争旅顺港偷袭中所钻国际法空子的行为，《关于战争开始的公约》在历史上第一次正式确立了宣战制度，规定不宣而战是非法的。该公约明确提出，禁止在没有预先警告的情况下开始敌对行为，同时，战争状态必须"毫不延迟地通知各中立国"。其主要条款是：一、缔约各国承认，除非有预先的和明确无误的警告，彼此间不应开始敌对行为。警告的形式应是说明理由的宣战声明或是有条件宣战的最后通牒；二、战争状态的存在必须毫不延迟地通知各中立国，并且只有在中立国接到通知之后，对它们才发生效力。通知可采用电报方式。但如事实足资证明中立国确实知道战争状态的存在，则它们不得以未得到通知作为借口。

---

[1] *The Times*, May 11, 1895, pg.6.

甲午战争后日本提出“亚洲人的亚洲”口号，鼓吹中日亲善。图为1906年中日签约时的情景

而国际法研究院提出的另一条原则，即宣战与首次战争行动之间应有合理的间隔期，没有在公约中体现。这最终还是给“有心人”留下了可利用的破绽。此后二战中的所谓闪电战及偷袭珍珠港，在攻击飞机到达前才递交宣战书等，就是钻了这个空子。

国际军事史学界普遍认为，高升号事件及其结局，成为推动日本军事冒险的原始雪球。日本人食髓知味，在此后的对俄战争（偷袭旅顺港）、对华战争（“九一八”事变及“七七”事变）及对美战争（偷袭珍珠港）中，频繁不宣而战。有军事研究者认为这在根本上与其作为一个资源小国、不耐持久、讲求速战有关。“偷袭”成为日本海军的战略模式，最终该雪球几乎将日本帝国彻底埋葬。而高升号事件，至今仍然是西方国际法的重要案例。[1]

高升号事件，也成为新崛起的日本展现其冷血、残酷特性的开端。高升号事件不久，日军在旅顺制造了骇人听闻的大屠杀，当时的英文媒体《北华捷报》指出："日本在旅顺大屠杀中，与高升号事件中的一样，表现了其对被征服的对手的暴行。"[2]

《东方世界报》（*The Eastern World*）也认为："之前，如果你还相信日本人针对高升号和旅顺所发生的暴行进行外交道歉，表明日本人民及其政府为这些暴徒玷污了自己国家的声望而深感不安，那么，这种感觉如今彻底消逝了。"因为，这两个暴行的始作俑者，都得到了奖励和提升。击沉高升号的日本舰长东乡平八郎和发动旅顺大屠杀的日军司令山地元治（Yamaji Motoharu）都得到了提升，并被当做英雄。文章嘲讽地建议，英国首相金伯利应当给东乡颁发 GCB 勋章，以表彰他用枪炮和鱼雷对英国国旗表达的敬意。[3]

高升号事件也标志着远东新秩序的开始。它展现了日本崛起背后那种"虽万千人吾往矣"的勃勃野心、激情、朝气、狡狯和兽性；它撕开了大清帝国那最后残存于东亚的脆弱外壳，让它在刚习惯了向西洋低头后又不得不习惯向东洋低头；它甚至让号称日不落的大帝国，连同整个世界不得不接受并承认被日本改变了的秩序乃至规则。日本借此厕身"文明国家"的行列，正如陆奥宗光所言："（高升号事件）应该说是日本海军的一种荣誉，它向全世界表现

[1] 参阅 Philip Joseph:*Foreign Diplomacy in China*，*1894-1900*：*A Study in Political and Economic Relations in China*（London: George Allen，1928），pg.71.; Immanuel C. Y. Hs，*Late Ch'ing Foreign Relations*，1866-1905，*The Cambridge History of China*，vol. 11，ed. John K. Fairbank and Kwang-ching Liu（Cambridge: CambridgeUniversity Press，1980），pg.106.; S. C. M. Paine:*The Sino-Japanese War of 1894-1895: Perceptions*，*Power*，*and Primacy*（Cambridge: Cambridge University Press，2003），pp.132-134.

[2] *The Japanese at Port Arthur, The North-China Herald,* Jan 4，1895

[3] *The North-China Herald,* Sep 6,1895,pg382，其注明是转发 *The Eastern World* 报的文章。

中日马关谈判。中国代表李鸿章（1）、参赞李经方（2）、罗丰禄（3）、伍廷芳（4）、马建忠（5）。桌对面右起伊藤博文（6）、陆奥宗光（7）、内阁书记官伊东己代治（8）、外相秘书田中敬义（9）

了在丰岛海战中不论对交战国的中国或对中立国的英国，都未作出违反战时国际公法规定以外的行为。”[1]

卷入这个事件的英国，被迫在中日两国之间明确表态。“联日抗俄”成为此后几十年英国远东外交的主轴；此前建立在中日对抗、英俄对立基础上的远东旧秩序彻底崩溃，列强意图以保全中国和朝鲜领土完整来维持现状的基本政策破产，日本获得的巨大战争红利令列强眼红，中国进入了一个被列强瓜分的新状况；英国与中国的“传统友谊”受到极大的削弱，此后中国的决策机构更多地向俄国靠拢，甚至缔结了《中俄密约》。俄国越来越深

[1]《蹇蹇录》，第75页。

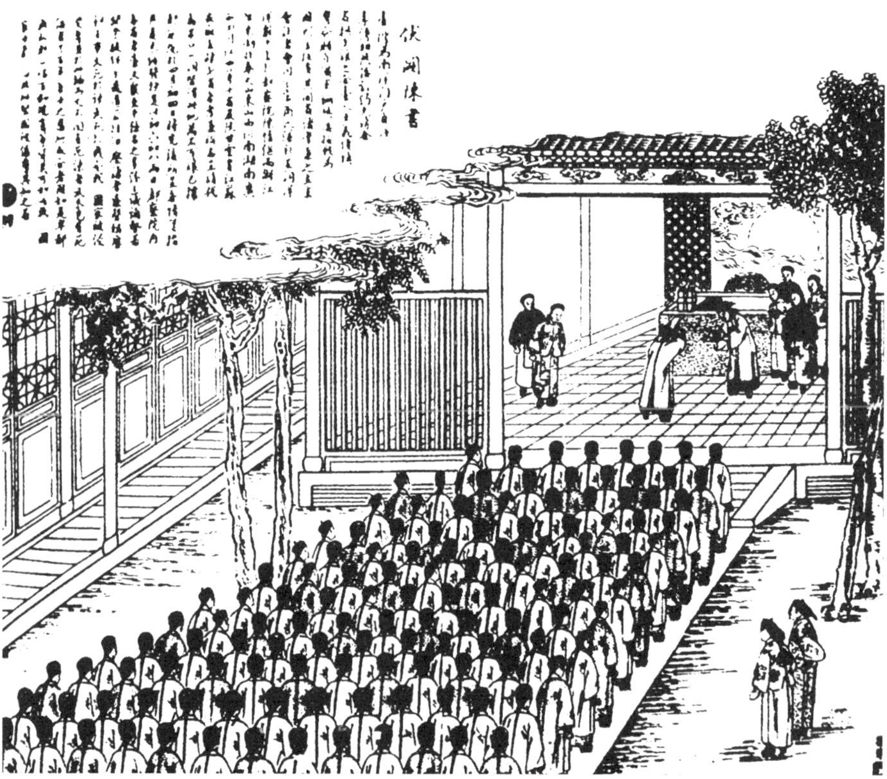

《马关条约》消息令中国举国震惊，在京赶考的各地举人联名上书，要求拒签条约，全民抗战，史称“公车上书”。图为当时上海《点石斋画报》所绘“伏阙陈书”

地介入远东事务，引发日俄冲突，而日俄战争更进一步直接导致俄国爆发革命，世界为之彻底变色。

在高升号事件中，日本人也深切地感受到了英国人的软弱。《北华捷报》的一位读者，曾收到日本人写来的英文信，信中表示：“我们不怕（英国）！英国狮子的确或吼叫一阵子，的确会，但这是头无害的野兽，从不咬人，除非得到帮助。它的愤怒将会很快过去，而后又开始摇动尾巴。”[1] 甲午战争之后，在英国的庇护之下，日本在远东大打出手，但四十多年后，日本人终于掉转刀口，将武士刀架到了英国人的脖子上。

---

[1] *The North-China Herald*, Sep 6，1895，pg.405.

日本征服中国漫画。日本东阳堂发行的《风俗画报》增刊《日清战争图绘》(1894年12月20日)

以高升号事件为开端的甲午战争，是日本近代史上第一次真正的对外战争，日本在军事和国际政治上的完胜，推动其国内牢固地确立起军国主义和军事天皇制的意识形态。日本学者藤村道生在《日清战争》一书中认为，日本以“战争和压迫的手段，完成了明治维新以来国民要求独立的任务，并且基本上获得了与欧美列强处于平等地位”。藤村道生描绘道：“日清战争，连战连捷，军人万岁。如果没有了军人，简直天都不会亮了。凡是家里有女儿的父母，不论他们是华族、富豪、官吏或是商人，都有着一种共同的热望：要找一个军人做女婿。”[1]而日本的启蒙之父福泽谕吉，则热烈地歌颂这场战争“闪耀着国家的光辉，使大日本帝国受到了尊重，进入了世界性的生活”。

[1] [日] 藤村道生:《日清战争》，第194、198页

1925年10月，日本计划打捞高升号，并争取在两个月完成。此时，日本人已经占领朝鲜数十年，而这艘曾经成为世界焦点的船，静静地躺在四十四米深（24 fathom）的海底，船上的银锭当时价值一百五十万日元。[1]

显然，日本人并没有成功，高升号依然在海底沉睡。

2000年的春天，一家韩国的打捞公司开始打捞高升号。这家打捞公司，名为金船（Gold Ship）。该公司副总裁宣布："根据历史记录及潜水勘察，高升号上大约有六百吨银锭，根据2001年汇率，价值七十六亿美元。"记者质疑，为何在日占期间，沉船点在浅海位置的高升号及其宝物没有被打捞；何况，这艘船要装载军队、武器、马匹以及弹药，怎么可能装下如此多的银锭呢？果然，经过两年的破坏性发掘后，金船公司终于接受了事实：高升号并非一条宝船。他们所发现的唯一白银，是六枚墨西哥鹰洋（当时通用的），此外还有六具遇难者的遗骨，九把步枪以及瓷器碎片，七把镀金汤勺。"不幸的是，韩国政府没有采取任何措施保护这一历史宝库，高升号将再次失去，而这次它将永远消失。"[2]"可以肯定的是，这艘船本身才是真正有价值的宝物，一座不可替代的历史遗迹，但是却被当下的贪婪给毁坏了。"[3]

……

[1] *Japan to Refloat Ship Sunk in War of 1894*，*The Washington Post*，Nov 8，1925.

[2] Robert Neff：*Sinking of the Kowshing*，*Korea Times*，2004年7月23日，来自Hankooki.com.

[3] Robert Neff：*Rediscovering the Kowshing-The story of a treasure ship found off the coast of Korea*，*ohmynews.com*，2007年9月4日，http://english.ohmynews.com/articleview/article_view.asp?no=380257&rel_no=1

高升号事件及相关背景日历

1894年

2月15日，朝鲜东学党暴动。

6月2日，朝鲜决定向中国乞兵。当晚日本内阁即做出出兵决定。

6月3日，中国正式接到朝鲜的出兵请求。

6月5日，日军第一次出兵，并未即时通知中国方面。

6月6日，清军第一次出兵，当天通知日本方面。

6月11日，朝鲜政府与东学党签订《全州和约》，休战。

6月12日，朝鲜政府正式照会中日两国要求退兵。

6月22日，日本内阁决议增兵；向中国发出“第一次绝交书”。

6月25日，清军第三批军队登陆。清军驻朝鲜总兵力达两千五百人。

6月26日，日本公使晋见朝鲜国王，强请朝鲜按照日本意图“改革内政”。

6月27日，日军第四批军队登陆。日军在朝鲜总兵力超过八千人。

6月28日，日本向朝鲜发出最后通牒，要求朝鲜在6月29

日前就是否为清国“藩属”及内政改革两个问题明确表态。

7月14日，日本向中国提交“第二次绝交书”。

7月16日，《日英通商航海条约》签字

7月17日，中国与怡和洋行签订租船合同。

7月22日，济远舰率广乙、威远至牙山执行护卫巡逻任务。日本公司向朝鲜发出最后通牒，要求7月24日前“亟令清军退出境外”；日本海军下达伺机袭击北洋舰队的命令。

7月23日，济远等三舰抵达牙山；高升号从塘沽出海。日本联合舰队离开佐世保港，第一游击舰队到牙山侦察；日军拘禁朝鲜国王，成立大院君傀儡政权。

7月24日，运兵船爱仁、飞鲸先后到达牙山。

7月25日，丰岛海战暨高升号事件爆发。

7月26日

济远舰回到威海，逐级上报事件。

英国医生伊尔文得悉事件速报天津总领事宝士德。

浪速舰舰长东乡逐级上报事件。

7月27日

李鸿章将事件电告总理衙门及驻日、英公使，军机处立即上奏。

李鸿章向宝士德通报事件；总理衙门召见欧格讷，欧格讷致电金伯利通报。

法国舰长利安门舰舰长带所救清军到烟台，向英国驻烟台领事阿林格提交了一份书面陈述。阿林格与中国官员一同对幸存者进行调查。

日本赤城舰到达仁川，向其总领事通报情况。

日军多次截停中国所租德国商船潮州府号，德国船长抗议。

后日本对此道歉。

7 月 28 日

汉纳根在仁川向英国领事报告事件。

日本政府收到事件确切消息。

日本驻英国公使青木以便函方式向英国政府通报丰岛冲突，未提及高升号。

7 月 29 日

中日牙山（成欢）大战。

八重山舰将高升号船长等及操江号被俘清军官兵押送到佐世保。

日本舰队的事件报告送达海军省，山本权兵卫进行篡改，后该报告遭英方质疑。

日本外相陆奥命法制局长末松对高升号事件进行调查，末松前往佐世保。

7 月 30 日

牙山假捷报传到北京，清廷振奋。

英国驻上海总领事到日领馆抗议。

印华轮船公司向英国外交部报告事件。

英国外交部副部长接受议会相关质询。

英国外交部还收到了董事长亲自签发的申告信，正式报告了高升号事件。

7 月 31 日

总理衙门照会各国公使谴责并声叙日本无理挑衅之举。

上海各航运公司下半旗为高升号志哀。

日本驻英公使青木建议主动赔偿，被陆奥反对。

陆奥召见英国代办巴健特，向英国政府通报高升号事件。

8月1日

中日两国正式宣战，均委托美国护侨。

中英在天津对法舰所救船员和清兵进行联合调查（首次联合调查）。

日本公使小村下旗离京；日本驻津领事荒川搭重庆号离津，未通报中国政府。

8月2日

重庆号于午夜被“清军”搜查，日本人被抓，发生重庆号事件。

英国司法局答复外交部，应要求日本赔偿。

日本向英国提交高升号船长和大副证词，强调中国军队当时已经占船。

英国下院质询会上首提高升号事件。

8月3日

中国驻日本公使汪凤藻下旗回国。

英国照会日本，要求赔偿，日本表态如错在日本则定赔。

剑桥大学教授韦斯特莱克发表文章支持日本。

高升号船长等获释。

8月4日

英舰队司令致电日本海军省，并向英海军部要求报复；同时从仁川派敏捷号到天津取汉纳根等的证词，并搜寻日本旗舰质问。

青木致电日本外交部，报告英国舆论改变要求特工经费。

8月6日，牛津大学教授胡兰德发文支持日本，引起英国民众公愤。

8月7日

高升号事件第一次海事审判在英国驻长崎总领事馆举行。

日本驻英公使馆德国顾问西尔伯特拜访英外交部副部长柏提，双方就高升号事件责任进行辩论。

中英在天津对德舰所救人员进行联合调查（第二次联合调查）。

8月10日

日本海军攻击威海。

高升号船长等人从日本回到上海。

辽阳发生出征士兵殴毙英国教士事件，清廷严令保护西方人。

日本法制局长末松完成事件调查书。

英国下院质询会上，外交部副部长柏提回答有关高升号事件的质询。

8月14日，日本将末松报告送交英、美、法等国政府。

8月15日，李鸿章报告破获石川间谍案。

8月17日，高升号事件第二次海事审判在英国驻上海总领事馆举行。

8月27日，《日英通商航海条约》公布。

9月15日，中日平壤会战。

9月17日，中日黄海大东沟会战。

9月20日，石川伍一及刘棻在天津被处决。南洋海军截获为日本携带军火的英国商船巴山号，巴山号事件发生。

9月28日，英国司法部发布法律意见书，公开法官之间对高升号事件的分歧。

10月23日，日军渡过鸭绿江进攻中国本土。

10月26日，日军占领九连城。

10月31日，日军占领凤凰城。

11月6日，日军占领金州。

11月9日，日本海军占领大连湾。

11月10日，英国大法官赫思齐爵士签署备忘录，正式确定英国对高升号事件的态度。

11月14日，重庆号事件了结。中国被迫以最高军礼向重庆号鸣放二十一响礼炮。

11月22日，日军占领旅顺，开始大屠杀。

12月4日，英国皇家法院致函外交部，明确由中国承担高升号赔偿责任。

12月13日，日军占领海城。

1895年

1月4日，印华轮船公司致函英国外交部催问进展。

1月20日，日军占领荣城。

1月25日，英国外交部提请皇家法院确定是以政府名义还是轮船公司名义向华索赔。

1月29日，英国皇家法院再度致函外交部，重申由中国承担高升号赔偿责任。

1月30日，日军海陆攻击威海。

1月31日，张荫桓奉命出使日本求和，到达广岛。

2月5日，英国外交部回信印华轮船公司，详细阐述向中国索赔的理由。

2月12日，北洋海军全军覆没，丁汝昌自尽殉国。

2月26日，英国外交部向驻华公使欧格讷通报向中国索赔的理由。

3月4日，日军占领牛庄。

3月6日，日军占领营口。

3月12日，印华轮船公司向欧格讷提交索赔额度三十万美元。

3月15日，李鸿章出使日本求和，3月19日到达马关。

3月19日，日本任命征清大总督，次日编成征清军。

3月23日，日军登陆澎湖岛。

4月20日，中日《马关条约》签订。

4月23日，三国（俄、德、法）开始干涉还辽。

5月2日，印华轮船公司修正索赔数额为四十八万六千八百五十美元。

5月4日，日本政府同意放弃辽东割地。次日公告。

5月6日、9日，欧格讷认为向华索赔无理，婉拒办理，表达对索赔数额不满。

5月10日，日本任命桦山资纪为台湾总督。

5月21日，日本神户举行征清军凯旋仪式。

5月25日，台湾抗日民众成立共和国。

6月2日，桦山资纪与李经方代表两国办理台湾交割。6月3日日军占领基降，7日占领台北，22日占领新竹。

6月12日，英国外交部向印华轮船公司转达欧格讷对索赔数额的不满。

8月10日，巴山号事件了结，中国被迫赔款。

8月14日，日军占领苗栗；8月21日占领大甲；8月26日占领台中；8月28日占领彰化。

9月6日，英国外交部将印华轮船公司的索赔清单送交中国公使龚照瑗。

10月8日，日本杀害朝鲜王妃闵氏（即明成皇后）。

10月9日，日军占领嘉义；10月21日占领台南。

11 月 8 日，中日辽东半岛还付条约签字，12 月 3 日公布。

11 月 26 日，日本发布平定台湾公告。

1896年

4 月 1 日，日本撤销战时大本营。

4 月 27 日，中英双方索赔谈判正式开始。

9 月，清廷抓获重庆号事件正犯贾长瑞。

11 月 23 日，驻英公使龚照瑗因绑架孙中山案，遭英国抗议后被撤回国。罗丰禄接任驻英、意、比三国公使。

1898年

3 月 18 日，英国外交部提议以仲裁（Arbitration）方式解决中英的赔偿纠纷。

6 月 11 日，光绪皇帝颁布《定国是诏》，戊戌变法开始。

8 月 22 日，罗丰禄向英国提交照会，驳斥了英国学者以及司法部的全部观点。

9 月 21 日，戊戌政变，百日维新结束，“戊戌六君子”9 月 28 日被斩。

12 月 10 日，总理衙门正式同意仲裁。此后就仲裁文件陷入僵局。

1900年

义和团运动和八国联军入侵。

1901年

1 月 18 日，英国政府单方面在《泰晤士报》刊登公告，表明仲裁目的。

2月27日，罗丰禄向英国提交照会抗议其不同意追加日本为仲裁当事人。

4月1日，英国外交大臣兰思多恩再度拒绝追加日本为仲裁当事人。谈判再度陷入僵局。

9月7日，《中国与十一国关于赔偿1900年动乱的最后协定》（即《辛丑条约》）签订。

1902年

4月8日，英国提出新的仲裁文件，要求中国放弃对日本的所有指控。

5月，英国放弃仲裁方式，开始“私人外交”。驻华公使萨道义与清廷外务部官员举行私人会谈，并递交了高升号新的赔款要求。

12月11日，英国代办焘讷理照会清廷外务部，提出赔款减半的条件。

12月18日，清廷外务部上《为高升轮案现拟通融商结事奏折》，光绪皇帝当日朱批同意。

1903年

1月16日，清廷外务部向户部送交了请求拨款的咨文，户部随即进行了筹款。

5月12日，英国代办焘讷理照会清廷外务部，赔款款项已收。

11月6日，驻英公使张德彝结清高升号律师费。

高升号事件人名船名表

一、高升号相关人员

高惠悌，Thomas Ryder Galsworthy，船长，获救

田泼林，Lewis Henry Tamplin, 大副，获救

威尔士，Joseph Welsh，二副，遇难

韦克，Nathaniel Wake，三副，遇难

戈登，William Gordon，大轮，遇难

哈利，W. L. Halley，二轮，遇难

普里姆罗斯，J. Primrose，三轮，遇难

（以上七人为英国人）

伊万杰利斯特（又译李那斯·耶班格里斯特），Lucas Evangelista，菲律宾舵手，获救

阿尔蒂拉，Gregorio Altilar，菲律宾舵手，遇难

欧利爱脱，Pedro Oriate，菲律宾舵手，法舰所救

董阿新（又译钟阿成、钟阿诚、丛阿生），Chung A Cheng，或 Cheng Ah-cheng, 大炉（Fire Man）

李安（又译李娃），Li An，司炉

王荣舟（又译王永州），厨师

汉纳根，Constantin Von Hanneken，李鸿章德籍顾问

弥伦斯，Muhlenstedt，操江号上的丹麦电信技师

瓦连，Warren，怡和洋行飞鲸号船主

二、中国官员

奕劻，庆亲王，总理各国事务衙门大臣

李鸿章，直隶总督兼北洋大臣

汪凤藻，中国驻日本公使（1892—1894）

龚照瑗，中国驻英国公使（1893—1896）

罗丰禄，北洋水师营务处总办，后任驻英公使（1896—1901）

张德彝，中国驻英国公使（1901—1905）

赫德，Robert Hart，中国总税务司，英国人

德璀琳，Gustav von Detring，天津海关税务司，德国人

贺璧理，Alfred Edward Hippisley，江海关的洋税司，英国人

马士，Hosea Ballou Morse，淡水关税务司，美国人

亨特，Hunt，釜山海关关长

鲍里欧尼，仁川港税关职员，意大利人，向仁川日本领事馆提供一些情报

三、日本人员

伊藤博文，日本首相

陆奥宗光，日本外相

林董，日本副外相；日本驻中国公使（1895年6月22日—1896年11月3日）

末松谦澄，日本法制局局长

大鸟圭介，日本驻中国公使（1889 年 6 月 3 日—1893 年 6 月 1 日）、兼驻朝鲜公使

小村寿太郎，日本驻中国临时代理公使、公使馆一等书记官（1893 年 11 月 20 日—1894 年 8 月 1 日）；日本驻中国公使（1900 年 1 月 6 日—1901 年 11 月 14 日）

大越成德，日本驻上海总领事

荒川已次，日本驻天津领事

室田义文，日本驻釜山总领事（曾驻仁川）

能势辰五郎，日本驻仁川总领事

青木周藏，日本驻英公使（此前为日本外相）

西尔伯特，Baron Von Siebold，日本驻英国使馆顾问，德国人

西乡从道，日本海军大臣

山本权兵卫，日本海军部主事

伊东佑亨，日本联合舰队司令

坪井航三，日本第一游击舰队司令

东乡平八郎，浪速舰舰长

人见善五郎，浪速舰军官

平山藤次郎，八重山舰舰长

藤田，松岛舰舰长

柴山矢八，佐世保镇守府司令长官

大保森，长崎县知事

四、英国人员

金伯利，Lord Kimberley，英国外交部部长

柏提（又译巴尔奇），Bertie，英国外交部副部长
索尔兹伯里，Lord Salisbury，英国首相兼外交大臣
桑德森，Thomas Sanderson，索尔兹伯里高级助手
兰斯多恩，Lansdowne，英国外交部部长

欧格讷，Nicholas R.O' Conor，英国驻华公使（1892 年 11 月 19 日—1895 年 9 月）

宝克乐，W.N.Beauclerk，英国驻华署理公使（1895 年 9 月—1896 年 4 月 24 日）

窦纳乐，Claude M. MacDonald，英国驻华公使（1896 年 4 月 24 日—1900 年 10 月 25 日）

萨道义，Ernest Mason Satow，英国驻华公使（1900 年 10 月 25 日—1906 年 9 月 19 日），此前担任英国驻日公使（1895—1900）

焘讷理，R.G.Townley，英国驻华署理公使（1902 年 12 月 3 日—1903 年 8 月 21 日萨道义任内）

韩能，Nicholas John Hannen，英国驻上海总领事
宝士德，Henry Barnes Bristow，英国驻天津总领事
葛克伯（又译戈颁），Cockburn，英国驻天津领事
卓蒙德，Drummond，英国驻天津领事馆情报官
阿林格，英国驻烟台领事

楚恩迟，Le Poer Trench，英国驻日本公使
巴健特，Ralph Paget，英国驻日代理公使
奎因（又译柯茵），John J. Quin，英国驻长崎领事

禧在明，Hillier，英国驻汉城总领事

嘉托玛，Gardner，英国驻汉城代理总领事

务谨顺，William H. Wilkinson，英国驻仁川副总领事

菲普斯，英国驻法国公使

斐里曼特爵士，Edmund Fremantle，英国远东舰队副司令

利斯尔，Lisle，英国敏捷舰舰长

罗杰斯，英国射手舰舰长

伯克罗夫特，Bearcroft，英国红雀舰舰长，上海领事馆海事法庭庭长

马格禄，Mc Clure，英国拖轮白河号船长

伊尔文，Dr. Irwin，英国医生，在北洋总督衙门最先获悉高升号事件

里格比，John Rigby，英国法官

里德，R. Rid，英国法官

洛克伍德，F. Lockwood，英国法官

赫思齐爵士，Lord Herschell，英国法官

马堪助，J. Macandrew，印华轮船公司董事长

查甸，William Jardine，怡和洋行创始人

马地臣，James Matheson，怡和洋行创始人

克斯威克，William Keswick，中国协会主席，国会议员，怡和公司合伙人

韦斯特莱克，John Westlake，剑桥大学教授

胡兰德，Thomas Erskine Holland，牛津大学教授

劳伦斯，T. J. Lawrence，格林威治海军大学教授

五、其他人员

涂德，Joseph Hodges Choate，美国驻英国大使，中英所请之仲裁者

吉尔斯，M. de Giers，俄国外交大臣

罗拔诺夫，Lobanoff，俄国继任外交大臣

高格（又译戈奇特、高切特），Gaochet，或 Grachet 法国利安门舰舰长

宝绨森，德国伊尔达斯舰舰长

六、机构

怡和洋行，Jardine Matheson & Co

印华轮船公司（又译印度支那航运公司，通称怡和轮船公司），Indo-China Steam Navigation Co.Ltd

英国海事裁判所，Naval Court

海牙和平会议，The Hague Convention

国际法研究院，The Institut de Droit International（http://www.idi-iil.org/）

《字林西报》（North-China Daily News）

七、船只与军舰

高升号，Kowshing，英国商船

飞鲸号，Feiching，英国商船

爱仁号（又译和平女神号），Irene，英国商船

重庆号（Chung King），英国商船

巴山号（Pathan），英国商船

济远舰，Tche Yuen 或 Tsi Yuen，中国军舰

广乙舰，Kwang Yi，中国军舰

操江号，Tsao-kiang，中国运输舰

吉野舰，Yoshino，日本军舰

浪速舰，Naniwa，日本军舰

秋津洲舰，Akitsushima，日本军舰

八重山舰，Yage Yama，日本军舰

利安门舰（又译里昂舰），Lion，法国炮舰

伊尔达斯舰（又译依路地士），Iltis，德国军舰

射手舰，Archer，英国军舰

敏捷舰，Alacrity，英国军舰

红雀舰（又译玲纳），Linnet，英国军舰

播布斯舰，Porpoise，英国军舰

八、地名

丰岛（又译夏巴奥尔岛、寿朋岛），Shopaioul Island

巴伯岛，Barber Island，落水官兵遇难获救的小岛

仁川（济物浦），Chemulpo

大沽口，Taku

长崎，Nagasaki

参考书目

A、高升号事件法律研究（按发表时间排序）

John Westlake: *The Sinking of the Kowshing ——To the editor of the Times, The Times*, Aug 3rd ,1894, pg.10.

Thomas Erskine Holland：*The Sinking of the Kowshing ——To the editor of the Times, The Times*, Aug 7th ， 1894.pg.3.

T. J. Lawrence: *The Case of the Kowshing——To the editor of the Times, The Times*, August 24, 1894.pg.4.

John Westlake: *The Case of the Kowshing——To the editor of the Times, The Times*, August 29, 1894.pg.9.

John Westlake: *The Case of the Kowshing——To the editor of the Times, The Times*, August 29, 1894.pg.8.

T. J. Lawrence: *The Case of the Kowshing——To the editor of the Times, The Times*, September 20, 1894.pg.8.

Tokichi Masao（政尾藤吉）: *The Kowshing, in the Light of Intern -ational Law*, *The Yale Law Journal*, Vol. 5, No. 6（Jun., 1896）, pp. 247-266

Thomas Erskine Holland：*Studies in International Law*（Oxford: Clarendon Press）, 1898.

Sakuye Takahashi（高桥作卫）: *Cases on International Law During*

the Chino-Japanese War (London: C.J.CLAY and SONS, Cambridge University Press Warehouse) , 1899.

Thomas Erskine Holland: *Upon War And Neutrality* (London: Longmans Greens and Co.), 1921.

D. H. N. Johnson: *The English Tradition in International Law*, *The International and Comparative Law Quarterly*, Vol. 11, No. 2 (Apr.1962), pp. 416-445.

Douglas Howland: *Japan's Civilized War: International Law as Diplomacy in the Sino-Japanese War (1894—1895)* , *Journal of the History of International Law*, 9.2 (2007) , pp.179-201.

Douglas Howland: *The Sinking of the S.S. Kowshing: International Law, Diplomacy, and the Sino-Japanese War, Modern Asian Studies*, 42.4 (2008) , pp.673-703.

B、史料部分

《中国近代史资料丛刊 · 中日战争》(1—7 册), 中国史学会主编, 上海人民出版社、上海书店出版社, 1957 年。

《中国近代史资料丛刊续编 · 中日战争》(1—12 册), 戚其章主编, 中华书局, 1991—1996。

《北洋海军资料汇编》, 谢忠岳, 中华全国图书馆文献缩微复制中心, 1994 年。

《清季中外使领年表》, 故宫博物馆明清档案部、福建师范大学历史系, 中华书局, 1985 年。

《中国海关与中日战争》, 中国近代经济史资料丛刊编辑委员会, 中华书局, 1983 年。

《清末海军史料》, 张侠, 海洋出版社, 1982 年。

《中国海关密档 / 赫德金登干函电汇编 1874—1907》(1—9 册), 中华书局, 1990—1996。

《盛宣怀档案资料选辑之三 · 中日甲午战争》(上下册)，上海人民出版社，1982年。

《申报》，1894—1902

《字林沪报》，1894—1896

The North-China Daily News (《字林西报》)，1894—1896

The North-China Herald (《北华捷报》，1894—1940

《蹇蹇录》，陆奥宗光，商务印书馆，1963年。

《日清战争实纪》(1—50)，日本博文堂，1894—1895。

British Documents on Foreign Affairs-Reports and Papers From the Foreign Office Confidential Print, *PartI*, *Series E*, *Vol*。*5*, *Sino-Japanese War and Triple Intervention* (*1894-1895*), *University publication of America* (*Bethesda*)，1989。《英国外交文件 / 中日战争及三国干涉(1894-1895)

British Parliamentary papers: V.3, Reports, correspondence, returns and dispatches respecting Japan 1871-1899.《英国议会文件 / 第3卷》

British Parliamentary papers:V. 5, Diplomatic affairs : correspondence, dispatches, notes and conventions respecting Chinese relations with Great Britain and other countries 1860-1899.《英国议会文件 / 第5卷》

British Parliamentary papers:V. 17, Commercial reports : embassy and consular commercial reports 1890-1894.《英国议会文件 / 第17卷》

British Parliamentary papers:V. 22, Reports of journeys in China and Japan by members of Her Majesty's consular service and others 1868-1892.《英国议会文件 / 第22卷》

American diplomatic and public papers : the United States and China.

. Ser. 3 , The Sino-Japanese War to the Russo-Japanese War, 1894-1905. V. 1, The China scene V. 2 , The Sino-Japanese War, 1 .Dacids ,Jules. Scholarly Resources, c1981. Wilmington.《美国外交文件第 3 编．从中日战争到日俄战争，1894-1905》

Letters To "The Times" Upon War And Neutrality，*Longmans Green and Co. c1921*《关于战争与中立致泰晤士报的信》

Kenkenroku: a diplomatic record of the Sino-Japanese War, 1894-95，*Princeton University Press*，*University of Tokyo Press, c1982.*《蹇蹇录》

The I.G in Peking-Letters of Robert Hart, Chinese Maritime Customs,1868-1907, The Belknap Press of Harvard University Press,c1975《总税务司在北京》(赫德书信集)

著　述

《中日甲午战争之外交背景》，王信忠，国立清华大学出版事务所发行，1937 年。

《中日战争》，王钟麟等，商务印书馆，1930 年。

《甲午战争的教训》，钱安毅，正中书局，1939 年。

《甲午战前日本挑战史》(天津条约以后中日开战以前近代日华鲜关系研究)，(日)田保桥洁，南京书店，1932 年。

《甲午中日战事摄影集》，良友图书印刷公司编辑部，良友图书印刷有限公司，1931 年。

《甲午中日战争纪要》，参谋本部第二厅第六处，1935 年。

《东乡平八郎》，(日)井上哲次郎，成功杂志社，昌明公司，1905 年 。

《甲午战争史》，戚其章，上海人民出版社，2005 年。

《盛世之毁：甲午战争一百一十年祭》，弘治等，华文出版社，

2004年。

《甲午战争全景纪实》，郝瑞庭，世界知识出版社，1996年。

《甲午百年祭：多元视野下的中日战争》，杨念群，知识出版社，1995年。

《甲午战争与翁同龢·甲午战争与翁同龢学术研讨会文集》，中国人民大学出版社，1995年。

《甲午战争九十周年纪念论文集》，齐鲁书社，1986年。

《甲午战争与近代中国和世界：甲午战争一百周年国际学术讨论会文集》，人民出版社，1995年。

《国际法视角下的甲午战争》，戚其章，人民出版社，2001年。

《甲午战争与东亚政治》，戴逸，中国社会科学出版社，1994年。

《从鸦片战争到甲午战争：1839年至1895年间的中国对外关系史》，季平子，华东师范大学出版社，1998年。

《怡和洋行：1842—1895在华活动概述》（*Western enterprise in Late Ch'ing China*），（英）勒费窝（LeFevour,E.），译者：陈曾年、乐嘉书，上海社会科学院出版社，1986年。

《罕为人知的中日结盟及其他：晚清中日关系史新探》，（日）村田雄二郎等，巴蜀书社，2004年。

《日清战争》，（日）藤村道生著，朱庆余译，上海译文出版社，1981年。

《血证：甲午战争亲历记》，（日）龟井兹明，中央民族大学出版社，1997年。

《还历史的本来面目：日清战争是怎样发生的》，（日）中塚明，天津古籍出版社，2005年。

《日本外交史》，（日）信夫清三郎，商务印书馆，1980年。

《甲午日本外交内幕》，（日）信夫清三郎，中国国际广播出版社，1994 年。

《中国通与英国外交部》，（英）伯尔考维茨（Pelcovits,N.A.），商务印书馆，1959 年。

《英国对华政策：1895—1902》，杨国伦等，中国社会科学出版社，1991 年。

《萨道义外交实践指南》，（英）戈尔 - 布思（Gore-Booth），上海译文出版社，1984 年。

《俄国在满洲：1892—1906》，（苏联）罗曼诺夫，商务印书馆，1980 年。

《日本海军的发展》，《申报》资料室，1922 年。

《日本海军史》，（日）外山三郎，解放军出版社，1988 年。

The fighting ships of the Rising Sun : the drama of the Imperial Japanese Navy, 1895—1945，Stephen Howarth，Atheneum，1983.（《朝日的战舰：日本帝国海军史 1895—1945》）

The Imperial Japanese Navy and the constructed consciousness of a South Seas Destiny, 1871—1921，Schencking , J. Charles.Cambridge University Press, 1999.（《日本帝国海军与南海命运》）

《清季军事史论集》，王尔敏，（台湾）联经出版事业公司，1980 年。

The Chinese steam Navy 1862—1945，Wright , Richard N. J.Chatham, 2000.（《中国蒸汽机舰队 1862—1945》）

The Pigtail War : American involvement in the Sino-Japanese War of 1894—1895，Dorwart , Jeffery M.,University of Massachusetts Press, 1975.（《猪尾之战：美国与中日战争 1894—1895》）

The Sino-Japanese War of 1894—1895 : perceptions, power, and primacy，Paine , S. C. M., Cambridge University Press, 2003.（《中日战争 1894—1895》）

《日清戦争》，桧山幸夫，東京：講談社，1997年。

《東アジア史としての日清戦争》，大江誌乃夫，東京：立風書房，1998年。

《日清戦争から蘆溝橋事件》，吉岡吉典，東京：新日本出版社，1998年。

《日清戦争と東アジア世界の変容》，大煙篤西郎，東アジア近代史学会編，東京：ゆまに書房，1997年。

《近代日本の形成と日清戦争》，桧山幸夫，東京：雄山閣出版社，2001年。

《日清戦争期の韓国改革運動》，柳永益，東京：法政大学出版局，2000年。

《日清·日露戦争と法律学》，白羽祐三，東京：日本比較法研究所，2002年。

《明治前期日清交渉史研究》，安岡昭男，東京：巖南堂書店，1995年。

《日清戦争と陸奥外交》，深谷博治，東京：日本放送出版協会，1940年。

《竹橋騒動と日清戦争》，名草杜夫，東京：回天発行所，1994年。

《日清戦争の軍事戦略》，斎藤聖二，東京：芙蓉書房出版，2003年。

《東郷平八郎全集》，小笠原長生，東京：平凡社，1930年。